Stoll/Gremminger, Besondere Obstarten

Karl Stoll und Ulrich Gremminger

Besondere Obstarten

Vom Reichtum seltener, südländischer und wildwachsender Früchte

29 Farbfotos
80 Zeichnungen

E.U.
VERLAG
EUGEN
ULMER

Zeichnungen (nach Skizzen/Vorlagen der Verfasser)
von Helmuth Flubacher, Fellbach

Umschlagfotos
Oben links: Kornelkirsche *(Cornus mas)*
Oben rechts: Kiwi *(Actinidia chinensis)*
Unten links: Taybeere
Unten rechts: Feige *(Ficus carica)*
Hinten: Kulturheidelbeere *(Vaccinium corymbosum)*

CIP-Kurztitelaufnahme der Deutschen Bibliothek

Stoll, Karl:
Besondere Obstarten : vom Reichtum seltener,
südländ. u. wildwachsender Früchte / Karl Stoll
u. Ulrich Gremminger. – Stuttgart : Ulmer,
1986.
ISBN 3-8001-6186-9

NE: Gremminger, Ulrich:

Wollgrasweg 41, 7000 Stuttgart 70 (Hohenheim)
Printed in Germany
Einbandgestaltung: Alfred Krugmann, Freiberg am Neckar
Satz: JW Filmsatz, Passau
Druck: Offsetdruckerei Karl Grammlich, Pliezhausen
Bindung: Nething, Weilheim/Teck

Vorwort

„Abwechslung macht das Leben süß!" – Wer möchte nicht bei den Früchten einmal vom Alltäglichen ausbrechen und Neues entdecken? – Wer hat nicht schon beim Stöbern in alten Fach- oder Kochbüchern alte „Neuheiten" oder vergessene Rezepte entdeckt? – Und wer hat nicht schon auf Reisen in andere Länder Früchte gegessen, deren Pflanzen er gerne zu Hause kultiviert hätte? Wir haben in diesem Buch eine Auswahl aus Vergessenem und Neuem getroffen. Der experimentierfreudige Freizeitgärtner wird bald den Reiz, welchen solche Spezialitäten bergen, entdecken. Im Hausgarten lassen sich vielfach Nutzen und Zierwert miteinander verbinden. So erfreut die Kornelkirsche durch ihre zierlichen, filigranartigen Blüten im zeitigen Frühjahr und spendet im Sommer erfrischende, herbsauer schmeckende Früchte, welche sich zu ausgezeichneten Produkten verarbeiten lassen.

Zahlreiche Gesichtspunkte sind bei der Wahl der Arten zu berücksichtigen. Klimaansprüche, Größe der Pflanze, Anbauverhalten, Erntezeit und -methode, Verwendungsmöglichkeiten und Inhaltsstoffe sollen in Betracht gezogen werden. Daneben schaffen Angaben über die frühere Bedeutung der Pflanze oder deren Stellung im Volksverständnis und Brauchtum eine persönliche Beziehung zu den Lieblingen im Garten.

Der Begriff Obstarten umfaßt die für den menschlichen Genuß geeigneten Früchte und Samenkerne, die von mehrjährig wachsenden, holzartigen oder teilverholzenden Pflanzen stammen. Eine klare Abgrenzung zwischen Obstarten und Wildfrüchten ist schwer zu ziehen und hat wenig Sinn, denn einige Arten wie Schwarzer Holunder oder Preiselbeeren sind in Baumschulen sowohl als Wildpflanzen wie als Kultursorten erhältlich.

Wir haben die Angaben über Pflege auf die Bedürfnisse und Möglichkeiten des Freizeitgärtners ausgerichtet, damit er in Muße dem alten gärtnerischen Grundsatz nachleben kann: „Hast einen Garten, lerne warten, alles gedeiht zu seiner Zeit." Wenn möglich versuchten wir pflegeleichte Arten und Sorten zu beschreiben, mit welchen ohne übermäßigen Aufwand an Pflanzenschutz gute Ernten erzielbar sind. Weil Krankheiten und Schädlinge nicht immer ausgeschlossen werden können, muß jeweils selbst entschieden werden, ob man einen Fachmann zur Beratung beiziehen will oder ob die Pflanze vielleicht durch eine resistentere Art ersetzt werden kann.

In Grenzlagen des Gartenbaues wie in Höhenlagen und im Norden ist die Auswahl stark eingeschränkt. Dennoch gedeihen gerade dort einige Vitaminspender wie Wildrosen, Sorbus-Arten oder Schwarzer Holunder am besten. In den Weinberglagen Mitteleuropas sind praktisch alle in diesem Buch behandelten Arten anbaubar. Die Beschreibung subtropischer Obstarten wurde stark eingeschränkt, obschon Orangen, Zitronen, Granatäpfel und Japanmispel zu unseren schönsten Kübelpflanzen der Wintergärten gehören.

Die beschränkte Fläche in den Gärten stellt einen weiteren Begrenzungsfaktor dar. Wir empfehlen daher, fruchttragende Baumarten in öffentlichen Anlagen und Alleen zu fördern. Wo moderne Bewirtschaftungsmethoden die Landschaft ausräumen, sind Bienenzüchter, Vogelschützer und Landschaftspfleger aufgerufen, wieder Hecken und Feldgehölze zu pflanzen. Nur eine reiche Vielfalt von Pflanzenarten sichert eine entsprechend bunte Tier- und Insektenwelt, welche die Harmonie ökologischer Kreisläufe gewährleistet.

Für das Überlassen zahlreicher Bilder sind wir den Herren M. Jenny und A. Storrer zu Dank verpflichtet. Ebenso danken wir Fräulein Gertrud Schwarz, Bibliothekarin der Eidgenössischen Forschungsanstalt Wädenswil, für ihre wertvolle Unterstützung sowie Herrn P. Zwicky vom selben Institut für seinen fundierten Beitrag zum Kapitel Reben und den Herren Dr. Gerhard Götz, Weinsberg, sowie Dr. Günter Pardatscher, Wien, für ihre Ergänzungen dieses Kapitels. Weitere Mitarbeiter der Forschungsanstalt haben mit wertvollen Hinweisen das Werk bereichert. Dank gebührt auch dem Verlag Ulmer für die wohlwollende Unterstützung, welche zum Gelingen dieses Buches beigetragen hat.

Wädenswil, im Frühjahr 1986

Die Verfasser

Inhaltsverzeichnis

Übersichten und Tabellen

Große Bäume

Walnuß

Juglans regia Juglandaceae; noyer, walnut, persian walnut, noce, nuez, Baumnuß, Welschnuß

Die Walnuß ist in Südosteuropa, in der Türkei, in Iran, Irak bis zum Himalaya beheimatet. Die wichtigsten Anbauländer sind heute Frankreich, Italien und die USA. Sie wird aber auch in Südosteuropa, Mittelasien, im Vorderen Orient, in Indien und China gepflanzt. Die Walnuß war schon vor der Eiszeit über ganz Europa verbreitet, wurde aber erst durch die Römer wieder in die Gebiete nördlich der Alpen zurückgebracht. Karl der Große war ein Förderer des Walnußanbaues. Die Walnuß liebt nährstoffreiche, humose, durchlässige Böden und gedeiht im Weinbauklima ohne große Früh-, Winter- und Spätfröste am besten.

Die Pflanze

Die Walnuß wächst als Hochstamm 15 bis 20 m, gelegentlich bis 30 m hoch, mit breit ausladender Krone. Die Rinde ist ziemlich glatt, später rissig und silbergrau. Die Blätter sind 20 bis 30 cm lang mit fünf bis neun (selten über 12) ganzrandigen Fiederblättern. Die Pflanze ist einhäusig. Die männlichen Kätzchen sind 5 bis 10 cm lang und entspringen Achselknospen. Sie entlassen große Mengen Blütenstaub, welcher durch den Wind auf die weiblichen Narben übertragen wird. Diese sitzen zu zwei bis drei endständig an den einjährigen Trieben. Die Frucht ist eine einsamige Steinfrucht, deren grüne Schale (Mesokarp) bei der Reife aufspringt. Die harte braune Schale (Endokarp) enthält den Samen.

Walnüsse sind in der Regel selbstfruchtbar. Meist blühen aber männliche und

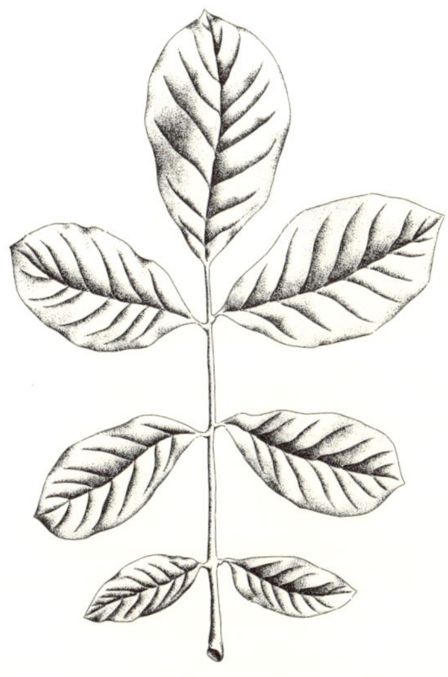

Abb. 1.
Blatt des Walnußbaumes, Juglans regia.

weibliche Blüten eines Baumes nicht zur gleichen Zeit (Dichogamie). Grenobler Sorten ('Franquette', 'Mayette', 'Parisienne') sind vormännlich, d.h., die Kätzchen blühen vor den weiblichen Blüten. Beim Pflanzen größerer Anlagen ist daher eine geeignete Befruchtersorte einzubeziehen. Grenobler Sorten werden von 'Meylannaise' und 'Ronde de Montignac' befruchtet, auch 'Geisenheim Nr. 26' scheint geeignet.

Junge Bäume tragen manchmal während mehrerer Jahre nur männliche oder nur weibliche Blüten.

Sorten

Bei der Sortenwahl stehen für warme Klimata mit ausreichend langem und warmem Herbst immer noch die traditionellen Sorten aus dem Grenobler Gebiet im Vordergrund: 'Franquette' (s. Farbbild Seite 49), 'Parisienne', 'Mayette'. Eigenständige Züchtungen aus Kalifornien und deren Kreuzungen mit französischen Sorten sind in unseren Breiten noch zu wenig geprüft. Hingegen können einige deutsche Sorten empfohlen werden: 'Nr. 120', 'Nr. 26' und 'Weinsberg 1' sind wenig spätfrostgefährdet. In wärmeren Regionen können aber auch 'Nr. 286' und 'Esterhazy II' gepflanzt werden.

Vermehrung

Die Vermehrung durch Samen wird heute praktisch nur noch zur Erzeugung von Pfropfunterlagen angewandt. Das Saatgut wird ab Dezember in feuchtem Sand stratifiziert und bei Temperaturen zwischen +1 und +6 °C gelagert. Vor der Aussaat Ende April wird die Keimwurzel pinziert. Sowohl beim Stratifizieren wie nach der Aussaat sind Fraßschäden durch Mäuse oder Vögel zu unterbinden.

Nachdem man gewisse Hoffnungen auf die Schwarznuß *(J. nigra)* als Unterlage mit schwachwachsendem Charakter gelegt hatte, verwendet man heute wieder vermehrt die gewöhnliche Walnuß *(J. regia)*. Wegen der relativen Kurzlebigkeit der Bäume auf Schwarznuß (20 bis 40 Jahre) ist die Bildung eines verwertbaren Holzkörpers praktisch nicht möglich.

Die Unterlagensämlinge werden während zwei Jahren aufgeschult. Im März pflanzt man sie in tiefe Töpfe und treibt sie bei etwa 20 °C im Glashaus an. Wenn sich die ersten Blätter entfalten, erfolgt die Veredlung durch Kopulation. Die Veredlungen werden weiter im Glashaus gepflegt und im Laufe des Vorsommers abgehärtet. Auch das Veredeln durch Plattenokulation im Freiland ist in warmen Lagen möglich.

Pflanzung und Erziehung

Die übliche Erziehungsform des Walnußbaumes ist auch heute noch der Hochstamm. Dadurch kann bei dieser langdauernden Kultur außer den Früchten auch das Holz genutzt werden. Astfreie Nußbaumstämme von mindestens 2 m Länge sind für die Herstellung von Furnieren sehr gefragt. Bei der Formierung des Baumes wird auf diesen Doppelzweck geachtet. Wichtig ist deshalb, die gerade Entwicklung des Stammes mit einem kräftigen Pfahl zu sichern. In den ersten Jahren (in windausgesetzten Lagen auch später) ist peinlich darauf zu achten, daß der Baum senkrecht steht, weil sich ein schief stehender Nußbaum mit zunehmendem Kronengewicht stärker neigt. Dadurch kann sich der Stamm krumm entwickeln. Da die Seitenäste des Stammes wesentlich zu seinem Dickenwachstum beitragen, können sie in den ersten 5 bis 8 Jahren stehen bleiben. Später muß fortlaufend aufgeastet werden, damit sich ein astfreier Stamm entwickelt. An Standorten, an denen der Stamm durch Tiere, Maschinen oder Fahrzeuge verletzt werden kann, bringt man entsprechende Schutzvorrichtungen an. Wichtig ist auch, beim Pflanzen auf den Grenzabstand zu achten. Nußbäume werden wie Waldbäume eingestuft und müssen in der Schweiz mindestens 8 m, in Baden-Württemberg 4 m von der Grundstücksgrenze entfernt gepflanzt werden. Bei guten Bodenverhältnissen wird ein Pflanzabstand von 10 × 10 m empfohlen. Er kann je nach Standortbedingungen und Sorten etwas verkleinert oder vergrößert werden. Weil Jungbäume aus der Baumschule meist sehr starke Triebe aufweisen, die nicht immer gut verholzt sind, wird die Frühjahrspflanzung der Herbstpflanzung vorgezogen. Dem Wuchs der Krone läßt man, soweit möglich, freien Lauf. Anfänglich wird man darauf achten, neben dem Mitteltrieb drei bis vier gut verteilte Leitäste zu erziehen. Der Kronenaufbau wird locker sein, was die Fruchtbarkeit bis ins Innere gewährleistet und den Pilzbefall vermindert. Bezüglich Zeitpunkt des Schnittes herrschen verschiedene Meinungen. Jungbäume können im August bis Oktober geschnitten und formiert werden. Bei Bäumen im Ertrag wird man den Zeitpunkt nach der Ernte wählen. Dadurch kann allzu starkes Bluten verhindert werden. Allerdings sind Schnittwunden Eintrittspforten für Frost. Größere Wunden werden mit einem Wundverstrichmittel abgedeckt. Notfalls können die Bäume auch nach dem Blattaustrieb geschnitten werden.

Pflanzenschutz und Pflege

Der Nußbaum wird im wesentlichen von zwei Krankheiten und einem Schädling befallen. Daneben treten verschiedene andere Krankheiten und Schädlinge von geringerer Bedeutung auf. Die wichtigste Pilzkrankheit der Walnußkultur ist die Blattbräune (*Gnomonia leptostyla* oder *Marssonia juglandis*). In regenreichen Jahren kann diese Krankheit die Ernte deutlich vermindern. Sie befällt die jungen Blätter und Triebe, was sich in graubraunen Flekken manifestiert. Die Blätter und befallene Jungfrüchte fallen vorzeitig ab. Ältere Früchte reifen nur noch unvollständig. Gegen diese Krankheit werden Kupferpräparate eingesetzt; gute Wirkung wird auch mit organischen Mitteln erzielt. Es werden vorbeugende Spritzungen im Mai oder Juni empfohlen.

Der Bakterienbrand der Walnuß *(Xanthomonas juglandis)* befällt besonders die Früchte, tritt aber auch an Blättern, Blüten und Jungtrieben auf. Die Krankheit manifestiert sich durch dunkle Flecken auf der Frucht. Solange die Schale nicht verhärtet ist, kann sie auch den Kern befallen und diesen ungenießbar machen. Die Flecken auf den Blättern sind im Gegensatz zu jenen der Blattbräune von einem hellen Hof umgeben. Die Spritzungen gegen die Blattbräune sind meist auch ausreichend für einen Schutz gegen diese Krankheit. Bei sehr starkem Befall können vier bis fünf Spritzungen mit Bordeaux-Brühe vom Austrieb bis Mitte Juni erfolgreich sein.

Der Walnußwickler ist dem Apfelwickler sehr ähnlich. Er befällt die Früchte meist dort, wo sie sich berühren, dringt bis in den Kern ein oder miniert unter der Schale, wenn diese schon verhärtet ist. Er dringt dann von der Spitze her in die Frucht ein. Dieser Schädling kann auf gleiche Weise wie der Apfelwickler bekämpft werden. Ein Insektizid wird Ende Juni und im Juli den Fungiziden beigemischt.

Im übrigen befallen auch Holzpilze den Nußbaum. In gewissen Jahren können Blattläuse und Spinnmilben stärker auftreten. Die Pockenkrankheit der Walnußblätter ist auf eine Milbenart zurückzuführen, sie tritt aber selten so stark auf, daß eine Bekämpfung nötig wird. Schließlich weisen wir noch auf einige andere Liebhaber der Walnüsse hin, welche unter Umständen beträchtlichen Schaden anrichten können: Eichhörnchen, Krähen und Elstern. Dünnschalige Sorten werden auch von kleineren Singvögeln aufgepickt.

Bei der Düngung ist zu beachten, daß der Humusgehalt des Bodens zwischen 2 und 4% liegt. Man wird die Zufuhr von organischem Material dementsprechend dosieren. Nußbäume erhalten bei der Pflanzung eine Vorratsdüngung. Um dem Jungbaum gute Wachstumsvoraussetzungen zu geben, kann in den ersten Jahren ein Volldünger gestreut werden, bei dem das Schwergewicht auf Stickstoff liegt. Bäume im Ertrag haben einen sehr hohen Bedarf an Stickstoff zur Bildung der Früchte. Französische Autoren empfehlen zwei Drittel des Bedarfs Mitte März und ein Drittel Mitte Mai auszubringen. Spätere Gaben bergen die Gefahr einer schlechten Verholzung in sich. Bei extensivem Anbau ohne Pflanzenschutz empfehlen sie 50 bis 80 N-Einheiten je ha, für Intensivkulturen 120 bis 180.

Reifung, Ernte, Lagerung

Vor der Ernte muß der Boden unter den Bäumen vorbereitet werden. Ist er offen, sollte er wenn möglich gewalzt werden wie dies in Kalifornien für die mechanische Ernte praktiziert wird. Gras unter den Bäumen ist so kurz wie möglich zu schneiden, damit das Auflesen erleichtert wird. Die Frucht ist reif, wenn sich im Herbst die fleischige grüne Hülle selber von der braunen harten Nußschale löst. Heruntergefallene Früchte dürfen nicht zu lange auf dem Boden liegen bleiben und sollten jeden zweiten Tag aufgelesen werden. Wenn der Großteil der Früchte reif ist, wird geschüttelt. Früchte, deren grüne Schale noch nicht aufgesprungen ist, werden in einen Kübel gesammelt, mit einem Sack zugedeckt und in einem Raum mit hoher Luftfeuchtigkeit nachgereift. Allerdings besteht bei solchen Früchten die Gefahr, daß der Kern schrumpft. Die aufgesprungenen Früchte werden alle zwei bis drei Tage herausgelesen. Keinesfalls dürfen die grünen Schalen faulen. Die frisch geernteten Früchte werden von der Schale befreit und in Wasser von Schmutz und Fasern befreit. Das Waschen soll rasch ausgeführt werden, damit das Wasser nicht in die Nüsse eindringen kann. Das Trocknen der Nüsse geschieht am einfachsten und billigsten an der Sonne, wo sie in dünner Schicht ausgebreitet mehrmals täglich gewendet werden. Bei Regenwetter oder Nebel sollten trockene, wenn möglich geheizte Räumlichkeiten zur Verfügung stehen. Beim Trocknen mit Warmluft darf die Temperatur nie höher als 25°C liegen, weil sonst die Kerne einen ranzigen Geschmack annehmen und ungenießbar werden. Die Trocknungsdauer ist abhängig von der Schalenbeschaffenheit, vom Wetter während der Reifezeit und während des Trocknens. Gut getrocknete Nüsse verlieren zwischen 35 und 40% des Frischgewichtes. Pferdenüsse verlieren bis zu zwei Dritteln des Ursprungsgewichtes. Oft können die Nüsse nicht in einem Mal getrocknet werden. Laufen sie nach zwei Tagen wieder an, muß nachgetrocknet werden. Die getrockneten Nüsse werden in Pfirsichgittern oder Netzsäcken an einem kühlen Ort aufbewahrt. Sie sind vor Mäusefraß zu schützen. Falls die Lagerdauer länger als ein Jahr betragen soll, können die entkernten Nüsse nach dem obligaten Trocknen bei −20°C tiefgekühlt werden.

Inhaltsstoffe

Getrocknete Nüsse enthalten 4 bis 5% Wasser. Der Energiewert beträgt 705 kcal

(2961 kJ). Neben je 14 g Kohlenhydraten und Eiweiß besteht ein Fettanteil von 62,5 g, ferner 2,5 % Rohfaser und etwa 2 % Mineralstoffe (mehrheitlich Kalium, Magnesium und Calcium). Frische Nußkerne enthalten etwa 30 mg Vitamin C je 100 g, getrocknete etwa 4 mg/100 g.

Verwertung

Unreife Früchte werden, in Weinessig eingelegt, als Pickles genossen. Reife Nüsse gelten in frischem oder getrocknetem Zustand als Delikatesse und Nahrungsmittel. Weite Verwendung findet die Walnuß in der Konditorei. Das Nußöl gilt als hochwertiges Speiseöl. Es dient als nicht-trocknendes Öl auch zur Herstellung von Künstlerfarben. In Reformhäusern kann man aus Walnüssen hergestelltes Nußmus, Nußmilch und Nußbutter kaufen. Schließlich wird Walnußöl auch für Heilzwecke verwendet, ebenso finden andere Teile der Pflanze wie Blätter, grüne und getrocknete Früchte in der Medizin Verwendung. Im Périgord (Frankreich) werden aus grünen Nüssen ein Nußlikör und Nußwasser hergestellt.

Nußblätter werden zu Speisevorräten gelegt, um Mäuse fernzuhalten.

Besonders geschätzt wird das Holz des Nußbaumes. Gerade, astfreie Stämme werden zu Furnieren verarbeitet. Vor allem Stämme von ungedüngten, nährstoffreichen Böden mit gutem Wasserabzug werden hoch geschätzt. Nußbäume von sogenannten Jauchewiesen weisen ein fleckiges Holz auf. Stämme von Standorten über 1000 m ü.d.M. sind wegen Frostschäden meist von geringerem Wert.

Volksglaube und Brauchtum

Schon die Römer schätzten die Walnuß sowohl wegen ihrer Heilwirkung als auch wegen des hohen Nährwertes. Sie soll als Mittel gegen Bisse tollwütiger Hunde und auch gegen Karies helfen. Sie galten als besonders wertvoll, wenn sie zusammen mit Feigen genossen wurden. Walnüsse galten als Zeichen der Fruchtbarkeit. Ein alter Brauch ist, am Vorabend einer Hochzeit der Braut einen Korb Walnüsse in die Schlafkammer poltern zu lassen. Davon läßt sich der Polterabend ableiten. Die Nuß ist auch in vielen Ortsnamen erhalten geblieben. Zahlreich sind auch die Sprichwörter und Wetterregeln, welche auf die Walnuß Bezug nehmen, wie „Gute Nußjahre – gute Weinjahre", „Nußjahre sind Bubenjahre". Dem Walnußbaum kommt noch heute eine wichtige landschaftsprägende Funktion zu.

Verwandte Arten

Die mit der Walnuß verwandten Arten sind zum Teil als Pfropfunterlagen von Bedeutung. Aus der Familie der Juglandaceen sind es die Gattungen *Pterocarya* (Flügelnuß) und *Juglans*, welche als Unterlagen geprüft wurden. Außer der gewöhnlichen Walnuß bringt keine Art Früchte, die zum Essen geeignet sind, sei es, daß sie ungenießbar sind, sei es, daß die Schale so dick und hart ist, daß ein Knacken fast unmöglich ist.

Bei der Flügelnuß ist nur *Pterocarya stenoptera* von gewissem Interesse. Die Gattung Juglans kann in drei große Gruppen eingeteilt werden: Die Grau- und Weißnüsse wie *Juglans cinerea* (Butternuß), *J. cathayensis* (Chinesische Walnuß), *J. mandshurica*, *J. stenocarpa*, *J. ailantifolia* var. *ailantifolia (J. sieboldiana)* (Japanische Butternuß) und *J. ailantifolia* var. *cordiformis*. Zur Gruppe der Schwarznüsse gehören *J. nigra*, *J. californica*, *J. major*, *J. hindsii*. *Juglans regia* vertritt allein die dritte Gruppe der gewöhnlichen Walnüsse.

Edelkastanie

Castanea sativa Fagaceae; châtaignier, spanish chestnut, sweet chestnut, castagno da frutta, castaño, Koestenbaum, Süßer Kastanienbaum, Zahmer Kastanienbaum

Die Edelkastanie stellte in vielen Mittelmeerländern ein Hauptnahrungsmittel dar. Kastanien galten lange Zeit als Armeleutenahrung. Mit dem Anbau der Kartoffel und dem Aufkommen rationeller und rascher Transportmittel, die den Import billiger Kastanien aus klimatisch günstigeren Regionen ermöglichte, hat besonders der Anbau nördlich der Alpen an Bedeutung verloren.

Ausgrabungen am deutschen Oberrhein zeigen, daß zu römischer Zeit diese Pflanze dort bekannt war. Wahrscheinlich haben sich der Kastanien- und der Nußbaum ums 1. Jahrhundert in der Nordschweiz eingebürgert.

Die Kastanie ist heute in drei großen Regionen verbreitet: in Nordamerika, in Europa und im Fernen Osten. Während des warmen Klimas im Tertiär war sie bis Grönland und Alaska verbreitet. Vermutlich haben sie die Römer nach der Eiszeit wieder nördlich der Alpen angesiedelt. Der Ursprung der Edelkastanie wird im Mittelmeerraum oder in Kleinasien vermutet. Man findet sie in Gebieten mit durchschnittlichen Jahrestemperaturen zwischen 8 und 15 °C. Sie erträgt relativ tiefe Wintertemperaturen, sofern diese nicht über längere Zeit −15 bis −17 °C unterschreiten. Hingegen sind die Jungtriebe gegen Frühjahrsfröste empfindlich, ebenso das einjährige Holz. Durch den späten Austrieb ist diese Gefahr jedoch nicht sehr groß. Der Vegetationszyklus vom Austrieb bis zur Fruchtreife dauert zwischen 140 und 180 Tagen. In der Südschweiz ist die Kastanie bis auf 1300 m Höhe zu finden, in Sizilien soll sie bis in Höhen von 1500 m vorkommen. Am Ätna soll ein 3000 Jahre alter Baum mit einem Stammumfang von 26 m stehen. Bei uns kann nur im Weinbauklima mit einem befriedigenden Ertrag gerechnet werden. Die Kastanie verlangt viel Licht und Wärme. Dennoch muß in Regionen mit weniger als 700 mm Niederschlag pro Jahr bewässert werden. Ein besonderes Augenmerk ist den Bodenverhältnissen zu schenken. Die Kastanie gedeiht in Böden mit saurer Reaktion. Als ideal wird der Bereich zwischen pH 4,5 und 6 angesehen. Bei allzu tiefem pH-Wert muß maßvolle Aufkalkung in Betracht gezogen werden. Wie die meisten Baumgewächse, liebt die Kastanie fruchtbare Böden, wobei sie auch an Orten gedeiht, wo nur eine dünne Bodenschicht vorhanden ist. Sie meidet vernäßte und verdichtete Böden. Auch in Lehmböden ersticken die Wurzeln rasch. In der Südschweiz werden Fruchtbaumbestände als sogenannte Selven kultiviert. Das sind lichte Pflanzungen mit Weide- und Wiesennutzung. Kastanienbäume erreichen ihre höchste Fruchtproduktion etwa mit 100 Jahren. Mit 200 und mehr Jahren geht der Ertrag deutlich zurück, Stammfäulnis und andere Krankheiten können dann überhand nehmen.

Die Pflanze

Die Gattung *Castanea* umfaßt 13 Arten. Davon ist nur *C. sativa* in Europa heimisch. Auf die anderen Arten wird im Abschnitt Verwandte Arten kurz eingegangen. Die Europäische Kastanie bildet einen Baum von 25 bis 30 m Höhe, ist breitkronig und hat Blätter von länglich-lanzettlicher Form mit grober Zähnung. Die Blattunterseite ist behaart. Die jungen Zweige sind filzig, später kahl, von rotbrauner Farbe. Die ersten Früchte können zwischen dem 15. und 20. Standjahr erwartet werden. Der Kastanienbaum erweist eine sehr starke Regenerationskraft, wenn er auf den Stock zurückgeschnitten wird. Die männlichen und weiblichen Blüten entwickeln sich getrennt im gleichen Baum. Die Kastanie ist also einhäusig. Die Blütezeit liegt je nach Region zwischen Anfang Juni und Ende Juli. Die männlichen Blüten sind in ährenförmigen Kätzchen angeordnet und blühen etwas vor den weiblichen desselben Baumes. Sie verbreiten einen angenehmen Duft. Weibliche Blüten findet man an der Basis der Kätzchen. Sie sind unscheinbar, lassen aber schon die endgültige Fruchtform erahnen. Der Blütenstaub wird vor allem durch den Wind, aber auch durch Insekten übertragen. Entscheidend für eine gute Befruchtung sind warme Temperaturen und niedrige Luftfeuchtigkeit während der Blütezeit. Kastanien sind selbstunfruchtbar. Die Pflanzung von Befruchtersorten ist unerläßlich. Es sind aber auch Unverträglichkeiten zwischen einzelnen Sorten festgestellt worden, sodaß bei der Anlage einer größeren Pflanzung passende Befruchtersorten nötig sind. Der Zeitraum zwischen Befruchtung und Reife beträgt 75 bis 120 Tage. Die Reife tritt je nach Sorte und Region zwischen Mitte September und Anfang November ein. Die Früchte reifen in einer stachligen Hülle, die sich bei der Reife öffnet und zu Boden fällt. Die eigentliche Frucht, von denen mehrere in einer Hülle vorhanden sind, ist von kräftigem, glänzendem Braun. Gegen das Griffelende ist sie etwas zugespitzt, an der Basis ist die Narbe sichtbar. In der Praxis werden die eher kleinen „Kastanien“ von den großfrüchtigen „Maronen“ unterschieden. Der eigentliche Unterschied liegt aber nicht in der Fruchtgröße an sich, sondern in der vorhandenen oder ausgebliebenen Segmentierung (Aufteilung) der Samenkerne innerhalb der braunen Hülle. Die meisten Maronen sind nicht segmentiert. Die Segmentierung ist weitgehend vererbt. Deshalb müssen Maronen durch Pfropfung vermehrt werden (s. Farbbild Seite 49).

Abb. 2.
Blatt der Edelkastanie, Castanea sativa.

Sorten

Für den Süd-Westen Frankreichs werden folgende Sortenkombinationen empfohlen, um eine sichere Befruchtung zu gewährleisten:

Hauptsorte: 'Marigoule' oder 'Bournette', 'Précoce Migoule', 'Marsol'
Befruchter: 'Belle Epine' und 'Marron de Goujounac'

oder

Hauptsorte: 'Belle Epine'
Befruchter: 'Marigoule' und 'Portaloune'

oder

Hauptsorte: 'Cambéroune'

Befruchter: 'Belle Epine', 'Portaloune' und 'Marigoule'

Robustere Sorten für mittlere Höhenlagen (400 bis 500 m)

Hauptsorte: 'Combale'

Befruchter: 'Verdale' oder 'Dorée de Lyon' und 'Laguépie'

Vermehrung

Die Samen fallen nicht sortenecht an. Dennoch wird die Vermehrung über Samen für die Unterlagenproduktion noch angewandt. Dazu legt man die Kastanien während 8 Tagen in Wasser ein, welchem man 1,6 ‰ Sorbinsäure zusetzt. Anschließend werden die abgetropften Samen in gelöcherten Plastiksäcken oder in feuchtem Sand bei 2 bis 3°C bis zum Frühjahr gelagert. Die Aussaat erfolgt im Frühjahr in ein gut vorbereitetes Saatbeet, wobei die Kastanien mit der flachen Seite nach unten 3 bis 5 cm tief eingedrückt werden. Als autovegetative Vermehrungsmethode kommt die Vermehrung durch strangulierte Abrisse oder durch Ableger in Betracht. Für die Pfropfung kommen die meisten gebräuchlichen Methoden zur Anwendung. Auch mit der Keimlingspfropfung wurden schon erfolgreiche Versuche durchgeführt. Die größte Schwierigkeit ist hier allerdings das Entfernen der Wildtriebe, ohne die Veredlung zu stören.

Unverträglichkeiten zwischen einzelnen Kastanienarten sind bei der Veredlung hin und wieder festgestellt worden, sind aber zur Zeit noch nicht genügend abgeklärt. Aus Amerika wird berichtet, daß sich die Reisveredlung besser eigne als das Okulieren, weil das Auge durch eine übermäßige Kallusbildung oft erdrückt wird. Die Veredlungsstelle sollte etwa 30 cm über dem Boden liegen.

Pflanzung und Erziehung

Vor der Pflanzung ist abzuklären, ob die Bodenverhältnisse (tiefer pH-Wert) und das Klima (Weinbauklima) geeignet sind. Für eine gute Fruchtqualität muß zudem in niederschlagsarmen Gebieten bewässert werden können. Entsprechend ihrer Wuchsstärke wird man Kastanien einen Pflanzraum wie bei Nußbäumen gewähren, d.h. etwa 10 × 10 m. Im Pflanzjahr werden die Bäume nicht geschnitten. Im folgenden Winter wählt man 3 bis 5 kräftige Leitäste aus, die gut verteilt sind und deren Ansatz zwischen 1,20 und 1,50 m hoch liegt. Als geeignete Baumform wird eine lockere Buschkrone oder eine Hohlkrone angesehen. Je wüchsiger der Baum am Anfang ist, umso rascher kann eine Krone aufgebaut werden. Der günstigste Zeitpunkt für den Schnitt ist im Frühjahr kurz vor dem Austrieb. Während der Zeit des Kronenaufbaues ist es von Vorteil, im Juni einen Sommerschnitt durchzuführen, um die Konkurrenztriebe und senkrecht stehende ‚Safträuber' zu entfernen. Im folgenden Jahr kürzt man die Leitäste um ein Drittel ein, damit sich Fruchtäste entwickeln. Nach dem dritten Jahr beschränkt sich der Schnitt auf ein Ausgleichen zwischen den Leitästen und ein allfälliges Auslichten. Ein im Ertrag stehender Kastanienbaum sollte eine leicht flachkugelige Form haben, und die Fruchtäste sollten in leicht hängender Stellung sein.

In Gegenden mit bestehenden Niederwäldern können diese zu neuen Kastanienpflanzungen aufgeputzt werden. Die bestehenden Büsche werden auf den Stock zurückgeschnitten. Büsche, welche zwischen den Reihen stehen, sind zu entfernen. Von den Stockausschlägen braucht man einen oder mehrere zum Aufbau des neuen Baumes. Diese können im zweiten oder dritten Jahr mit einer Kultursorte umgepfropft werden. Die Pflege eines umgestellten Niederwaldes und der veredelten Neutriebe ist sehr arbeitsaufwendig und sollte nur dort praktiziert werden, wo das Roden und Neupflanzen nicht in Frage kommt. – Schließlich können auch ältere Kastanienbestände nach einem starken Rückschnitt neu gepfropft werden. Auch hier muß in den ersten Jahren sorgfältig gepflegt werden.

Pflanzenschutz und Pflege

Zwei wichtige Pilzkrankheiten bedrohen die Kastanie. Die Tintenkrankheit *(Phytophthora cinnamomi)* ist in den Mittelmeerländern stark verbreitet. Sie befällt das Wurzelsystem. Wegen des ausgeschiedenen Gerbstoffes bekommen die befallenen Wurzeln ein tintenfarbenes Aussehen. Mit zunehmendem Befall wird die Krankheit auch an der Krone sichtbar. Meist vertrocknen mehrere Astpartien miteinander. Allerdings treten im Laufe der Vegetationszeit keine Blattvergilbungen auf, im Gegensatz zum Kastanienrindenkrebs. Es scheint, daß wüchsige Bäume kaum krank werden. Der Pilz gedeiht besser in vernäßten und verdichteten Böden. Neuere Arbeiten aus Frankreich zeigen, daß die Krankheit durch andere Pilze (Mykorrhizen) unterbunden wird. Eine direkte Bekämpfungsmöglichkeit ist z.Z. nicht bekannt.

Der Kastanienkrebs *(Endothia parasitica)*, welcher innerhalb von 50 Jahren fast den ganzen Kastanienbestand in Amerika zerstört hat, ist auch in Europa ein gefürchteter Krankheitserreger. Allerdings scheint er die *Castanea sativa* weniger stark zu befallen als die amerikanische *Castanea dentata*. Ende der Vierziger-Jahre trat der Erreger in der Südschweiz auf. In verschiedenen Ländern sind Selektions- und Züchtungsarbeiten im Gange mit dem Ziel, resistente Sorten zu züchten. Dazu werden meist die einheimischen Kastanien mit der resistenten japanischen Kastanie *(Castanea crenata)* gekreuzt. In Frankreich werden schon verschiedene Hybridsorten angebaut, z.B. 'Bournette', 'Marigoule', 'Marsol' oder 'Précoce Migoule'. Der Kastanienrindenkrebs braucht für die Infektion Verletzungen des Rindegewebes. Der Pilz zerstört Rinde und Holz und bringt ganze Astpartien zum Absterben. An Einzelbäumen kann die Krankheit durch Ausschneiden der Wunden und Verstreichen derselben mit einem fungizidhaltigen Wundbehandlungsmittel gestoppt werden. Aufgrund einer Entdeckung in Italien ist es heute möglich, befallene Bäume mit einer biologischen Methode zu behandeln. Gewisse, nicht aggressive Stämme des Erregers sind in der Lage, die Aggressivität der virulenten Stämme zu neutralisieren. Befallene Wunden können so geheilt werden.

Zu den wichtigsten Schädlingen gehören der Frühe Kastanienwickler *(Pammene juliana)*, der Gewöhnliche Kastanienwickler *(Laspeyresia splendana)* und der Kastanienrüsselkäfer *(Curculio elephas)*. Alle drei befallen die Früchte. Der Befall kann verringert werden, indem man alle wurmigen Früchte einsammelt und sie verbrennt. Der Frühe Kastanienwickler kann durch Anbringen von Fanggürteln im August unter Kontrolle gehalten werden. Die chemische Bekämpfung dieses Schädlings hat Anfang Juli zu erfolgen. Der Gewöhnliche Kastanienwickler wird Anfang September und der Kastanienrüsselkäfer Ende September chemisch bekämpft.

Reifung, Ernte, Lagerung

Bei der Reife fallen die Kastanien samt ihren stachligen Hüllen vom Baum. Bei reifen Früchten ist die Hülle dann meist auch offen, sodaß die Früchte leicht entnommen werden können. Allerdings braucht man dicke Handschuhe für diese Arbeit. Es ist nicht ratsam, die Früchte vorzeitig vom Baum zu schlagen, weil sich in den letzten Tagen noch wichtige Reifungsprozesse vollziehen. Sollte dies dennoch einmal nötig sein, läßt man die Früchte in ihren Hüllen nachreifen. Da die gefallenen Früchte nicht zu lange auf dem feuchten Boden verweilen dürfen, muß zwei bis drei mal wöchentlich aufgelesen werden. Kurz geschnittenes Gras unter den Bäumen erleichtert die Arbeit. Die Kastanien werden so rasch wie möglich in Pfirsichgitter gefüllt und zum Trocknen aufgestellt. In den angestammten Kastaniengebieten trocknet man sie über dem Feuer. Diese Methode eignet sich vor allem, wenn Kastanien anschließend zu Mehl verarbeitet oder gekocht genossen werden. In Frankreich werden Kastanien häufig gewässert. Die Früchte werden dazu während 6 bis 9 Tagen in fließendes oder stehendes Wasser gelegt oder während 40 bis 45 Minuten in warmes Wasser von 45 bis 50 °C eingelegt, woran sich meist ein längeres Wässern in kaltem Wasser anschließt. Wichtig ist, gewässerte Kastanien gut abtrocknen zu lassen. Mit dieser Methode lassen sich Kastanien während drei bis vier Monaten in Räumen mit Temperaturen unter 10 °C lagern. Verschiedene Pilzkrankheiten gefährden die Ernte auf dem Lager. Deshalb sind regelmäßige Kontrollen durchzuführen. Großtechnisch lassen sich Kastanien in Kühllagern bei 0 bis 1 °C und 80 bis 90 % Luftfeuchtigkeit oder in kontrollierter Atmosphäre lagern.

Inhaltsstoffe

Frische Samen enthalten 50 % Wasser und liefern 210 kcal (880 kJ) pro 100 g. Die zirka 43 % Kohlenhydrate bestehen aus Stärke und Saccharose. Neben 3 % Eiweiß, sind 2 % Fette, 1,5 % Rohfaser und 1,5 % Mineralstoffe vorhanden. Der Vitamin-C-Gehalt in frischen Samen beträgt 6 bis 40 mg/100 g, in getrockneten sind noch Spuren vorhanden.

Verwertung

Obwohl Kastanien roh genossen werden können, kommt ihr voller Geschmack erst durch das Rösten oder Kochen der seitlich aufgeschnittenen Früchte zum Ausdruck. Aus den gegarten Früchten können Mehl, Kastanienpüree und Konfiserieartikel hergestellt werden. Auf Korsika können 24 Bäume eine Familie und einige Ziegen ernähren.

Das praktisch fäulnisresistente Holz ist gerbstoffreich und wird für Küferarbeiten verwendet, aber auch als Rebstickel, für Pergolen, in der Möbelindustrie und zum Ledergerben.

Ein Absud der Blätter gilt als Heilmittel gegen Fieber, Husten und Erkrankungen der Atmungsorgane. Ein Absud von Rinde und Blatt soll hilfreich sein als Gurgelwasser und gegen Durchfall. Die spezifische Art der Kohlenhydrate macht die Kastanien bekömmlich für Diabetiker. Ein Präparat aus pulverisierter Rinde und Honig soll Husten lindern.

Verwandte Arten

Von den 13 Arten der Gattung *Castanea* sind vier besonders bedeutsam für die Fruchtproduktion: Die Europäische Kastanie *(Castanea sativa)*, die oben beschrieben wurde, die Japanische Kastanie *(Castanea crenata)*, die Amerikanische Kastanie *(Castanea dentata)* und die Chinesische Kastanie *(Castanea mollissima)*.

Die Japanische Kastanie ist weniger hoch als die Europäische und erreicht maximal 15 m. Auch die Blätter sind kleiner als die der europäischen. Der Blattrand ist kerbig gezähnt. Die Früchte weisen eine größere Narbe auf und sind nicht so stark gestreift wie die europäischen Sorten. Ein bedeutender Unterschied ist der frühe Ertragseintritt im zweiten bis vierten Standjahr und die Resistenz gegenüber dem Kastanienrindenkrebs. Aus diesem Grund sind in neueren Züchtungen Europäische und Japanische Kastanien gekreuzt worden, um gute Fruchtqualitäten mit der Resistenz gegen die Krankheit zu kombinieren.

Die Amerikanische Kastanie erreicht eine Baumhöhe von 35 m und ist die größte Art. Leider fiel sie fast gänzlich dem Kastanienrindenkrebs zum Opfer und ist nur noch selten anzutreffen. Die abgestorbenen Bäume treiben zwar neue Triebe aus dem Stock. Diese werden jedoch über kurz oder lang wieder vom Rindenkrebs befallen.

Die chinesische Kastanie erreicht zwischen 15 und 20 m Höhe. Sie zeichnet sich durch große, weiche Blätter aus. Der Ertragseintritt ist im Alter von 15 bis 20 Jahren zu erwarten. Sie ist ebenfalls widerstandsfähig gegen Rindenkrebs.

Mit der Edelkastanie nicht zu verwechseln ist die bei uns winterharte Roßkastanie *(Aesculus hippocastanum)*. Sie hat handförmig zusammengesetzte Blätter. Die Blüten sind in einer aufrecht stehenden Rispe angeordnet und rosa, crèmefarbig oder gelb. Die Früchte sind von einer Hülle umschlossen, deren Stacheln bedeutend weniger stechen als jene der Edelkastanie. Sie sind ungenießbar und dienen höchstens als Tierfutter.

Kaki

Diospyros kaki Ebenaceae; plaqueminier, japanese persimmon, diospiro, loto di Giappone, kaki del Japon, caqui, Chinesische Dattelpflaume

Die lateinische Bezeichnung wurzelt im griechischen Dios, Gott und Pyros, Getreide, was demnach „göttliche Speise“ bedeutet und auf bestehende große Wertschätzung hinweist.

In Zentralchina heimisch und dort seit Jahrhunderten kultiviert, wurde der Kakibaum erst um 1870 in Europa bekannt. In den Mittelmeerländern, in Florida und Kalifornien sind davon beachtliche Kulturen auf Erwerbsbasis angepflanzt worden. An sich dem subtropischen Klimagürtel zugehörend, kommen nördlich der Alpen nur geschützte milde Weinbergslagen zur Pflanzung in Betracht. Kältere Wintertemperaturen als −15 bis −16 °C werden schlecht vertragen. Doch wo die Weinrebe und Feige den normalen Winter überdauern, kann der Kakibaum in geschützten Nischen sein Daseinsrecht bestätigen.

Abb. 3.
Blatt des Kakibaumes, Diospyros kaki.

Obschon der Baum nicht wählerisch ist hinsichtlich der Bodenarten, und auch im alkalischen Bereich gedeiht, werden nährstoffreiche, aber durchlässige Böden doch vorgezogen. Nur in solchen ist das frühzeitige Ausreifen des Holzes gewährleistet, was die Frostfestigkeit des Baumes erhöht. Ist der Sommer zu kurz oder in einem Jahr zu kühl geraten, besteht das Risiko daß die Früchte nicht voll ausreifen.

Die Pflanze

Der Kakibaum kann Wuchshöhen von 10 m erreichen. Die runde Krone, das dekorative Blatt und die tomatenähnlichen Früchte machen diesen Baum zu einer ausgesprochenen Zierpflanze (s. Farbbild Seite 49).

Das große Laubblatt ist ungeteilt, mit 6 bis 15 cm Länge oft etwas gewellt und an seinen Enden zugespitzt. Im Herbst verfärbt es sich schön bunt und fällt oft ab, bevor die Früchte gepflückt sind. Alsdann hängen die roten Kakikugeln voller Leuchtkraft in den Baumkronen.

Eher unscheinbar präsentieren sich die Blüten. Neben zweigeschlechtigen Bäumen existieren auch Exemplare mit rein weiblichen oder rein männlichen Blüten. Doch mit zunehmendem Baumalter können Geschlechtsverschiebungen stattfinden. Auch existieren jetzt neue parthenokarpe Sorten, bei welchen eine Fruchtbildung ohne Bestäubung erfolgt. Liegt eine solche Sorte nicht vor und die Fruchtbarkeit eines Baumes läßt zu wünschen übrig, sollte eine zweite Sorte daneben gepflanzt werden. Eine andere Methode besteht darin, einen Kronenast mit einer Befruchtersorte aufzupfropfen, wobei das Rindenpfropfen im Frühjahr gangbar ist.

Eine ausreichende Befruchtung ist bei den herkömmlichen Sorten von großer Bedeutung für die Ausbildung von Farbe, Fruchtfleisch und vollem Geschmack. Zur Pollenübertragung ist das Vorhandensein von Bienenvölkern in der Nähe wichtig.

Vermehrung

Sortenecht fallen Sämlinge nicht an. Aussaat von gewaschenen, stratifizierten Samen dient jedoch der Anzucht von Pfropfunterlagen. Auch Sämlinge der verwandten *Diospyros*-Zierbäume lassen sich mit den echten Kakireisern aufpfropfen.

Vegetative Vermehrung ist möglich durch Absenkerbildung und Pfropfung. Alle Methoden führen hier zum Ziel, wie Okulation auf ein- bis zweijährige Sämlinge im Sommer oder Spalt-, Geißfuß- und Rindenpfropfen im Frühjahr auf Zapfen größerer Pflanzen.

Pflanzenschutz und Pflege

Baumschnitt, Schädlings- und Krankheitsabwehr erübrigen sich bei Kakibäumen im Garten. Da die Äste sehr brüchig sind, lohnt sich allerdings die Erziehung einer tragfähigen Baumkrone. Weil diese Obstart nur am jungen Holz fruchtet, ist eine ausreichende Versorgung des Baumes mit Humus und Nährstoffen erforderlich für die Gewährleistung guten Fruchtens. Vorzeitiger Fruchtfall kann verschiedene Ursachen haben: Zu junge Bäume, ungenügende Befruchtung, fehlerhafte Wasserversorgung, Ernährungsstörungen oder ungünstige Witterungsverhältnisse.

Reifung, Ernte, Lagerung

Die tomatenähnliche Kakifrucht von Gewichten zwischen 100 und 300 g färbt zuerst gelb aus und erreicht erst im Oktober/November den rötlichen Farbton. Eine dünne, glatte, glänzende Haut umschließt das geleeartige Fruchtfleisch. Dieses ist in 4 bis 16 Fächer unterteilt, bleibt vielfach samenlos oder trägt ein bis zwei Samen. Der Geschmack wirkt aprikosenähnlich, aromatisch-süß.

Ein zu frühes Abernten hat Defizite im Geschmack zur Folge. Der für den Wohlgeschmack der Früchte entscheidende Zukkergehalt kann sich während des letzten Monats am Baum noch verdoppeln. Doch wenn die sortentypische Färbung erreicht ist und das Fruchtfleisch sich etwas erweicht, soll mit dem Abernten nicht gezögert werden. Das Pflücken von Hand ist obligatorisch, da die Früchte außerordentlich empfindlich sind.

Zur Lagerung vorgesehene Früchte müssen früher geerntet werden als solche für den Sofortkonsum. Vollentwicklung ist auch in diesem Fall notwendig, aber das Fruchtfleisch darf noch nicht erweicht sein. Solche Früchte lassen sich bei -1 bis 0°C bis zu drei Monaten frisch aufbewahren.

Viele der herkömmlichen Sorten sind direkt vom Baum gepflückt auch reif noch ungenießbar herb. Ein Entbittern ist möglich durch Hängenlassen der Früchte am Baum bis die ersten leichten Fröste eingewirkt haben.

Zur Nachreifebehandlung dieser herkömmlichen, gerbstoffreichen Sorten existieren verschiedene Methoden. Beim Liegenlassen auf Stroh während einigen Wochen normalisiert sich der Geschmack. Beschleunigen läßt sich die Eßreife durch das Zusammenpacken der Kakifrüchte mit reifenden Äpfeln in einem Kunststoffsack bei Zimmertemperatur. Hier wirkt das Äthylengas der Äpfel reifefördernd. Größere Kakimengen lassen sich entbittern durch CO_2-Begasung oder Behandlung mit Essigbädern.

Baumschulen in Italien kultivieren jetzt neue samenlose japanische Sorten, wie 'Hana Tuyu' und 'Izu', welche geringe Gerbstoffgehalte aufweisen und direkt ab Baum genießbar sind.

Verwertung

Die Früchte des Kakibaumes eignen sich zum Frischgenuß, zu Salatbeigaben und zur Konfitürenbereitung. Herstellung von Sirup, das Heißeinfüllen und Sterilisieren in Dosen oder Gläsern sind ebenfalls möglich. Auch das Tiefkühlen von Kakipüree als Beigabe zu Puddings und Eiscreme kann in Betracht kommen. Bereitung von „Kakifeigen" ist in China unter der Bezeichnung „Ki-Kwe" üblich. Zum Trocknen der hierzu gevierteilten Früchte sind Temperaturen von 60 bis 65°C empfohlen.

Verwandte Arten

Die Virginische Dattelpflaume *(Diospyros virginiana)* stammt aus dem Osten von Nordamerika und wurde 1629 nach Europa gebracht. Als winterharter Parkbaum erreicht er eine Höhe bis zu 30 m. Seine ovalelliptisch geformten Laubblätter weichen in ihrer Größe nicht stark ab von denen des Kakibaumes. Die gelb-orangen Früchte erreichen allerdings nur Kirschengröße von 2 bis 3 cm. Sie sind erst nach Frosteinwirkung eßbar. Sämlinge von dieser Dattelpflaume dienen als Pfropfunterlage für den Kakibaum.

Die aus Asien stammende Lotoskirsche *(Diospyros lotus)* mit Baumhöhen bis zu 20 m ist nicht ganz so frosthart wie die Virginische Dattelpflaume. Lotoskirschen sind jedoch weniger kälteempfindlich als Kakibäume. Er entwickelt kleinere Laubblätter und auch kleinere Früchte von 12 bis 14 mm Durchmesser. Die gerbstoffhaltigen Lotoskirschen können direkt verzehrt oder auch als getrocknete Früchte genossen werden.

Aus der in Indien heimischen Baumart *Diospyros ebenum* sind die schwarzen echten Ebenholztasten unserer Klaviere angefertigt worden.

Abb. 4.
Blatt des Zürgelbaumes, Celtis australis.

Zürgelbaum

Celtis australis Ulmaceae; micocoulier, hackberry-tree, bagolaro, almez

Zwischen Persien und dem Mittelmeer beheimatet, gedeiht dieser bis 25 m hohe Alleebaum nördlich der Alpen vor allem dort, wo die Weinrebe nicht erfriert. In Einzelfällen erträgt er auch Fröste von −22 °C. Leichte, tiefgründige Böden bevorzugend, ist der Zürgelbaum resistent gegenüber Hitze, Trockenheit und Wind.

Die oberseits dunkelgrün gefärbten, unterseits weich behaarten Laubblätter sind 5 bis 12 cm lang, elliptisch geformt und scharf gesägt. Aus den unscheinbaren Blüten reifen langgestielte, dunkelrote, wohlschmeckende, süße Steinfrüchte von 13 mm Durchmesser. In Balkanländern sind sie auf den Märkten im Angebot. Die Samen enthalten ein sehr geschätztes Öl.

Schwarze Maulbeere

Morus nigra Moraceae; murier noir, black mulberry, gelso nero, moro nero, mora

Die Schwarze Maulbeere soll aus Südwestasien stammen und war schon zur Zeit des Hippokrates (400 v. Chr.) in Griechenland, später auch den alten Römern bekannt. Viel Wärme und Licht ist erforderlich zu ihrem guten Gedeihen. Demnach ist *Morus nigra* nur den warmen Weinbauklimata angepaßt. Doch in geschützten Nischen milder Alpentäler läßt sich diese Art recht hoch ansiedeln.

Fruchtbare, lockere, nicht vernäßte Böden sagen ihr am besten zu. Reichliche Nährstoffzufuhr und Lockerung der Erde tragen bei zu gutem Fruchtertrag.

Die Pflanze

Der mächtige, 10 bis 25 m hoch wachsende Baum besitzt eine breit ausladende Krone. Allerdings werden nördlich der Alpen selten die maximalen Baumhöhen erreicht. Auch als Strauch oder freies Fächerspalier an der Hauswand läßt sich der Maulbeerbaum erziehen. Ein im Boden relativ flach verankertes Wurzelwerk verlangt bei der Pflanzung von Hochstämmen das Anfügen eines Stützpfahls.

Die unterschiedlich langen (6 bis 20 cm), an ihrer Basis breit- bis herzförmig geprägten Laubblätter sind am Rande grob gesägt und weisen spitze Blattenden auf. Die dunkelgrünen Oberseiten sind – im Unterschied zu anderen eßbaren Maulbeerarten – sehr rauh behaart. Da im Handel oftmals die weniger geschmackvolle schwarzfrüchtige Form der Weißen Maulbeere als „Schwarze Maulbeere“ etikettiert ist, achte man auf dieses Erkennungsmerkmal der Behaarung.

In den meisten Fällen sind weibliche und männliche Blüten auf ein und demselben Baum vereinigt. Rein männlich wachsende Exemplare sind allein als Zierbaum brauchbar, es sei denn man pfropfe einige Äste mit einer fruchtbaren Sorte auf. Die männlichen Blütenkätzchen weisen vier Staubfäden auf, die weiblichen Blüten sitzen in rundlichen dichten Büscheln. Aus den 20 bis 40 Blütenansätzen reifen im Juli/August die fleischigen Beeren heran. Purpurn bis schwarviolett gefärbt, 3 bis 6 cm lang und 2 cm dick, schmecken diese angenehm würzig, säuerlich-süß und sehr saftig (s. Farbbild Seite 49).

Vermehrung und Pflege

Eine Vermehrung der Pflanze ist möglich durch Bildung von Ablegern, Schnitt von Steckholz oder Keilpfropfen auf Sämlinge der Weißen Maulbeere. Das Verpflanzen soll nur bei frostfreiem Wetter im Frühjahr geschehen. Eine besondere Pflege ist kaum erforderlich, außer dem Anbringen von Frostschutz (Tannenreisig, Stroh) in den ersten Jahren nach der Pflanzung.

Reifung und Ernte

Bei einsetzender Fruchtreife, die sich durch Schwarzfärbung und Abfallen gesunder Früchte anzeigt, werden die Beeren auf untergelegte Tücher geschüttelt. Da der Saft fleckt, sind für die Erntearbeiten Handschuhe empfohlen.

Die wasserreichen Maulbeeren sind relativ kalorienarm, doch reich an Pektinen. Der Vitamin-C-Gehalt liegt mit 13 bis 20 mg % auf mittlerer Stufe.

Verwertung

Vorzeitig gepflückt, schmecken die Maulbeeren sauer und gerbstoffreich. Sie wurden in früheren Zeiten als Hausmittel gegen Halsweh verordnet. Reife Beeren können neben dem Rohgenuß aufbereitet werden zu erfrischenden Säften. In Afghanistan stellen Maulbeeren in frischer und getrockneter Form einen wichtigen Teil der täglichen Nahrung dar. Zudem dienen sie auch der Geflügel- und Tierfütterung. Köstliche Gelèes, Konfitüren und Sirup sind aus Maulbeeren herstellbar. Auch Weine und Spirituosen sind daraus entwickelt worden.

Volksglaube und Brauchtum

Bei den alten Griechen war der Maulbeerbaum dem Hirtengott Pan geheiligt. Der Baum galt als Symbol der Klugheit, da er seine Knospen erst dann entfaltet, wenn keine gefährdende Kälte mehr droht. Auch den Kelten galt der Maulbeerbaum als schutzwürdig, denn darin wurden magisch tätige Kreaturen vermutet. Abkochungen von *Morus*-Zweigen ergaben eine Weisheitssalbe, welche den Frauen Schutz vor Belästigungen verlieh. Auch für Gesundheits- und Reinigungsriten diente den Kelten der Maulbeerbaum.

Verwandte Arten

Von den bekannten zehn *Morus*-Arten sind die Weiße Maulbeere und die Rote Maulbeere zu größerer Bedeutung gelangt.

Weiße Maulbeere

Morus alba Moraceae

Die Weiße Maulbeere wird auch als *Morus vulgaris*, *M. italica* oder *M. pumila* bezeichnet. Sie stammt aus China, wo sie seit 4500 Jahren in Kultur stehen soll. Von größerer Bedeutung als deren Beeren waren von jeher die Blätter, welche zur Seidenraupenzucht und als Viehfutter dienten. Trotz strengem Exportverbot gelang es griechischen Mönchen um 550 nach unserer Zeitrechnung, die Pflanze aus der Bucharei herauszuschmuggeln. Dies wurde durch ein Verstecken der Samen in Bam-

Abb. 5.
Blatt des Maulbeerbaumes, Morus alba.

busrohren getätigt. Im 12. Jahrhundert ist die Weiße Maulbeere in Sizilien feststellbar. Bauern in der Pfalz wurden im Jahr 1733 von der Obrigkeit gezwungen, Maulbeeren anzupflanzen. Der Einbruch von Kunstseide und anderer Kunstfasern auf den Textilmärkten hat der Seidenraupenzucht – und damit der Anpflanzung des Weißen Maulbeerbaumes – die ehemals große wirtschaftliche Bedeutung genommen.

Die Pflanze

Der 6 bis 20 m hoch wachsende Baum mit runder Krone kann bis 200 Jahre alt werden. Nur für Weinbaugegenden kann er als genügend frosthart gelten. Leichtere sandige Böden werden bevorzugt.

Die breit ovalen, grob gesägten Laubblätter sind oft verschiedenartig gelappt, 6 bis 14 cm lang und am Ende zugespitzt. Die Oberseite ist hellgrün und glatt. An der Unterseite sind nur die Blattnerven behaart.

Im Mai erscheinen die eher unscheinbaren, geteilten länglichen männlichen Blütenstände neben den eiförmigen weiblichen. Neben zweigeschlechtlichen gibt es auch zunächst rein weiblich blühende Pflanzen, die in den Folgejahren alsdann meistens auch männliche Blüten entwickeln. Der Weiße Maulbeerbaum stellt einen Zierbaum von sehr großer Fruchtbarkeit dar. Im Juli/August gelangen die fleischigen 1 bis 3 cm langen Beeren zur Reife. Sie sind meistens wesentlich kleinfrüchtiger als die Schwarzen Maulbeeren. Allerdings sollen in Mittelasien Sorten vorkommen mit Beeren bis zu 6 cm Länge.

Die Farbe der Beeren ist in der Regel milchweiß, doch existieren auch gelbliche, rötliche und dunkle Abarten der Weißen Maulbeere.

Vermehrung und Pflege

Vermehrung und Pflege der Weißen Maulbeere erfolgen auf die gleiche Weise wie bei der Schwarzen Maulbeere dargestellt. Zusätzlich ist auch Samenvermehrung möglich.

Verwertung

Da die Beeren folgeartig reifen und nur kurzfristig haltbar sind, muß häufig und auf untergelegte Tücher geerntet werden. Ein vorherrschend süßlich-fader Geschmack setzt der Verwertung weißer Maulbeeren gewisse Grenzen. Sie lassen sich durch Einkochen, Tiefkühlen oder Trocknen konservieren. Im trockenen Zustand wurden in Hungerzeiten diese Beeren auch schon gemahlen und dem Brotmehl beigemischt. Das Einlegen frischer Beeren in Alkohol oder Essig ist ebenfalls möglich. Als Futter für Geflügel, Vögel und andere Tiere sind die Beeren geschätzt. Das Laub dient den Seidenraupen und gilt für Schafe und Hornvieh als Leckerbissen.

Rote Maulbeere

Morus rubra Moraceae

Auch als *Morus scabra, M. canadensis* und *M. tomentosa* bezeichnet, stammt die Rote Maulbeere aus dem Osten von Nordamerika. Sie wurde um 1629 nach Europa gebracht und erträgt kälteres Klima als die Weiße und Schwarze Maulbeere.

Die Pflanze

Der imposante Schmuckbaum kann eine Höhe von 20 bis 30 m erreichen. Er verlangt aber sonnige, warme Lage und tiefgründigen, nahrhaften Boden.

Die Laubblätter sind oft sehr unterschiedlich ausgeprägt. Meistens sind sie breit, eiförmig, ungelappt, scharf gesägt und mit kurzer Spitze versehen. Doch an Langtrieben können sie 20 cm lang werden und 3- bis 5-lappig geformt sein. Ihre Oberseite ist praktisch kahl, die Unterseite weich behaart.

Die 2 bis 3 cm langen, halbkugelig geformten und leuchtend rot gefärbten Beeren hängen an 15 mm langen Stielen.

Vermehrung

Das bei der Schwarzen Maulbeere erwähnte gilt auch hier. Zusätzlich ist Samenvermehrung möglich. Stark reife Beeren werden eingesammelt und die Samen vom Fruchtfleisch gesäubert. Stratifiziert wird bei Gefriertemperaturen im Freien, wobei die Samen im April der Erde des Saatbeetes anzuvertrauen sind.

Verwertung

Bei mangelnder Reife zunächst wäßrig schmeckend, erlangen die Beeren bei Vollreife eine saftig-angenehme Süße. Rote Maulbeeren sind vor allem für den Frischgenuß bestimmt, doch gelten auch die bei den andern *Morus*-Arten erwähnten Möglichkeiten der Konservierung.

Eberesche

Sorbus aucuparia Rosaceae; sorbier des oiseleurs, mountain ash, rowan tree, witch wood, sorbo selvatico, serbal de cazadores, Vogelbeere, Aberesche, Moosesche, Wielesche, Stinkesche, Mostbeere, Gimpelbeere, Kreienbeer, Birmsch, Burmsch, Güütsch, Gürgütsch, Quitschbeere

Die Eberesche ist Teil des eurosibirischen Pflanzenelements, verbreitet sich also auch hoch in den Norden hinauf. Da lichtbedürftig, siedelt sie sich in locker bestandenen Wäldern, Waldrändern und Hecken an. In den Tiroler Alpen bis 2400 m, im kastilischen Scheidegebirge bis 2750 m ansteigend, zeugt dies von ihrer guten Frosthärte. Sie nimmt mit jeder Bodenart vorlieb, und

Abb. 6.
Blatt der Eberesche, Sorbus aucuparia.

wird auch durch sauren Regen relativ wenig geschädigt. Als Schmuckbaum in Straßenalleen und Gärten, aber auch zur Obstversorgung klimatisch rauher Lagen dienend, genießt dieses Gehölz eine große Wertschätzung. Allzu trockene Standorte sind dieser Pflanze nicht angemessen.

Die Pflanze

Die Eberesche als vielstämmiger Großstrauch oder 10 bis 18 m hochwachsender Baum kann über hundertjährig werden. Das unpaarig gefiederte Laubblatt zählt meistens 11 Teilblättchen (6 bis 15) in gegenständiger Anordnung. Diese Teilblättchen sind länglich – lanzettlich geformt, außen zugespitzt und am Rande ungleich gesägt.

Die vielblütigen, weißgelben Doldenrispen verbreiten im Juni einen spezifischen, eher unangenehmen Geruch, der der Pflanze den Namen Stinkesche eingetragen hat, die Bienen jedoch nicht abhält. Diese Blüten, wie auch die orangeroten Beeren zur Fruchtreife, verleihen der Eberesche den Schmuckcharakter (s. Farbbild Seite 67).

Vermehrung

Ebereschen werden durch sofortige Aussaat gewaschener Samen oder mittels Stratifikation vermehrt. An sich ist ebenfalls Ablegerbildung, Geißfußpfropfung oder Okulation auf Weißdorn möglich. Auf den Elsbeerbaum gepfropft, sollen die Früchte größer werden.

Verwertung

Die im Herbst reifenden, leuchtend rot aufscheinenden, kugeligen Beeren von etwa 4 bis 10 mm Dicke schmecken herb bitter. Sie sollten im rohen Zustand nicht verzehrt werden. Durch Erhitzen werden Parasorbinsäure und Blausäure abgebaut, welche gewisse Unbekömmlichkeiten verursachen können. Durch Einlegen in Essigwasser für 24 Stunden (ein Drittel Essig, zwei Drittel Wasser) oder durch das Hängenlassen am Baum bis nach den ersten Frösten können die Beeren entbittert werden.

Der durch Aufkochen und Abpressen der Beeren gewonnene Saft kann zu Gelee aufbereitet werden, dies am besten in Mischung mit Himbeeren, rotem Holunder oder Äpfeln. Früher wurde der Saft auch zu Mus oder Hustensirup eingedickt. Die vorhandene Parasorbinsäure ist entzündungshemmend und bakterientötend. In Notzeiten wurden die Früchte getrocknet, gemahlen und dem Brotmehl beigemischt oder auch als Kaffee-Ersatz gebraucht. „Biersuppe“ ist in Tirol daraus hergestellt worden und andernorts auch Essig oder Branntwein. Vögeln und Hausgeflügel wurden getrocknete Vogelbeeren als Futter verabreicht. Dadurch sei bei letzteren das Fleisch schmackhafter geworden.

Das zähe, harte Holz wird von Schnitzern und Drechslern geschätzt.

Volksglaube und Brauchtum

Der Eberesche als zäher, lebensfreudiger Pflanze wurden früher magische zauberabwehrende Wirkungen zugesprochen. Sie galt als der Baum des Gottes Thor. In Schottland wurden die großen Steinringe, die wahrscheinlich rituellen Zwecken dienten, mit Ebereschen umpflanzt.

Ebereschenzweige wurden auch am Hausgiebel und über Toreingängen befestigt, um bei Gewittern vor Blitzschlag und vor Hexengeistern zu schützen. In der Walpurgisnacht oder am 1. Mai ist das Vieh mit Ebereschenzweigen „bequitscht“ (gepeitscht) worden unter Ausrufung von Segenssprüchen. Von dieser Tätigkeit mag die Bezeichnung „Quitschbeere“ stammen. Am 1. Mai wurden Schafe und Lämmer durch Alleen von Ebereschen getrieben, um sie vor Unglück zu bewahren. Runen als magische Schutzzeichen wurden mit Vorliebe in Ebereschenholz eingekerbt.

Verwandte Arten

Äußerlich der gewöhnlichen Eberesche sehr stark gleichend, aber süße, weitgehend bitterstofffreie Beeren liefernd, kamen zwei Abarten zu kommerzieller Bedeutung: die Süße Mährische Eberesche und die Sorte 'Rossica' in Rußland, die dort industriell zu Säften, Konfitüren und Konserven verarbeitet wird.

Süße Mährische Eberesche

Sorbus aucuparia ssp. *moravica*, syn. *S. aucuparia* var. *edulis* oder var. *dulcis* Rosaceae

Diese großfrüchtige, bitterstofffreie Süße Eberesche stammt aus dem Altvatergebirge der Tschechoslowakei. Ein Hirtenbube soll sie im Anfang des letzten Jahrhunderts bei Spornhau (Mähren) entdeckt haben. Selektionen von dieser Unterart wurden in Baumschulen unter der Bezeichnung 'Concentra' und 'Rosina' vermehrt. Erstere soll in 100 g 220 mg Vitamin C enthalten, letztere 100 mg, was sehr hohe Werte darstellt im Vergleich mit der gewöhnlichen, die 30 bis 60 mg % enthält. Diese Bäume sollen auch an rauhen und trockenen Standorten im Gebirge noch gut gedeihen.

Die Pflanze

Der Baum entspricht in Höhe, Kronengestalt und Laubwerk weitgehend der gewöhnlichen Eberesche. Die Seitenblättchen stehen aber weiter entfernt voneinander, sind größer, breiter, ziemlich derb und fast kahl. Nur an der äußeren Hälfte oder bloß an der Spitze ist Zähnung anzutreffen.

Die Ährchen des Blütenstandes sind sehr spärlich behaart, die Blütenachsen dagegen vollhaarig.

Vermehrung

Eine Vermehrung der Süßen Eberesche mittels Samen ist zu vermeiden, da die Sämlinge kaum die erwünschten Eigenschaften der Eltern aufweisen. Es können jedoch Absenker oder Okulationen der Edelsorte auf Sämlinge der gewöhnlichen Eberesche oder Weißdorn gemacht werden.

Ernte und Verwertung

Die lebhaft rotgefärbten, wesentlich größeren Früchte (10 bis 15 mm) wachsen an großen Doldenrispen. Höchste Gehalte an Vitamin C sind kurz vor der Fruchtreife im September/Oktober feststellbar. Ein zu spätes Abernten hat Gehaltseinbußen zur Folge. Die Fruchtdolden sind mit Sorgfalt abzubrechen, um die Blütenknospen des Folgejahres zu schonen.

Geleebereitung ist dank der hohen Zucker- und Pektingehalte erleichtert. Auch für die Bereitung von süßen Säften durch Dampfentsaften sowie Einkochen zu Sirup, Marmeladen und Kompotten eignen sich diese Beeren.

Speierling

Sorbus domestica Rosaceae; cormier, sorbier, service tree, sorbo domestico, serbal comun, Zahme Eberesche, Sperberbaum, Schmerbirne, Spierling, Spierapfel, Escheritzen, Atlitzen

Der Speierling ist in Mittel- und Südeuropa und in Kleinasien heimisch. Dieser Baum

Abb. 7.
Blatt des Speierlings, Sorbus domestica.

findet seine Nordgrenze in Mitteldeutschland. Im Osten geht er kaum über die Tschechoslovakei hinaus, ist jedoch wiederum in Südrußland anzutreffen. Als eine der ältesten Obstarten war diese Pflanze schon Theophrast im 4. Jh. v. Chr. bekannt. Bei den Römern war der Speierling seiner Gerbsäure wegen in der Volksmedizin geschätzt. Im Klosterplan von St. Gallen ist er 820 v. Chr. erwähnt unter der Bezeichnung „Sorbarios".

Der Speierling wächst bevorzugt auf kalkreichen Böden an warmen besonnten Hängen. Er entwickelt eine kräftige Pfahlwurzel und kann auch trockene Böden der Hügel und Montanstufen besiedeln. Im Mittelalter häufig kultiviert, ist er heutzutage als Obstbaum in Vergessenheit geraten. Als Bienenfutterpflanze für Honig und Pollen sowie als Obstbaum verdient es der Speierling, im Garten und in Vogelschutzgehölzen wieder angepflanzt zu werden. Er verlangt allerdings tiefgründigere, bessere Böden als der Vogelbeerbaum.

Die Pflanze

Dieser stolze Baum mit kleinschuppig – rauher Borke beim Älterwerden, kann eine Höhe von 20 m und einen Stammumfang von 4 m erreichen. In klimatisch günstiger Umgebung wie in Korsika, soll der Speierling bis zu 500 Jahre alt werden.

Das unpaarig gefiederte Laubblatt weist große Ähnlichkeiten zu der Eberesche auf. Doch sind die Fiederblättchen an der Basis beim Speierling stärker symmetrisch geformt, zierlicher gezähnt und stärker behaart, die Unterseite ist graugrün-filzig. Die Adern sind grün gefärbt und nicht rötlich wie bei der Eberesche. Die spitzgestellten Drüsen der Blattzähne sind ein weiteres Erkennungsmerkmal, ferner sind die Winterknospen glänzend klebrig und eiförmig.

Im Mai/Juni erscheinen die weißrötlichen, mit 1,7 cm Durchmesser recht großen Blüten an kegelförmigen Doldenrispen von 6 bis 12 cm Durchmesser. Sie sind größer als bei der Vogelbeere. Je nach Befruchtungs- und Ernährungsverhältnissen gelangen vielfach nur ein bis vier Spieräpfel pro Fruchtstand zur Reife. Meistens ist die Grundfarbe der Haut zunächst grün getönt, dann gelblich. Vielfach entstehen an der Sonnenseite rote Backen. Des öfteren sind die Früchte bei Vollreife braun berostet. Das fünffächerige Kernhaus enthält in jedem Fach braune, leicht geflügelte Samen (s. Farbbild Seite 50).

Vermehrung

Vermehrung des Speierlings ist üblich durch Aussaat, entweder im Herbst oder nach der Stratifikation ausgewaschener Samen im Frühjahr. Weitere Möglichkeiten sind Bildung von Absenkern, Pfropfen auf Vogelbeere, Quitte oder Weißdorn durch Kopulation, Geißfuß oder Spaltpfropfen. Dies geht auch mittels Okulation auf Birnensämlinge. Die Pflege beschränkt sich auf das Entfernen überalterter und zu dicht stehender Äste. Speierlings-Sämlinge wurden früher auch als Pfropfunterlagen für Äpfel und Birnen verwendet.

Ernte und Verwertung

Die apfel- oder birnenförmig wachsenden 2 bis 4 cm langen „Sorbolen" reifen im September/Oktober heran. Sobald die ersten gesunden Früchte abfallen, wird von Hand gepflückt oder auf unterlegte Tücher geschüttelt. Solange die Früchte noch fest sind, sind sie meist nicht eßbar, da sie zu sauer und herb sind, und „sich der Mund bis hinter die Ohren erweitert", wie der Pfälzer sagt. Sind die Früchte leicht erweicht, werden sie mild säuerlich-süß, ähnlich gebratenen Äpfeln. Doch bleibt ein Rest von Herbheit meistens erhalten. Bei gewissen Sorten kann Frosteinwirkung oder längeres Lagern an luftiger Stelle auf Stroh zur Nachreife erforderlich sein. Am besten schmecken Sorbolen, wenn die Bäume in warmem Klima stehen.

Reife Früchte dienen der Herstellung von Most oder Wein, vor allem aber der Verbesserung von Obstwein, indem geringe Mengen von Speierlingsmost dem Apfel- oder Birnensaft zugesetzt werden. Der hohe Gerbstoffgehalt der Speierlinge ist gärungslenkend, kann die Eiweißfällung beschleunigen und Aroma, Klarheit und Haltbarkeit des Obstweins verbessern.

Schon bei den Römern genossen die Sorbolen hohe Wertschätzung. Sie wurden in Wein konserviert, an der Sonne getrocknet, aber auch Most und Essig wurde daraus bereitet. Gemischt mit Äpfeln, Birnen oder Quitten entstehen angenehme Konfitüren. Im alten Griechenland soll man die getrockneten und gemahlenen Früchte dem Gerstenmehl beigemischt haben. Unter der Bezeichnung „sorbette" wurde in Frankreich aus Speierlingsfrüchten ein Branntwein fabriziert. Dagegen hat der „curmé"-Wein aus Sorbolen den schlechten Ruf, ungesund zu sein. Dank den hohen Gehalten an Gerbstoff und Pektinen wurden aus den Sorbolen Heilmittel gegen Verdauungsstörungen und Magenleiden entwickelt.

Das durch langsames Wachstum feinfaserig, hart und elastisch gewordene Holz des Speierlings ist von Holzbildhauern und Drechslern sehr begehrt. Auch eine gute Holzkohle läßt sich daraus bereiten.

Volksglaube und Brauchtum

Speierlingsholz wurde früher bevorzugt für den Schiffbau verwendet, wozu der Glaube beitrug, daß Speierlingsholz bei aufkommenden Stürmen die Meerfeen beruhigt. Die große Herbheit unreifer Speierlingsfrüchte spiegelt sich in folgendem Ratschlag: Wer eine Geschlechtsumwandlung anstrebt, weil er mit dem seinen unzufrieden ist, soll nur auf Erfolg rechnen können, falls er sieben unreife Sorbolen zerkauen kann, ohne dabei das Gesicht zu verziehen.

Wie die Eberesche war der Speierlingsbaum dem Gott Thor geweiht. Dieser hat sich einst nach der Sage an Speierlingszweigen vor dem Ertrinken in einem Fluß retten können. Wenn ein Bock, das Reittier von Thor, verwundet wurde, war er mit Speierlingsblättern zu heilen.

Elsbeerbaum

Sorbus torminalis Rosaceae; alisier, wild service tree, sorbezzolo, baccarello, mostajo, Wilder Sperber, Adelsbeere, Adlasbeer, Ortlesbeer, Ruhrbirn, Grimmbirn, Altschebeeri, Sauerbirla, Frauenbeeri

Der Elsbeerbaum besiedelt seit Jahrtausenden die Laubwälder von Mittel- und Süd-

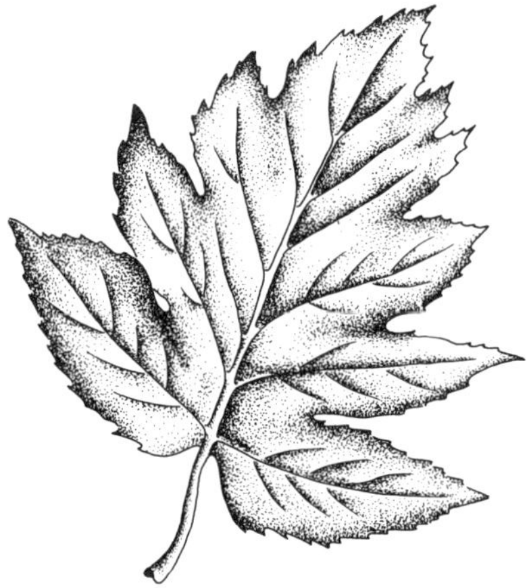

Abb. 8.
Blatt des Elsbeerbaumes, Sorbus torminalis.

europa bis zum Kaukasus hin. Den alten Römern war er wohlbekannt. Warme, sonnige Hänge bevorzugend, doch schattige, feuchte Lagen meidend, kann er vom Hügelland in den Südtiroler Alpen bis 1000 m Meereshöhe ansteigen. Auf nährstoffreichen, tiefgründigen, kalkhaltigen Böden mit guter Durchlüftung kommt er zu seiner vollen Entfaltung. Er kann ein Alter von 200 bis 300 Jahren erreichen. Als Parkbaum, Bienenweide und Vogelschutzgehölz verdient der Elsbeerbaum vermehrte Beachtung.

Die Pflanze

An günstigen Standorten wächst der Elsbeerbaum eichenförmig bis zu 25 m hoch. Nur in flachgründigen Vorgebirgslagen bleibt die Pflanze strauchartig klein. Bei jungen Bäumen gestaltet sich die Krone kegelförmig, bei älteren breit hochgewölbt. Dem starken, oft gedrehten Stamm mit kleinschuppig rissiger Borke entspringen aufrechte Äste mit abstehenden Zweigen ähnlich einer Eiche.

Die bis 14 cm langen, dünnen, aber derben Laubblätter sind nicht gefiedert, wohl aber fast ahornartig in 5 bis 9 spitze Lappen unterteilt. Ihr Blattrand ist meistens doppelt-feingesägt, die dünnen Blattstiele messen 2 bis 5 cm. Ober- und unterseits glänzend grün gefärbt, wechseln sie im Herbst zu purpurroter Färbung. Blattunterseits sind 3 bis 5 auffallend hervortretende Seitennerven charakteristisch.

Im Mai/Juni erscheinen an den lockeren, filzigen Doldentrauben von 10 cm Größe rund 30 bis 35 Einzelblüten von je 10 mm Durchmesser. Hier sind die Dolden demnach kleiner und lockerer als dies bei der Mehlbeere der Fall ist.

Im September/Oktober reifen die länglich eiförmigen 8 bis 15 mm großen Äpfelchen heran. Zu je 5 bis 10 am Fruchtstand haftend, färben sich diese sehr harten Früchte vorerst rötlich gelb aus. Bei Vollreife werden sie braun mit heller Punktierung.

Vermehrung

Eine Herbstaussaat gewaschener Samen ist üblich, oder die Stratifikation derselben bis zum Frühjahr. Elsbeere ist auch pfropfbar auf Birne und Weißdorn, wie auch die Birne auf Elsbeerbäume pfropfbar ist.

Verwertung

Die sehr gerbstoffreichen Früchte wirken zu adstringierend (zusammenziehend), um frisch gereift verzehrt werden zu können. Erst durch Frosteinwirkung oder Liegenlassen an einem luftigen Ort werden sie gebrauchsfähig. Sie schmecken unsaftig, sandig-mehlig, aber säuerlich-süß.

Im Mittelalter wurden die Elsbeeren sogar auf Märkten angeboten. Sie dienten den Kindern als Speise und dem Vieh als Futter. Im getrockneten Zustand wurden Elsbeeren ihrer hohen Gerbstoff- und Pektingehalte wegen als Volksheilmittel verwendet gegen Verdauungsstörungen.

Aus nachgereiften Früchten lassen sich Kompotte, Gelees und Konfitüren zubereiten. Im alten Gallien dienten Elsbeeren zum Brauen eines Bieres „cervogia" benannt und im Elsaß ist daraus der „Aliziergeist" gebrannt worden. Die Beeren sind manchmal auch dem Obstwein zugesetzt worden oder sie dienten der Essigherstellung.

Aus jungen Zweigen des Elsbeerbaumes wurden früher gelbe und braune Naturfarben gewonnen. Das weißgelbe, harte, zähe und gut polierbare Holz ist von Drechslern, Instrumentenmachern und Bildhauern sehr geschätzt.

Mehlbeerbaum

Sorbus aria Rosaceae; alisier blanc, white beam, sorbo montano, farinaccio-rialto, mostellar, Mehlbaum, Silberbaum, Weißbaum, Mehlbirne

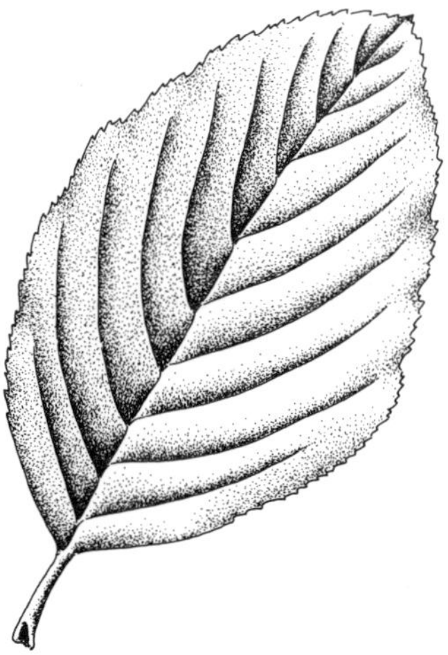

Abb. 9.
Blatt des Mehlbeerbaumes, Sorbus aria.

Als Großstrauch oder Baum kommt der Mehlbeerbaum als sehr formenreiche Art in Mittel- und Südeuropa vor. In Norddeutschland fehlend, greift er aber auf England und Norwegen über. Es handelt sich um eine Pflanze des Hügellandes und der Gebirge. Im Wallis ist sie bis auf 2155 m Höhe festgestellt worden.

Der gut frostharte Baum ist sehr lichtbedürftig, weshalb man ihn nur in lichten Wäldern, Waldrändern, Feldgehölzen und Hecken antrifft. Selbst magere und trockene Böden werden gut vertragen, doch genügend kalkhaltig sollten sie sein. Häufig ist er als Zierbaum in Gärten und an Straßen angepflanzt.

Die Pflanze

Der Mehlbeerbaum bleibt in der Regel im Wuchsbereich von 6 bis 15 m, kann aber auch 20 m Höhe erreichen. An kargen felsigen Standorten bleibt er strauchartig. Zu Hecken gepflanzt, treibt er nach einem Rückschnitt wieder kräftig.

Charakteristisch ist sein langsames Wachstum, das aber bis zu einem Alter von 200 Jahren führen kann.

Die 6 bis 14 cm langen und 5 bis 9 cm breiten Laubblätter sind ungeteilt und scharf doppelt gesägt. Oberseits wirken sie glatt glänzend grün, unterseits sind sie dicht weißfilzig behaart, deshalb wird die Pflanze auch Silberbaum genannt.

Weiß leuchtende, aufrecht gestellte Blütendolden locken mit ihrem Honig im Mai/Juni die Bienen an. Im Oktober reifen die rotorange gefärbten, kugelig-eiförmigen, 10 bis 15 mm messenden Scheinfrüchte.

Vermehrung

Eine Vermehrung durch flach bedeckte Aussaat im Herbst nach der Reife aus gewaschenen Samen ist üblich. Auch Stratifikation ist möglich, wobei die Keimung oft erst nach einem Jahr erfolgt. Absenkerbildung und Vermehrung durch Steckholz sind machbar. Auch Pfropfen oder Okulation auf Birne, Quitte, Mispel, Vogelbeere oder Weißdorn kann zum Ziele führen.

Verwertung

Mehlbeeren wirken trocken und mehlig und schmecken bitter, da gerbstoffhaltig. Erst nach Frosteintritt werden sie eßbar und süß. Aus nachgereiften Mehlbeeren können Säfte, Gelees und Konfitüren bereitet werden, wobei jedoch Zugaben von Äpfeln, Zitronen oder Hagebutten empfehlenswert sind. In Notzeiten wurden Mehlbeeren getrocknet, gemahlen und dem Brotmehl zugemischt.

Mit etwas Zuckerzusatz können Mehlbeeren auch zu Wein vergoren werden. Selbst Zubereitung von Essig und Branntwein ist möglich. Getrocknete Mehlbeeren sind getrockneten Kirschen vergleichbar, die zum Knabbern oder auch in Backwerk verwendbar sind. Neben der Bienenweide liefert dieser Baum Futter für Geflügel und Vögel. Ein Absud aus getrockneten Beeren gilt als Hausmittel gegen Erkältungen.

Vorsicht: Die Früchte der häufig in Alleen angepflanzten Zierformen des Mehlbeerbaumes sind zwar nicht giftig, doch enthalten sie des öftern zu hohe Mengen an Bitterstoffen um eßbar zu sein.

Das außerordentlich harte, zähe Holz ist von Instrumentenmachern, Drechslern und Bildhauern geschätzt.

Volksglaube und Brauchtum

Getrocknete Blätter an das Johanniskreuz geheftet, sollen Schutz gewähren vor Dämonen. Der Mehlbeerbaum gilt auch als Wetterprophet: wenn beim Blick in den Baum die weißen Blattunterseiten besonders deutlich sichtbar sind, soll dies einen Wetterumschlag bedeuten.

Verwandte Arten

Eßbare Früchte sind aus einer Reihe von Bastarden mit der Mehlbeere bekannt.

Die **Mougeots Mehlbeere** *(Sorbus mougeotii)* wächst in Bergzonen der Vogesen, des Juras, der Alpen und Karpathen. Der Baum kann 20 m hoch werden, doch meistens bleibt die Pflanze strauchartig klein. Die Laubblätter sind 7 bis 10 cm lang, 3,5 bis 5,5 cm breit und der Rand ist gelappt. Die etwa 10 bis 13 mm großen, eßbaren Scheinfrüchte färben sich im Oktober rot aus.

Österreichische Mehlbeere *(Sorbus austriaca)* mit gleichen Eigenschaften wie Mougeots Mehlbeere.

Breitblättrige Mehlbeere *(Sorbus latifolia)*
Sie soll eine Hybride zwischen der Mehlbeere und Elsbeere sein. In Frankreich natürlich vorkommend, liefert diese Pflanze größere eßbare Früchte als die Mehlbeere.

Zwerg-Vogelbeere, Zwerg-Mispel *(Sorbus chamaemespilus)*
Diese Vogelbeere wächst als 1 bis 3 m hoher Strauch in lichten, sonnigen Bergwäldern zwischen 800 und 2000 m Höhenlage. Die scharlachroten, kugelig-eiförmigen, 10 bis 13 mm langen Scheinfrüchte sind eßbar. Sie wurden in Hungerjahren getrocknet, gemahlen und als Brotzusatz verwendet. Neben der echten Zwergmispel sind verschiedene Bastarde dieser Art mit anderen *Sorbus*-Arten bekannt geworden.

So sind im Jura und in den Alpen Kreuzungen mit der Mehlbeere und mit Mougeots Mehlbeere gefunden worden. Die Früchte der letzteren messen 10 bis 14 mm.

Ginkgo

Ginkgo biloba Ginkgoaceae; Ginkgo, Mädchenhaarbaum, maidenhair-tree

Der sehr dekorative Ginkgobaum ist im Jahr 1727 aus China nach Europa überbracht worden. In Ostasien wird diese Pflanze oft in der Nähe von Tempeln gepflanzt. Ginkgo bildet die einzig übriggebliebene Art einer Pflanzengruppe, die vor rund 200 Millionen Jahren weltweit verbreitet war.

Darwin hat den Ginkgo als lebende Fossilie bezeichnet. Botanisch stellt er eine Zwischenform dar zwischen Nadel- und Laubbaum. Entwicklungsgeschichtlich wird er den Nadelbäumen zugeordnet, obschon er im Habitus einem Laubbaum entspricht.

Die Pflanze

Als stolzer sommergrüner, bis 30m hochwachsender und bis 1 m Stammdicke aufweisender Baum beeindruckt er in seiner vornehmen Eigenart. Eigentlich ist der Ginkgo den subtropischen bis gemäßigten Klimazonen angepaßt, besitzt jedoch auch in Nordeuropa gute Winterhärte. Als Parkbaum ist dieses lichtbedürftige Gehölz frei und einzeln zu stellen. Nicht zu trockene, nährstoffreiche Böden werden bevorzugt. Gegenüber Stadtluft besteht eine gute Verträglichkeit.

Abb. 10.
Blatt des Ginkgo, Ginkgo biloba.

Das fächerförmige, teils gelappte Laubblatt zeigt einen parallelnervigen Aufbau. In der Breite 5 bis 8 cm messend, ist es oft eingeschnitten, besitzt eine leicht lederige Beschaffenheit und leuchtet im Herbst goldgelb auf. Im Blütenbau und dem Befruchtungsmodus stellt man urtümliche Gestaltungen fest, die an entsprechende Übergänge zwischen Farnpflanzen und Nadelbäumen erinnern.

Ginkgo ist zweihäusig; deshalb muß zur Samenbildung der weiblichen Pflanze ein männlicher Partner in nicht zu weiter Entfernung beigeordnet sein. Gemäß dessen entwicklungsgeschichtlichen alten Ursprungs findet Windbestäubung statt.

Samentragende weibliche Exemplare mit den weitausladenden buschigen Baumkronen sind eher selten anzutreffen. Gartengestalter ziehen für öffentliche Anlagen oder in der Nähe von Gebäuden die männlichen Typen mit den geraden schlanken Stämmen und schmaler Krone den weiblichen vor, denn das Fruchtfleisch der im September/Oktober reifenden Früchte entwickelt unangenehme Gärgerüche. Um diese stinkenden Hüllen verrotten zu lassen läßt man die kugeligen Früchte von 2 bis 3 cm Durchmesser vorerst liegen. Sie werden erst im Nachwinter eingesammelt.

Die weißlichen, hartschaligen Samen besitzen einen ölhaltigen Steinkern. In China werden die gerösteten Steinkerne als Delikatesse betrachtet und bilden einen Handelsartikel. Zu Heilzwecken dienen auch die Laubblätter, da diese Flavonglucoside enthalten.

Vermehrung

Der Ginkgobaum läßt sich mittels Samen oder durch Stecklinge im Warmhaus vermehren. Im letzteren Fall werden gut ausgereifte, kurze Seitentriebe verwendet, denen man die Spitze entfernt. Von der Vermehrung durch Absenker ist abzusehen, weil dabei schiefe oder krumme Stämme entstehen.

Bei der Samen-Vermehrung sind möglichst nur solche Früchte einzusammeln, die mit Sicherheit befruchtet worden sind. Falls das Saatgut mitsamt der Fleischhülle sofort nach der Ernte in Sand eingebettet wird, keimt die Jungpflanze im Frühjahr nicht aus; dies geschieht erst im folgenden Jahr. Diese lange Keimruhe ist durch ein Auswaschen des fleischigen Anteils verkürzbar. Anschließend ist das Saatgut zu trocknen, sowie kühl und trocken zu lagern bis zur Aussaat im April.

Kleine Bäume oder Großsträucher

Mandelbaum

Prunus dulcis Rosaceae; amande, amandier, almond, mandorlo, almendra

Der Mandelbaum ist wahrscheinlich in West-Asien beheimatet. Von dort verbreitete er sich nach Griechenland, Nord-Afrika und über die ganze westliche Halbkugel. Mandelpflanzungen stehen heute in allen wärmeren Klimaten, insbesondere ums Mittelmeer und in Kalifornien. Man findet sie aber auch in warm-trockenen Weinbaugebieten Deutschlands (Weinstraße, Kaiserstuhl, Bergstraße, Pfalz), in Österreich (Burgenland und Steiermark), in der Schweiz (Wallis und Tessin). Im Winter ertragen Mandelbäume Temperaturen bis −20 °C. Die Blütezeit ist sehr früh. Daher ist sie stark spätfrostgefährdet. Geschlossene Blüten überstehen Temperaturen bis −4 °C schadlos, die kleinen Früchte jedoch nur −0,5 bis −1 °C. Der Boden soll tiefgründig, trocken und kalkreich mit hohem Skelettanteil sein. In feuchteren Böden wählt man Myrobalane 'Brompton' oder die 'Große Grüne Reineclaude' als Unterlage. In nährstoffreichen Böden sind die Pflanzen wüchsiger, und anfangs ertragreich. Sie haben aber eine kürzere Lebensdauer. Wenn das Holz im Herbst nicht genügend verholzt, kommt es zu Erfrierungsschäden. Der Wasserbedarf bei Mandeln ist gering. Sie können mit 200 bis 300 mm Niederschlag pro Jahr auskommen. In dieser Beziehung sind sie sogar noch etwas weniger bedürftig als die Olive.

Die Pflanze

Der Mandelbaum hat einen baum- bis strauchartigen Wuchs und zeigt seine enge Verwandtschaft mit dem Pfirsichbaum im Habitus und in der Blattform. Der Baum wird zwischen 4 und 8 m hoch. Die jungen Triebe sind grün und unbehaart, die Rinde graubraun, mit Längsrißchen. Seine Blätter stehen abwechselnd, sind gestielt, länglich lanzettlich, 1 bis 2 cm breit, etwa 5 bis 7mal

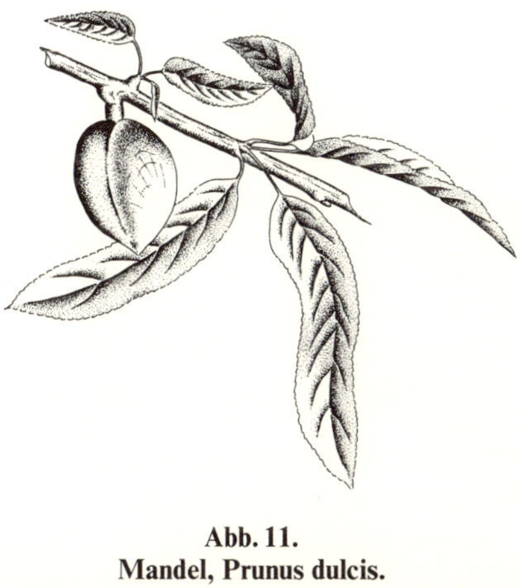

Abb. 11.
Mandel, Prunus dulcis.

länger als breit und leicht stumpf gezähnt. Die größte Breite befindet sich, im Gegensatz zum Pfirsich, unter der Mitte. Die Blüten des süßen Mandelbaumes sind rosarot mit einer Spur Weiß, die des bittern Mandelbaumes etwas größer mit weißlichen, an der Basis leicht rosaroten Blütenblättern. Je nach Sorte entfalten sie sich mehr oder weniger früh: Die frühesten Sorten aus Nordafrika stehen schon im Dezember in Vollblüte, in Mitteleuropa entfalten sie sich etwa im März, während sie in Skandinavien erst im Juni aufblühen. Mandeln sind selbstunfruchtbar. Deshalb sollten immer mindestens zwei sich befruchtende Sorten nebeneinander gepflanzt werden. Aus den USA sind einige selbstfruchtbare Sorten bekannt: 'Legrand' soll eine Rückkreuzung von Mandel und Pfirsich sein. Auch 'Mandera' und 'Self-Set' sind selbstfruchtbar. 'Halls Hardy' blüht zwar relativ spät und ist winterhart, doch ist der Kern nicht besonders schmackhaft. Die Frucht ist grün und flaumig behaart und erinnert an einen kleinen Pfirsich. Sie ist schiefoval und wird fast ganz durch den Stein ausgefüllt, welcher ein bis zwei Kerne enthält. Botanisch gesehen zählt man die Mandel zum Steinobst, doch wird sie aufgrund ihrer Verwendung meist dem Schalenobst zugeordnet (s. Farbbild Seite 50).

Sorten

Grundsätzlich kann zwischen Mandeln mit süßem und solchen mit bitterem Kern unterschieden werden. Es gibt auch Übergangsformen. Aufgrund der Schale kann in folgende Guppen unterteilt werden:

- Papierschalige Mandeln mit dünner Schale
- Weichschalige Mandeln mit schwammartiger, zerreibbarer Schale
- Standardschalige Mandeln. Sie können von Hand aufgebrochen werden
- Hartschalige Mandeln. Sie müssen mit dem Nußknacker geöffnet werden.

Folgende Sorten werden für Deutschland empfohlen: 'Dürkheimer Riesen', 'Dürkheimer sehr große', 'Ungst II Osten', 'Ungst III Osten', 'Bad Dürkheim XI', 'Wachenheimer', 'Baseler sehr fruchtbare', 'Prinzessinmandel', 'Ruhm der Weinstraße' und 'Zartschalige Krachmandeln'.

Vermehrung

Das Vermehren über Samen kommt nur für die Produktion von Unterlagen in Frage, doch können die Nachkommen sehr unterschiedlich ausfallen. Dazu werden die Kerne über Nacht in Wasser gelegt und dann während des Winters in Torf und Sand (1:1) stratifiziert, bei Temperaturen zwischen 0 und 6°C. Die Aussaat erfolgt beizeiten im Frühjahr sobald der Boden abgetrocknet ist. Üblicherweise wird der Mandelbaum durch Okulation vermehrt. Je nach Bodenverhältnissen müssen verschiedene Unterlagen gewählt werden (s.o.). Man kann den Baum auch als Halb- oder Hochstamm erziehen und ihn in der gewünschten Höhe okulieren oder eine der üblichen Reisveredlungen vornehmen. Diese hat im Frühjahr zu erfolgen.

Pflanzung und Erziehung

Die Wurzeln des Mandelbaumes sind sehr anfällig für gewisse Wurzelpilze. Wird nach Reben oder anderen Obstarten gepflanzt, müssen deren Wurzeln so gut wie möglich herausgelesen werden. Es ist vorteilhaft, während zwei bis drei Jahren eine Vorkultur mit Getreide oder eine Gründüngung mit Pflanzen wie Ölrettich oder Phacelia, vorzusehen. Wirtspflanzen für den Pilz *Verticillium* wie Tomaten, Aubergine, Melonen und Luzerne sind in der Nähe von Mandeln zu vermeiden.

Wegen des frühen Austriebs ist die Herbstpflanzung der Frühjahrspflanzung vorzuziehen. Der Pflanzabstand wird bestimmt durch die Unterlage und die Bodenqualität. Der Mandelbaum braucht Luft und Licht zum Gedeihen. Wenn eine mechanische Ernte ins Auge gefaßt wird, ist ein Reihenabstand von 7 m als optimal zu betrachten. In der Reihe stehen die Bäume 5 bis 6 m auseinander. Zu enge Pflanzabstände haben sich nicht bewährt. Trotz seiner relativen Robustheit muß der Mandelbaum sorgfältig gepflanzt werden: Nachschneiden der verletzten Wurzeln, Eintauchen derselben in einen Brei von Lehm und Kuhmist, striktes Einhalten der Veredlungshöhe wie in der Baumschule und allenfalls ein Schutz gegen Nager sind wichtig. Selbstverständlich darf auch ein kräftiger Pfahl nicht fehlen.

Die geeignete Baumform für die Mandel ist die Hohlkrone. Sie gewährleistet eine optimale Belichtung und Durchlüftung.

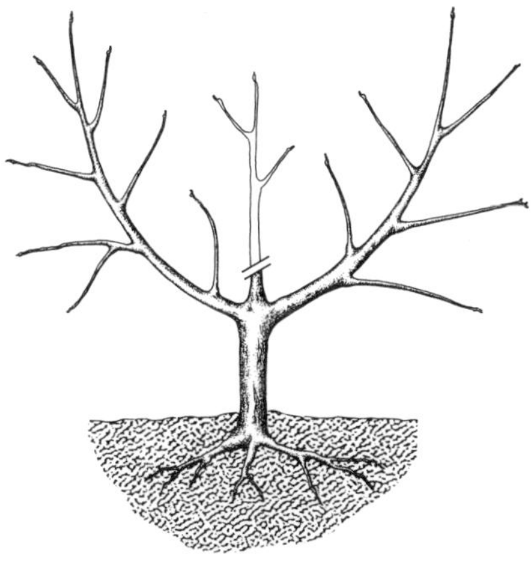

Abb. 12.
Beim Aufbau der Hohlkrone wird zuerst eine normale Baumform erzogen. Wenn sich die Leitäste genügend entwickelt haben, kann der Mitteltrieb schrittweise zurückgenommen werden.

Die Formierung erfolgt gemäß Abbildung 12. Der Schnitt darf in den ersten Jahren nicht zu stark sein, damit ein früher Ertragseintritt gewährleistet ist. Der Fruchtholzschnitt ist verhältnismäßig einfach, weil mit dem Schnitt im Gegensatz zu andern Obstarten durch Beschränkung nicht die Fruchtgröße gefördert werden muß. Auch muß der Baumhöhe weniger Beachtung geschenkt werden, denn die Ernte erfolgt durch Schütteln. Das Schneiden beschränkt sich auf ein regelmäßiges Auslichten und Entfernen überflüssiger Triebe und des abgetragenen Fruchtholzes. Bei älteren Bäumen wird man periodisch einen maßvollen Verjüngungsschnitt vorsehen. Austriebe an der Pfropfunterlage sind stets zu entfernen, da Sämlinge manchmal Bittermandelcharakter aufweisen.

Pflanzenschutz und Pflege

Obwohl in den Hauptanbaugebieten verschiedene Krankheiten und Schädlinge auftreten, sind in gemäßigten Klimazonen kaum Störungen beobachtet worden. Der Mandelbaum ist praktisch ohne Pflanzenschutz kultivierbar. Ein punktuelles Eingreifen gegen einzelne Schädlinge wie Blattläuse oder Rote Spinne kann nötig werden.

Wichtiger als die Schädlings- oder Krankheitsbekämpfung ist das Pflanzen an geeigneten Standorten. Besonders schwere Böden und Zonen mit stauender Nässe sind zu meiden.

Reifung, Ernte, Lagerung

Obwohl in gewissen Mittelmeerländern die Grünernte im Juni/Juli als Spezialität praktiziert wird, beschränken wir uns im Folgenden auf die Ernte der vollreifen Mandeln. Ähnlich wie bei den Walnüssen wartet man, bis sich die Schale öffnet. Kleinere Pflanzungen können durch Schütteln auf unterlegte Tücher beerntet werden. Größere Mengen werden mechanisch geschüttelt und geerntet. Dabei muß die Baumform den Geräten angepaßt sein. In der Regel wird ein Baum in zwei bis drei Arbeitsgängen geerntet. Gleich anschließend sollte die grüne Schale entfernt werden. Zu diesem Zeitpunkt ist sie noch weich und läßt sich leicht vom Stein lösen, das Gären und Verschimmeln wird verhindert und die harte Schale bleibt hell. Auch für diese Arbeit wurden Maschinen entwickelt. Anschließend muß der Feuchtigkeitsgehalt des Erntegutes, welcher zwischen 20 und 25 % liegt, auf etwa 7 % gesenkt werden. In warmen Regionen kann man die Mandeln in dünnen Schichten an der Luft auslegen und sie täglich umschaufeln. In kühleren Gegenden und bei großen Mengen sollte mit einer Belüftung, die allenfalls geheizt werden kann, gearbeitet werden. Der Feuchtigkeitsgehalt von 7 % sollte innerhalb 48 Stunden erreicht werden, damit ein Verderb verhindert wird. Bis zur Vermarktung werden die Mandeln an einem luftigen, trockenen Ort in Jutesäcken aufbewahrt.

Inhaltsstoffe

Inhaltsstoffe von Mandeln in mg je 100 g Pulver (nach Souci)

Calcium	180– 350	Eisen	3,2–5,9
Kalium	730–1160	Kupfer	0,9–1,6
Phosphor	590– 750	Mangan	2,3–4,1
Schwefel	190– 250	Zink	2,7–4,2
Magnesium	200– 250		

Außer den in der Tabelle aufgeführten Inhaltsstoffen enthält der Mandelkern folgende Vitamine: Niacin 4,4 mg, Vitamin C 0,8 mg, Riboflavin 0,57 mg und Thyamin 0,24 mg. Der Energiewert beträgt 655 kcal (= 2744 kJ). Süßes Mandelöl ist dem Olivenöl sehr ähnlich. Es besteht zum größten Teil aus Olein und enthält kein Blattgrün (Chlorophyll). Hingegen sind Spuren von Glyceriden, Linolsäure, Cholesterin und Asparagin enthalten. Aus der bitteren Mandel kann das Ferment Emulsin extrahiert werden. Daraus entsteht zusammen mit Wasser das giftige Blausäureglykosid Amygdalin.

Die Inhaltsstoffe kommen erst nach gutem Zerkauen zur Entfaltung. Schlecht zerkaute Mandeln werden unverdaut wieder ausgeschieden. Wegen des geringen Zuckergehaltes, des hohen Anteils an Fett und Proteinen ist die Mandel für Diabetiker sehr bekömmlich.

Verwertung

Das wichtigste Verwendungsgebiet der Mandel ist die Bäckerei. Mandeln werden zahlreichen Gebäcken und Konfekt beigegeben. Geröstet und mit Zucker umhüllt, ergeben sie die beliebten Krachmandeln. Die Lebensmittelindustrie verarbeitet sie zu verschiedenen Halbfabrikaten wie geschälte, blanchierte, gehackte oder gemahlene Mandeln sowie als Mandelpaste und Marzipan.

Mandeln sind geschätzt zum knabbern. Sie werden als Zugabe zu Schokolade, Nougat und Backwaren verwendet. Neben der Verwendung als Speiseöl, findet Mandelöl in der Pharmazeutik und Kosmetik Verwendung. Mandeln verleihen dem Nervensystem Energie und Lebenskraft. Sie fördern die Sehkraft und stärken die Fortpflanzungsorgane. Bei Infektion von Niere und Harntrakt wird eine Emulsion mit Milch und Wasser empfohlen. Bei Erkältungen verabreicht man zwei bis dreimal täglich eine mit Honig vermischte Paste. Erleichterung schafft die Mandel bei Entzündungen im Beckenbereich, Rückenschmerzen und Frauenbeschwerden mit

Weißfluß. Bei neuralgischen Schmerzen schafft eine Paste von Bittermandelöl Linderung. Ein Absud von 50 g/lt Schale soll Halsweh und Entzündungen der Atemwege lindern. Eine ähnliche Wirkung wird den Blättern zugeschrieben. – Schließlich sei noch auf die Giftigkeit von Bittermandeln hingewiesen: 6 bittere Mandeln am selben Tag gegessen, können beim Erwachsenen schon schwere Störungen bewirken, 12 Stück wirken tödlich. Schwangeren Frauen wird der Genuß von Mandeln, insbesondere Bittermandeln bis einige Tage nach der Geburt abgeraten. Aus Bittermandeln wurde früher sogar ein Giftköder für Ratten hergestellt. Beim Kochen und Backen zerfällt die Blausäure zum Großteil durch die Erwärmung. Bittere Mandeln können daher im Rahmen der gängigen Backrezepte verwendet werden. Das dunkelbraune Mandelholz ist sehr hart und schwer. Weil sich der Stamm beim Wachsen leicht verdreht, wird das Holz höchstens in der Schnitzerei verwendet. Es ist im Mittelmeergebiet als Brennholz sehr geschätzt.

Volksglaube und Brauchtum

Weil die Mandel schon bei den Römern eine große wirtschaftliche Bedeutung hatte, sind auch verschiedene Überlieferungen zu dieser Frucht vorhanden. So empfehlen Columella und Plinius im 1. Jahrhundert n. Chr., das Saatgut vor dem Aussäen eine Nacht lang in Honigwasser zu legen. Der Baum werde dann robuster, die Früchte süßer. Eine andere Empfehlung stammt von Theophrastus (4. Jahrh. vor Chr.), wonach der Saftstrom durch das Bohren von Löchern in den Stamm verstärkt wird. Dadurch sollen die Mandeln süßer werden. Hingegen soll gemäß Varron und Plinius ein süßer Mandelbaum durch ein Tier „mit bösem Blick", das den Stamm beleckt, in einen bitteren verwandelt werden.

Feigenbaum

Ficus carica Moraceae; figuier, figtree, fico, higo, higuera

Die Feige ist in Syrien, Persien, Kleinasien, Griechenland und Nordafrika heimisch. Sie wird in diesen Ländern seit urdenklichen Zeiten kultiviert. Ausgrabungen aus der Bronzezeit zeigen, daß die Feige schon damals immer zusammen mit der Olive vorkommt. Über die Feigenkultur aus dem 3. und 2. Jahrtausend v. Chr. in Kanaan berichten ägyptische Dokumente. Mit der Inkulturnahme der Feige kann auch eine Verbesserung der Fruchtgröße, des Zukkergehaltes und ein Umschwenken auf vegetative Vermehrung (Veredlung, Stecklinge) beobachtet werden. Der Feigenbaum wird von Athenaeus, Columella und Marcobius erwähnt. Zur Zeit von Cato waren in Italien sechs Sorten bekannt, Plinius zählte 29 Sorten. Cortez brachte die Feige 1560 nach Mexico, 1669 soll sie erstmals im Staate Virginia (USA) angebaut worden sein. – Schon früh wurden Feigen auch nördlich der Alpen bis nach Süddeutschland angebaut.

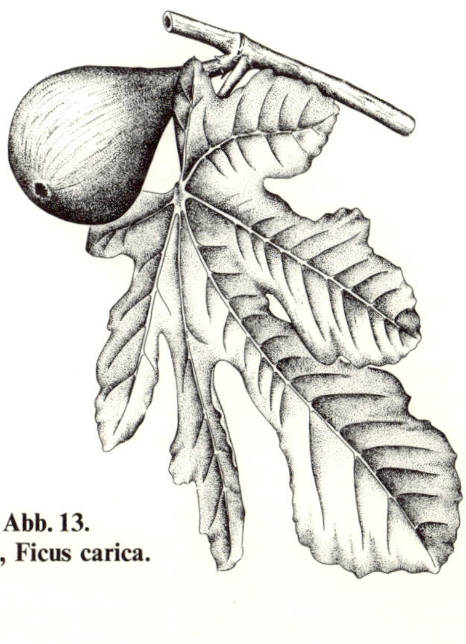

Abb. 13.
Feige, Ficus carica.

Die Feige liebt warme Klimata, wie sie in Mittelmeerländern herrschen. Dennoch ist sie an geschützten Standorten bis in Gärten Großbritanniens kultivierbar. Ab −15°C erfriert das Holz. Russische Autoren berichten von einer Feigensorte, welche in der Ukraine akklimatisiert ist und Winterfröste bis zu −34°C erträgt. Der Feigenbaum gedeiht in seinem Ursprungsgebiet auf steinigen, alkalischen Böden oder in Felsrissen mit kleinen Rinnsalen. Er ist aber bezüglich Bodenverhältnissen sehr anpassungsfähig. Gute Erträge werden aber nur auf fruchtbaren Böden ohne Staunässe erzielt (s. Titelfoto).

Die Pflanze

Feigen sind Sträucher oder Bäume, die bis 10 m hoch wachsen. Die handförmig gelappten Blätter sind 10 bis 20 cm lang und nicht ausdauernd. Die Pflanze enthält einen dickflüssigen, ätzenden Milchsaft. Blütenstände treiben bis dreimal pro Jahr aus den Blattachseln. Die Frucht ist ein sogenannter Steinfruchtverband, der an der Innenseite der kernförmig emporgewölbten Blütenachse angeordnet ist. Dieser nach innen gerichtete Blütenverband ist durch eine kleine Öffnung (Ostiolum) nach außen verbunden. Nach erfolgter Befruchtung entwickelt jede weibliche Blüte ein Nüßchen (Achäne). Eine einzelne Feige entsteht darum aus einer Ansammlung von Blüten. Man spricht von einem Syconium. Die Blütenachse ist der eßbare Teil. Sie ist fleischig, saftig und sehr süß. Recht kompliziert und interessant ist der Befruchtungsvorgang; man nennt ihn Caprifikation. Es ist eine einmalige Symbiose zwischen der Bocksfeige (*F. carica* var. *caprificus*) und der pollenübertragenden Gallwespe (*Blastophaga psenes*). Ohne die Befruchtung durch die Gallwespe erreichen die Früchte gewisser Sorten nur die Hälfte ihrer Größe,

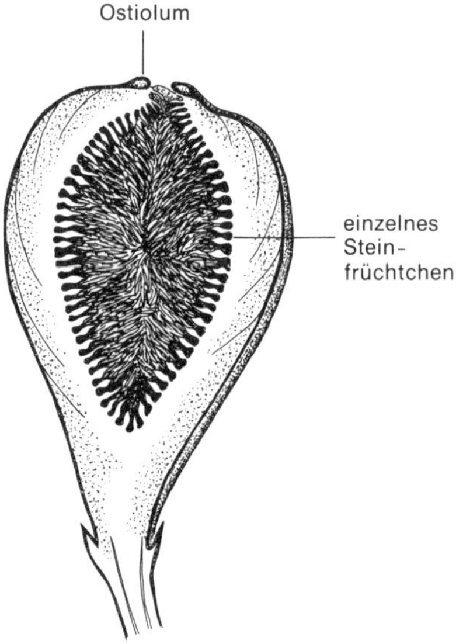

Abb. 14. Aufgeschnittene Feige.

verfärben sich gelb, schrumpfen und fallen vor der eigentlichen Reife ab. Die Caprifikation beginnt mit dem Austreten der weiblichen Wespen aus den Früchten der Bocksfeige. Auf der Suche nach Eiablagemöglichkeiten schlüpfen sie auch in die Kulturfeigen. Diese werden so befruchtet. Die Blütenstruktur dieser Feige ist für die Eiablage nicht geeignet. Die Feigenwespe ist deshalb auf die Bocksfeige angewiesen, um ihren Lebenszyklus zu vollenden. In dieser vollzieht sich schließlich die Entwicklung von der Larve zum Insekt sowie die Befruchtung durch die flügellosen Männchen. Der Jahreszyklus wird geschlossen, indem die letzte Weibchengeneration die Eier in die letzte Blütengeneration der Bocksfeige legt, die über Winter am Strauch verbleiben.

Der echte Feigenbaum unterteilt sich in vier Varietäten, die sich in der Befruchtung unterscheiden. Viele gebräuchliche Sorten sind in der Lage, Jungfernfrüchte parthenokarp auszubilden. Bei den übrigen drei Varietäten ist die Fremdbestäubung notwendig (s. oben). Die Bocksfeige oder Ziegenfeige mit ihren kleinen, ungenießbaren Früchten hat aber sowohl fruchtbare männliche wie weibliche Blüten. Die Hausfeige *(F. carica* var. *domestica)* oder Calimyrna-Feige besitzt nur langgrifflige weibliche Blüten. Der San-Pedro-Typ schließlich bringt die erste Generation Früchte ohne Befruchtung hervor, ist aber für die zweite auf Fremdbestäubung angewiesen.

Sorten

Zahlreich sind die Feigensorten, jedes Land hat seine eigenen. Vielfach wird dieselbe Sorte in den verschiedenen Ländern unter anderen Bezeichnungen geführt. Grundsätzlich kann man sie aufgrund der Fruchtfarbe in drei Gruppen einteilen:

- weiße Feigen
- Feigen mit einer mehr oder weniger rötlichen oder grünen Haut
- schwarze oder violette Feigen.

Wir beschränken uns auf einige Sorten, welche sich auch in kühleren Regionen bewährt haben.

In Frankreich werden empfohlen: 'La Versaillaise', auch unter dem Namen 'Blanche d'Argenteuil' im Handel. Sie ist zweimaltragend, die Frucht ist weißlich grün, mittelgroß, länglich mit weißem, saftigem Fleisch, aromatisch, wenn vollreif von ausgezeichneter Qualität. 'Dauphine' auch 'Rouge d'Argenteuil' oder 'Boule d'Or' zweimaltragend, groß, länglich, violett, Fleisch rosa saftig, süß, aromatisch, reift Anfang bis Mitte August.

Für England werden folgende Sorten genannt: 'Brunswick', reift Mitte bis Ende August, Frucht länglich pyramidal, Haut grünlich, purpurn wenn vollreif. Sie kann sehr großfrüchtig werden. Diese Sorte muß nach dem Pflücken zwei bis drei Tage gelagert werden, um den vollen Geschmack zu entwickeln. 'Brown Turkey', wird fast weltweit für den Hausgarten empfohlen. Sie reift etwa zwei Wochen nach 'Brunswick'. 'Brown Turkey' ist bezüglich Wuchs eher zu bewältigen, denn er ist schwächerwachsend als Brunswick. Die Frucht ist purpurn, das Fleisch ebenfalls dunkel. Weitere Sorten sind 'White Marseilles' und 'White Ischia'.

Entwicklung der Fruchtgeneration

Neben der Unterteilung der Feigen bezüglich Befruchtung oder Fruchtfarbe lassen sich drei andere Gruppen unterscheiden: ein-, zwei- und dreimaltragende Sorten. Allerdings lassen sich diese Gruppen nur unter den natürlichen Klimaverhältnissen des Mittelmeeres feststellen. In den Grenzgebieten vermögen auch mehrmalstragende Sorten nur eine Früchtegeneration auszureifen. Nördlich der Alpen kommt in der Regel nur die Generation zum Ausreifen, deren Früchte sich im Frühjahr am einjährigen Holz in den Blattachseln entwickeln. Die Generation, die sich am äußeren Ende des diesjährigen Triebes im Laufe des Sommers entwickelt und bei den dreimaltragenden Sorten auch die, die als kleine Früchtchen überwintert, kommen bei uns nicht zur Reife. Weil sie die Ursache für Krankheiten wie Mehltau sein können, sind sie im November zu entfernen.

Vermehrung

Feigen sind mischerbig (heterozygot). Daher ist eine sortenreine Vermehrung durch Samen nicht möglich. Hingegen läßt sich der Feigenbaum ziemlich leicht durch Stecklinge, Ableger, Okulation und Reisveredlung vermehren. Stecklinge können Ende Winter von ausgereiftem Holz des Vorjahrestriebes geschnitten werden. Mit Erfolg wurde aber auch schon zwei- und dreijähriges Holz verwendet. Die Steckhölzer sollten zwischen 25 und 30 cm lang und nicht dicker als 1,5 cm sein. Eine Behandlung mit Naphtylacetamid (20 ppm) fördert die Bewurzelung. Als Substrat wird eine Mischung von Gartenerde, Sand und Perlit (3:1:1) empfohlen. Das Basalende muß knapp unter einem Auge geschnitten werden. Obwohl eine Vermehrung durch Grünstecklinge und durch Ableger möglich ist, wird diese Vermehrungsart wenig angewendet. Das Veredeln kommt dort in Frage, wo wenig Pflanzenmaterial der Kultursorte vorhanden ist oder wo unbefriedigende Sorten umgepfropft werden müssen.

Pflanzung und Erziehung

Für größere Pflanzungen ist eine gute Bodenvorbereitung, wenn möglich, verbunden mit einer zweijährigen Gründüngung, notwendig. Südexponierte Lagen sind nördlich der Alpen unerläßlich. In Grenzlagen kommt nur noch das Pflanzen an Wänden in Betracht. Die Pflanzen dürfen sich nicht gegenseitig beschatten. Im Freiland wird man einen Pflanzabstand von etwa 6 × 6 m wählen. Im Hausgarten sind Bäume mit dichtem, oberflächlichem Wurzelsystem aus der Umgebung der Feigenbäume zu verbannen, denn die Wurzelkonkurrenz ist beträchtlich. Der günstigste Pflanzzeitpunkt ist in den kühleren Regionen im Frühjahr. Die Gefahr des Ausfrierens der Jungpflanzen ist sonst zu groß. In der Südschweiz kann schon im Herbst gepflanzt werden, damit das gut etablierte Wurzelwerk schon vor dem Austrieb aktiv werden kann. Entgegen der Empfehlung bei anderen Bäumen, müssen Feigen 5 bis 10 cm tiefer gepflanzt werden, als sie in der Baumschule standen. Das schützt gegen Austrocknen und Kälte. Um einen frühen und regelmäßigen Ertrag zu erzielen, empfehlen englische Fachleute, Feigenbäume an Wände zu pflanzen und deren Wurzelraum zu begrenzen. Ein Wurzelraum von 3 m Länge, 1 m Breite und 1 m Tiefe soll genügen. Man kann ihn mit einer Betonkonstruktion abgrenzen. Für einen genügenden Wasserabzug ist zu sorgen.

Wie bei allen Obstgehölzen bezweckt der Schnitt einerseits die Bildung eines tragfähigen, lockeren Gerüstes und anderseits die Erzeugung und Erhaltung von leistungsfähigem Fruchtholz. Die Gerüstbildung ist je nach Standort und Klima verschieden. In südlichen Regionen kommen freistehende Bäume mit einer lockeren Rundkrone in Betracht. Nördlich der Alpen wählt man eher die Strauchform in einem geschützten Winkel zwischen Hauswänden oder Mauern. Als sogenannte Spalierform kommt auch das fächerartige Aufbinden eines Strauches an einem Drahtgerüst an der Wand in Frage. Immer muß man sich vor Augen halten, daß tragfähige Feigenbäume frohwüchsig sein sollen, denn sie bringen die Früchte am einjährigen Holz hervor. Wegen der großen Blätter kommt es rasch zu übermäßiger Beschattung der inneren Kronenteile. Darum ist auf einen weitastigen Aufbau zu achten. Ziel des Fruchtholzschnittes ist, den Wuchs von einjährigen Trieben von 20 bis 30 cm Länge anzuregen, die sich bis zum Herbst genügend verholzen. Bei übermäßig stark wachsenden Pflanzen sollten die Wurzeln nach dem Blattfall zurückgeschnitten und der Wurzelraum eingegrenzt werden. Manchmal erfolgt der Ertragseintritt erst im Alter von zehn und mehr Jahren.

An einigen Orten wird es nötig sein, den Feigenstrauch gegen Winterfrost zu schützen. Dazu verwendet man entweder Stroh, mit welchem die Äste eingepackt werden oder man deckt die Triebe während der ersten zwei Jahre mit Erde zu. Im folgenden Herbst werden diese Zweige zu etwa vier Bündeln zusammengeschnürt, worauf man sie strahlenförmig in vorbereitete Gräben legt und mit Erde zudeckt. Wichtig ist, vor dem Ablegen die noch unreifen Früchtchen der zweiten Generation zu entfernen. Zudem ist es ratsam, den Schnitt erst im Frühjahr auszuführen, weil Schnittwunden die Widerstandsfähigkeit gegen Frost herabsetzen. Sollte es dennoch einmal zu einem Zurückfrieren bis auf den Stock kommen, wird der Feigenstrauch wieder austreiben. Allerdings ist der Ertrag in den folgenden Jahren kleiner.

Schließlich sei noch erwähnt, daß sich Feigen auch in Kübeln kultivieren lassen, die man in einem Kalthaus mit viel Licht überwintern kann.

Pflanzenschutz und Pflege

Der Feigenbaum ist in unseren Breiten von wenigen Schädlingen und Krankheiten bedroht. Zu den wichtigsten Maßnahmen gehört jene der Mäusebekämpfung. Zur Reifezeit können Vögel durch Anpicken der knapp reifen Früchte beträchtlichen Schaden anrichten. Dies zieht dann meist auch die Wespen an. Einzelne Sträucher können mit einem Netz geschützt werden. In größeren Pflanzungen kommen die im Kirschenanbau gebräuchlichen Methoden zur Anwendung.

Blattläuse, Rote Spinnen und Schildläuse treten hie und da auf. Man kann sie mit einer Mineralölspritzung im Winter in Schach halten. Bei starkem Befall im Laufe der Vegetationszeit werden Rote Spinne und Blattläuse mit Spezialmitteln bekämpft.

Zwei Pilzkrankheiten können den Erfolg der Feigenkultur in Frage stellen: Ein Fäulnispilz des Holzes verursacht das Absterben des Baumes. Vielfach wird diese Erscheinung mit den Symptomen des Winterfrostes verwechselt. Der Pilz wird durch schlechte Bodenverhältnisse begünstigt. Eine direkte Bekämpfung ist nicht möglich. Hingegen läßt sich vorbeugend die Infektionsgefahr durch gute Bodenvorbereitung, vorgängigen Fruchtwechsel und durch Verwenden von gesundem Pflanzenmaterial vermindern. Das Blatt kann durch einen Rostpilz befallen werden. Es ist dann mit rötlichen Pusteln übersät und fällt vorzeitig ab. Der Pilz wird durch Feuchtigkeit gegen Ende der Saison begünstigt. Er kann vorbeugend mit einem organischen Fungizid bekämpft werden.

Im Hausgarten hat sich das Abdecken der Baumscheibe mit organischem Material günstig ausgewirkt. Vor allem aus wärmeren Gebieten wird eine Verbesserung der Fruchtgröße und eine Zunahme des Ertrages und des Wuchses gemeldet. Die Mulchdecke hat eine regulierende Wirkung auf die Bodenfeuchtigkeit, was dem oberflächlichen Wurzelsystem sehr zustatten kommt. Es ist darauf zu achten, daß die Decke mindestens 10 bis 15 cm stark ist und wenn möglich im Durchmesser um einen Meter größer ist als die Baumkrone. Mäusefraßschäden können vermindert werden, wenn die Mulchdecke nur bis 30 cm an den Stamm heranreicht.

Über die Anwendung von Dünger bei Feigen liegen wenig Untersuchungen vor. Tatsache ist, daß diese Pflanzenart auch auf relativ mageren Böden befriedigende Erträge abwerfen kann. Dennoch wird eine Verbesserung von Wuchs und Ertrag durch die Anwendung von Dünger bewirkt. Dies gilt besonders dort, wo Feigen auf wenig fruchtbarem, sandigem Boden oder in Konkurrenz mit Grasunterwuchs oder Zierpflanzen gedeihen. Als deutliches Zeichen eines Nährstoffmangels gilt die abnehmende Blattgröße. In Selbstversorgerpflanzungen kann bezüglich Menge und Zusammensetzung des Düngers ähnlich verfahren werden wie bei den übrigen Obstarten. Die Düngung kann sowohl organisch wie auch mineralisch erfolgen. Die Bewässerung muß den regionalen Verhältnissen und den Bodenbedingungen angepaßt sein. Grundsätzlich sind Feigen sehr trockenresistent. Allerdings werden gute Erträge und Fruchtqualitäten nur bei regelmäßiger Wasserversorgung erzielt. Unter extrem trockenen Sommerbedingungen kann Trockenheit sogar zu einem Blattfall führen.

Es besteht dann die Gefahr, daß bei einsetzendem Herbstregen die Sträucher nochmals zu treiben beginnen. Wegen der unverholzten Triebe sind die Pflanzen dann empfindlich gegenüber Winterfrösten.

Reifung, Ernte, Lagerung

Früchte für den Frischkonsum werden gepflückt, wenn sie sich unter leichtem Fingerdruck vom Zweig lösen. Die Frucht sollte möglichst nur in der Stielpartie berührt werden. Zu diesem Zeitpunkt ist das Ostiolum geöffnet, die Haut zeigt kleine Rißchen. Die Ernte sollte morgens oder abends erfolgen, jedoch darf kein Tau auf den Früchten haften. Anschließend werden sie in gepolsterte Kistchen gelegt, wobei nie mehrere Schichten aufeinander gelegt werden dürfen. Frische Feigen sind schnell verderblich und müssen sofort vermarktet, bzw. verbraucht werden.

Für die Verarbeitung läßt man die Feigen vollreif, zum Trocknen sogar überreif werden. Sie beginnen am Strauch leicht zu schrumpfen und aus dem Ostiolum tritt ein Honigtropfen als Zeichen der Überreife.

In den Mittelmeerländern und in Kalifornien werden die Feigen meist an der Sonne getrocknet. Die Früchte werden zuvor eine Minute in 12%iges, kochendes Salzwasser getaucht. Dadurch werden Parasiten abgetötet und die Haut wird weich. Bei uns kommt dies kaum in Frage, wird die Feige doch meist frisch verzehrt. Die geringere Qualität kann zu Konfitüre (Marmelade) verarbeitet werden.

Inhaltsstoffe

Vergleich der Bestandteile von frischen und getrockneten Feigen in 100 g eßbarem Anteil (nach Souci u.a.)

	Feige (frisch)	Feige (getrocknet)
Wasser	80,2 g	24,6 g
Eiweiß	1,30	3,54
Fett	0,50	1,30
Kohlenhydrate	15,7	61,5
Rohfaser	1,60	6,67
Mineralstoffe	0,70	2,38
Vitamin B_1	0,06 mg	0,12 mg
Vitamin B_2	0,05	0,085
Nicotinamid	0,50	1,15
Vitamin C	3,3	–

Unreife Feigen enthalten im Latex das eiweißspaltende Enzym Ficin sowie Lipasen und Stoffe, die Hautausschläge und Juckreize hervorrufen. Reife Feigen haben den Latex umgewandelt. Geblieben ist die verdauungsfördernde Wirkung der Früchte.

Verwertung

Feigen werden bei uns meist in getrocknetem Zustand genossen. Mit den verbesserten Transport- und Vermarktungsbedingungen sind zeitweise auch frische Feigen auf dem Markt erhältlich. Diese Früchte werden empfohlen bei Störungen des Zellstoffwechsels und bei Gallenleiden. Aus getrockneten Feigen wird als „Karlsbader Kaffeegewürz“, ein Kaffeezusatz hergestellt. Bekannt sind die grüne Feigenmarmelade aus Italien und die dunkle aus Bolivien. In Spanien stellt man eine schnittfeste Fruchtpaste her. Zusammen mit Nüssen wird „Feigenkäse“ fabriziert, eine Art Konfekt. Naheliegend ist auch, daß man aus diesen zuckerhaltigen Früchten Wein und Branntwein herstellen kann.

Volksglaube und Brauchtum

Nach griechischen Legenden soll Dionysus Sycetes der Entdecker des Feigenbaumes sein. Andere glauben, Demeter, die Göttin der Fruchtbarkeit habe ihn zuerst nach Griechenland gebracht. Eine dritte Darstellung behauptet, er sei aus Jupiters Blitz entstanden.

Der Feigenbaum ist einer der ersten Bäume, welcher mit Name in der Bibel genannt wird (5. Mose 8,8). Bekannt ist auch das Gleichnis vom unfruchtbaren Feigenbaum, welchen der Gärtner noch ein weiteres Jahr umgraben und düngen wollte (Luk, 13, 6–9).

Verwandte Arten

Unkultivierte, feigenähnliche *Ficus*-Sträucher sind ums ganze Mittelmeer zu finden. Sie sind in Felsspalten oder neben Quellen zu finden. Da sie sich mit den kultivierten Feigensorten kreuzen, ist eine genaue Trennung nicht möglich. Im Norden der Türkei, des Irans und im Transkaukasus bilden wilde Feigensträucher ein bedeutendes Element der Strauchflora. Manche Botaniker halten sie für selbständige Arten und führen sie unter der Bezeichnung *F. colchica* und *F. hyrcanica*. Schließlich sind in der *carica*-Gruppe die strauchartigen, Trockenheit liebenden Arten aus dem südlichen Iran, Afghanistan, der Wüste Negev und Ägypten zu erwähnen: *F. geraniifolia*, *F. virgata*, *F. pseudosycomorus*.

Abb. 15.
Blatt der 'Mirabelle von Nancy'.

Mirabelle

Prunus domestica ssp. *syriaca* Rosaceae; syrian plum, mirabelle, ciruela-amarilla, Mirabelle

Die Mirabelle gilt als eine Unterart der Pflaume. Sie soll im 15. Jahrhundert durch den König René von Anjou aus Westasien nach Frankreich importiert worden sein. In Mitteleuropa ist viel Licht und Wärme erforderlich zur Erzeugung hoher Qualitäten, denn Sonne ist der entscheidende Aromenförderer. Während der relativ kurzen Periode des Triebwachstums von Mai bis Juli muß für ausreichende Bodenfeuchte gesorgt sein. Doch um das Platzen der Früchte am Baum zu vermeiden, ist zur Reifeperiode im August bis September eine relative Kargheit an Niederschlägen erwünscht.

Die gute Tragwilligkeit des Mirabellenbaumes ist gefährdet durch Spätfröste und kaltes, regnerisches oder windiges Blühwetter. Ein Überbehang an Früchten in einem Jahr kann zur Erschöpfung der Reserven und zur abwechselnden Tragbarkeit führen.

Tiefgründige, genügend lehm- und humushaltige, nicht vernäßte Böden mit gutem Nährstoffvorrat bilden die besten Voraussetzungen zur Gewinnung regelmäßiger Ernten von hoher Geschmacksqualität.

Die Pflanze

In ihrem Wuchs, der Ausbildung der Triebe und in der Form des Laubblattes sind Mirabellen den Pflaumen ähnlich. Hochstämmige Mirabellenbäume bleiben mit 4 bis 6 m Höhe nur mittelgroß. Schneller in das Ertragsalter gelangen Buschformen mit 80 cm Stammlänge oder freie Spaliere an Hauswänden. Selbst Windschutzhecken lassen sich aus Mirabellen bilden. Dazu sind die Pflanzen in den ersten 6 Jahren regelmäßig zurückzuschneiden.

Alle kommerziell bedeutsamen Mirabellensorten sind selbstfruchtbar. Die Blüten müssen jedoch von Bienen oder anderen Insekten bestäubt werden. Bei Temperaturen unter 18 °C ist der Bienenflug nicht optimal, was zur Beeinträchtigung der Erträge führt.

Befruchtete Blüten entwickeln die einzelnen Fruchtteile in unterschiedlichen Phasen. Zuerst wird der Steinkern gebildet, dann der Keim im Kern und erst zuletzt bildet sich außen die süße Fruchtfleischhülle. Trotz des Wachsbelages erweist sich die Fruchthaut als ziemlich regenempfindlich.

Sorten

'Mirabelle von Nancy', auch 'Große Mirabelle', 'Doppelte Mirabelle' genannt. Diese Mirabelle wird schon 1675 von MERLET in Frankreich erwähnt und hat in der Gegend von Nancy (Lorraine) große kommerzielle Bedeutung erlangt. Der stark wachsende Baum mit aufstrebender Krone gedeiht am besten in warmen Lagen. Diese Sorte mit mittelspät aufbrechender Blüte ist selbstfruchtbar. Als zusätzliche Befruchtersorten kommen 'Metzer Mirabelle', die Italienische Zwetschge und Reineclauden in Betracht. Wenn der Fruchtsegen in einem Jahr zu groß ist, besteht Neigung zu abwechselnder Tragbarkeit (Alternanz). Mit ihrer Reife ist Ende August/Anfang September zu rechnen.

Obschon zu den großfrüchtigen Mirabellen zählend, bleibt die Frucht der 'Nancy-Mirabelle' mit 26 mm Höhe, 24 mm Breite und 25 mm Dicke im bescheidenen Größenmaß. Unter allerbesten Produktionsverhältnissen kann die Frucht um 3 mm größer werden und 10 g erreichen. Die Hautfarbe wirkt orangegelb mit sonnseits geröteten Punkten und Bäckchen. Das tiefgelbe Fruchtfleisch ist mittelfest, ziemlich saftig, sehr süß und sehr aromatisch. Die gut vom Stein lösende 'Mirabelle von Nancy' gilt als die wertvollste der Gruppe. An Inhaltsstoffen sticht der hohe Zuckergehalt von 13 bis 14 % hervor. Pektingehalte von 0,5 % und Säuregehalte von 0,4 % liegen in den mittleren Bereichen.

'Mirabelle von Metz', auch 'Kleine Mirabelle', 'Frühe Mirabelle', 'Gelbe Mirabelle', 'Aprikosenmirabelle'. Diese Sorte wurde bereits im Jahr 1675 vom Franzosen J. MERLET als „Kleine Mirabelle“ bezeichnet. Der Name weist auf französische Herkunft hin (Lorraine). Der Baum wächst nur mittelstark und tendiert in die Breite. Die dichte, kugelige Krone trägt reichlich kurzes Fruchtholz, an welchem die kleinen, schmalen dunkelgrünen Blätter wachsen. In fruchtbaren, warmen, aber genügend feuchten Böden bis 800 m über Meer gedeiht diese Sorte gut. Mittelspät in die Blüte gehend, ist sie selbstfruchtbar. Die 'Mirabelle von Nancy' und die 'Große Grüne Reineclaude' gelten als geeignete Befruchtersorten.

Mit 25:24:23 mm und rund 6 g Einzelfruchtgewicht wird sie dem Namen 'Kleine Mirabelle' gerecht. In der Vollreife orangegelb gefärbt, mit festem Fruchtfleisch ausgestattet, ist diese Mirabelle sehr süß mit aprikosenartigem Geschmack. Qualitativ der 'Mirabelle von Nancy' ebenbürtig und auch steinlösend, ist sie der Kleinheit wegen auf dem Markt weniger begehrt. Die gute innere Qualität hat der Sorte aber über Jahrhunderte hinweg ein Daseinsrecht bewahrt.

'Mirabelle von Flotow'. Diese größte unter den Mirabellen (27:27:27 mm) wurde vom Pomologen Dr. Liegel (1777 bis 1861) aus dem Stein des Violetten Perdrigons erzogen und nach dem Geheimrat von Flotow (Dresden) benannt. Diese Mirabelle ist auf Fremdbefruchtung angewiesen. Die Fruchthaut ist gelb gefärbt, aber säuerlich und zäh. Das goldgelbe Fruchtfleisch ist weich, saftig, süß und löst gut vom Stein.

Mirakosa-Pflaume. Hierbei handelt es sich um ein Kreuzungsprodukt zwischen Mirabelle und der Viktoriapflaume.

Vermehrung

Durch Samen vermehrte Nachkommenschaften ergeben in den meisten Fällen zwar wieder Mirabellen. Doch ist das Qualitätsniveau der Elternsorte dabei nie gesichert. Viele Sämlinge neigen zu Kleinfrüchtigkeit. Befriedigende Fruchtgröße gibt noch keine Gewähr für eine befriedigende Aromabildung. Nur selten wird durch Aussaat eine bessere Sorte gelingen.

Gute Sorten sollten vegetativ vermehrt werden durch Okulation und Pfropfung auf Myrobalane oder St. Julien-Pflaume.

Pflanzung und Erziehung

Bei der Pflanzung müssen Jungbäume zurückgeschnitten werden. Dabei sind neben dem Mitteltrieb als Stammverlängerung drei kräftige Seitentriebe auszuwählen für die Bildung eines tragfähigen Kronengerüstes. Diese ergeben die drei Leitäste, die untereinander jeweils 25 cm Höhenabstand am Mitteltrieb haben sollten. Ein weiter Winkel von 60 bis 80° zum Mitteltrieb begünstigt die Belichtung. Aufbinden oder Absperren können dabei notwendig werden. Wird in den ersten fünf Jahren ein Formieren des Kronengerüstes unterlassen, besteht das Risiko des Astbruches bei großen Ernteerträgen. Die Äste von Steinobstbäumen sind wesentlich brüchiger als jene von Kernobstbäumen.

Ist eine tragfähige Baumkrone aufgebaut, sollen Mirabellenbäume maßvoll geschnitten werden. Dies ist möglich, weil auch das zwei- und dreijährige Holz gut fruchtet. Zu entfernen sind nur die überalterten, dürren, kranken und zu dicht stehenden Elemente. Aufrecht stehende Räubertriebe werden in waagrechte Lage gebunden. Steinobst darf nie auf knospenlose Stummel zurückgeschnitten werden, da keine Reserveknospen vorhanden sind, um den Stummel neu zu beleben.

Eine maßvolle Verjüngung der Krone ist empfohlen, wenn der jährliche Neutrieb sehr klein ist. Dies ist zu verbinden mit einer Düngung. Zu beachten ist, daß das Ertragsalter von Mirabellenbäumen etwa 40 bis 50 Jahre betragen kann.

Pflanzenschutz und Pflege

Mirabellen sind sehr anfällig gegen Krankheiten und Schädlinge. Ein paar Läuse oder Blattflecken dürfen aber nicht der Anlaß sein, sofort zur Giftspritze zu greifen. Nur bei wesentlichen Ausfällen zum Beispiel infolge von *Monilia*-Pilzen, Wurmbefall oder bei anderen Schäden, ist der Rat von Fachleuten einzuholen. Gewisse „Schädlinge“ entpuppen sich unter Umständen sogar als Nützlinge, wie der Blütenstecher *(Hoplocampa)*, wenn er einen zu großen Fruchtbehang ausdünnt. Ein lockerer Kronenaufbau, das Entfernen der Fruchtmumien und der kranken Triebe beim Winterschnitt, sowie eine maßvolle Stickstoffversorgung sind bewährte Maßnahmen zur Verringerung von Schäden.

Verwertung

Mirabellen sind hervorragend geeignet zum Frischgenuß einerseits, zur Bereitung von Konfitüren und Kompotten andererseits. Auch zum Heißeinfüllen, Sterilisieren, Tiefkühlen und Trocknen sind sie gut geeignet. Selbst aussortierte Früchte lassen sich noch zu Spezialitätenbranntwein verwenden. Beim Trocknen von Mirabellen soll die Temperatur 60°C nicht übersteigen. Der optimale Trocknungszustand ist nur an der erkalteten Frucht richtig erfaßbar: bei starkem Fingerdruck soll das Fruchtfleisch noch etwas nachgeben, aber nicht steinhart sein. Deshalb wird man die Ofenhitze gegen Ende der Trocknungsperiode des öftern unterbrechen.

Für die Gefrierkonservierung eignen sich neben fertigem Kompott auch frische unentsteinte oder entsteinte Früchte. Sie werden einfach mit Zuckersirup (ein Teil Zucker auf zwei Teile Wasser) bedeckt. Will man ein Bräunen der Früchte vermeiden, werden sie 5 Minuten in Zuckersirup (ein Teil Zucker in drei Teile Wasser) aufgekocht und nach dem Erkalten mit dem Sirup eingefroren.

Reineclaude

Prunus domestica ssp. *italica* Rosaceae; Reine Claude, greengage, regina Claudia, cirulea claudia

Diese sehr alte Sortengruppe ist wahrscheinlich aus Armenien nach Europa überbracht worden. Der Name wird auf die Gattin des französischen Königs Franz I., die „Reine Claude" zurückgeführt, der zu Ende des 15. Jahrhunderts regierte. Dieses französische Wort ist allerdings fast zur Unkenntlichkeit abgewandelt worden zu Renekloden, Ringlotten, Remiglotten, Renegnoden, Reinklau usw.

Vielfach wachsen Reineclauden zu recht hohen Bäumen von 4 bis 8 m auf. Die etwas ungleichseitig geformten Blätter sind unbehaart und weisen einen tief doppelt gesägten Rand auf. Die weißen Blüten von 2 bis 2,5 cm Durchmesser sitzen meist paarweise beieinander. Reineclauden sind zum Teil selbstfruchtbar, einige Sorten auf Fremdbefruchtung angewiesen.

Was die Boden- und Klimaansprüche betrifft, bestehen Parallelen zu den Mirabellen (Seite 45). Auch hinsichtlich der Vermehrung gelten die gleichen Empfehlungen. Samenvermehrung kann indessen zu interessanten Ergebnissen führen, denn viele der berühmten Sorten gehen auf die 'Große Grüne Reineclaude' als Eltern zurück. Zur vegetativen Vermehrung ist die Okulation auf die St. Julien-Pflaume empfohlen.

Oben links: Walnuß (Juglans regia). Dieser wuchtige Schattenbaum trägt die schmackhaften Baumnüsse und liefert ein hochwertiges Nutzholz.
Oben rechts: Edelkastanie (Castanea sativa). Als Einzelbaum oder als lichte Pflanzungen wachsend hat sie großen Schmuckwert und ist ein wichtiges Nahrungsmittel in südlichen Ländern.
Unten links: Kakipflaume (Diospyros kaki). Diese südliche Obstart mit schönem Laub und attraktiv leuchtenden Früchten wird bei uns erst nach einem leichten Frost genießbar.
Unten rechts: Schwarze Maulbeere (Morus nigra). Saftigkeit und Geschmack der Beeren erfreuen Menschen und Tiere.

Sorten

Von den zwei Dutzend bekannt gewordenen Sorten haben nur wenige eine größere praktische Bedeutung erlangen können. Von Sorte zu Sorte bestehen beachtliche Qualitätsunterschiede, wobei solche aber auch innerhalb der Sorten bestehen. So beispielsweise bei der Aromaausprägung und der Löslichkeit vom Stein, welche unter kritischen klimatischen Verhältnissen zu wünschen übrig lassen.

'Große Grüne Reineclaude', auch Zuckerpflaume, Reineclaude verte, Abricot vert. Wahrscheinlich hat diese Sorte den Ruhm der Reineclauden-Gruppe begründet. Von J. Merlet in Frankreich wird sie schon 1675 erwähnt. Der mittelstark wachsende Baum bildet eine sparrige, regelmäßig geformte aber eher mäßig mit Fruchtholz garnierte Krone. Auf lehmhaltigen nährstoffreichen Böden in sonniger Lage sind regelmäßige Ernten zu erwarten. Als Folge unregelmäßiger Wasserversorgung oder bei Herbstregen besteht die Gefahr von Hautrissen. Hier können sich am Zuckersaft die Wespen gütlich tun und Fäulnispilze überhandnehmen.

Die mittelfrüh aufblühende Sorte ist auf Fremdbestäubung angewiesen, wobei die 'Oullins Reineclaude', die 'Nancy-Mirabelle' und verschiedene Zwetschgensorten als Befruchtersorten in Frage kommen. Ende August/Anfang September reifend, wächst die Frucht der 'Großen Grünen Reineclaude' zu 36:37:37 mm heran mit 20 bis 30 g Gewicht. Ihre grüne, zu einem Goldbraun aufhellende Haut ist sonnseits rötlich gefärbt. Das grünlichgelbe Fruchtfleisch ist mittelfest bis weich, sehr saftig und süß mit ausgesprochen kräftigem Aroma. Wegen dieser Eigenschaften ist sie am besten frisch genossen. Doch kann sie auch zum Heißeinfüllen, Tiefkühlen und als Kompott verwendet werden.

'Reineclaude d'Oullins' oder Eierpflaume. Aus der Baumschule von M. Massot in Oullins bei Lyon wurde diese Sorte 1860 in den Handel gebracht. Vermutlich handelt es sich um einen Sämling der 'Großen Grünen Reineclaude'. Der kräftig wachsende Baum ist selbstfruchtbar. Die 43 : 41 : 41 mm messende und bis 50 g schwere Frucht reift folgeartig in der zweiten Hälfte des Monats August. Ein mehrmaliges Überpflücken ist deshalb geboten. In der Hautfarbe gelbgrün bis orangegelb ist das Fruchtfleisch weich, ziemlich saftig und mässig steinlösend. In Vollreife ziemlich süß, bleibt der Geschmack bei knappem Reifegrad und zu großem Behang unbefriedigend. Trotz der bloß mässigen Fruchtqualität hat diese Sorte weite Verbreitung gefunden. Dies dank ihrer großen und regelmäßigen Fruchtbarkeit und geringer klimatischer Ansprüche, da sie selbst in Höhenlagen bis zu 1000 m noch fortkommt.

'Graf Althans Reineclaude'. Diese Sorte wurde zu Mitte des vorigen Jahrhunderts

Oben links: Der Speierling (Sorbus domestica) war schon im Altertum eine vielbeachtete Obstart. Seine Frucht hat etwa 2 cm Durchmesser.
Oben rechts: Quitte (Cydonia oblonga). Als alte Nutzpflanze schmückt sie den Garten sowohl mit ihren Blüten als auch mit ihren großen gelben Früchten.
Unten links: Zieräpfel (Malus-Arten). Dank buntem Blütenreichtum und hübschen Früchten sind Zieräpfel eine Nahrungsquelle für Bienen und Vögel. Doch lassen sich auch für den Menschen Gerichte daraus herstellen.
Unten rechts: Die Mandel (Prunus dulcis) ist vorwiegend in den Mittelmeerländern anzutreffen. Sie gedeiht aber auch am Oberrhein.

auf der Besitzung des Grafen Althan durch Prochaska aus dem Samen der 'Großen Grünen Reineclaude' gewonnen. Als Befruchtersorte kommt die 'Große Grüne Reineclaude' in Betracht. Die mit 46:47:49 mm relativ große Frucht reift in der 2. Hälfte des Monats August. Äußerlich braunrot bis purpurrot ausgefärbt, hat 'Althans Reineclaude' ein rötlichgelbes, weiches, saftiges und sehr süßes Fruchtfleisch mit sehr edlem Geschmack. Diese hohe Qualität kommt aber nur in milden Anbaulagen zur vollen Entfaltung.

'Frühe Reineclaude' oder 'Davions Reineclaude'. Diese Sorte reift zwei Wochen früher, als die andern und wird mit 42:42:42 mm recht großfrüchtig. Gelbgrün gefärbt, ist sie nur mäßig saftig und nur knapp vor der Vollreife von ausreichender Qualität, später wird sie zu weich.

'Bavays Reineclaude'. Von Major Esperen (1780 bis 1847) in Mecheln aus Samen der 'Großen Grünen Reineclaude' gezogen, wurde die Sorte zu Ehren des Züchters X. L. Bavay benannt. Erst spät im September reifend und 40:38:37 mm messend, weist die gelbe Frucht hohe Qualitätseigenschaften auf.

'Schwarze Reineclaude' oder 'Woolstons Violette Reineclaude'. Die Frucht wird zu Mitte August reif, ist dunkel, blauviolett gefärbt und kann bis 43:40:39 mm messen. Obwohl sie sehr zuckerreich ist, befriedigt die Qualität nicht überall.

Verwertung

Reineclauden besitzen in verwertungstechnischer Hinsicht nur die Eigenschaften von Pflaumen. Beim Trocknen, der Heiß- und Gefrierkonservierung sind Form und Süße nicht so befriedigend zu erhalten wie dies bei den echten Spätzwetschgen (Italienische und Hauszwetschge) der Fall ist. Ausgezeichnet eignen sich Reineclauden zum Frischgenuß und zur Konfitüren- und Kompottbereitung. Empfehlenswertes Tiefkühlrezept: Unentsteint einfrieren, vor dem Gebrauch in angetautem Zustand entsteinen und zu Kompott aufkochen. Fertiges Kompott aus frischen Früchten kann natürlich ebenfalls tiefgekühlt werden.

Kirschpflaume

Prunus cerasifera Rosaceae; baccarinier, myrobalane, myrobalan plum, susine mirabolano, mirabolano

Das Ursprungsgebiet der auch als Myrobalane bezeichneten Kirschpflaume liegt vermutlich zwischen Turkestan und den nördlichen Balkanländern. Auf die ursprüngliche Art *P. cerasifera* var. *divaricata* gehen verschiedene kultivierte Abarten der Kirschpflaume zurück. Vielfach wird eine rotblättrige Abart, *P. cerasifera* var. *pissardii* bloß als Zierpflanze vermehrt. Unter diesen gibt es wieder fruchtbare und tiefdunkle, wenig fruchtbare Unterarten.

Die mehrtriebigen Sträucher oder kleinen Bäume von 4 bis 8 m Höhe besitzen

Abb. 16.
Blatt der Kirschpflaume, Prunus cerasifera.

zuweilen noch Dornen. Die stumpfgesägten Laubblätter von 3 bis 7 cm Länge sind elliptisch-oval geformt. Die weißen oder rosa Blüten brechen im März/April vor den Laubblättern auf.

Die Vermehrung der Kirschpflaume geschieht durch Samen oder Pfropfung auf Pflaumen. Myrobalanen werden als Pfropfunterlage benutzt für Pflaumen und Zwetschgen in trockenen, sandigen Böden.

Die roten oder gelben 2 bis 3 cm großen Früchte zeichnen sich aus durch großen Saftreichtum und unterschiedlich ausgeprägte Süße. Saft, Gelee, Konfitüre oder Branntwein sind daraus herstellbar. Die Früchte lassen sich ohne weitere Vorbereitung unentsteint einfrieren und später wie frisch verarbeiten. Da sie sich sehr schlecht vom Stein lösen, ist es empfehlenswert, sie unentsteint zu Kompott zu kochen, für Gelee zu entsaften und für Marmeladen die in wenig Wasser weichgekochten Früchte durch ein grobes Sieb zu streichen und dann einzukochen.

Verwandte Arten

Aus der in Flußtälern wild wachsenden Traubenkirsche *(Prunus padus)* wurden früher alkoholische Getränke und Konfitüren hergestellt. Auch aus der Späten Traubenkirsche *(Prunus serotina)*, welche aus Amerika stammt und als Parkbaum und Bienenfutterpflanze empfohlen wird, lassen sich Sirup und Liköre herstellen. Von diesen beiden Arten sollten die Steine nicht verzehrt werden, da sie blausäurehaltig sind.

Bei *Prunus* 'Trailblazer' handelt es sich um das Kreuzungsprodukt einer gewöhnlichen, eßbaren Pflaume mit der rotlaubigen Kirschpflaume (*P. cerasifera* 'Nigra'). Die bis 5 m hochwachsende Pflanze weist braunrote Laubblätter auf. Aus den hellrosa gefärbten Blüten entwickeln sich im

Abb. 17.
Blatt der Quitte, Cydonia oblonga.

August/September die kirschroten, bis 4 cm messenden und angenehm schmeckenden Früchte.

Quitte

Cydonia oblonga Rosaccae; cognassier, coing, quince, melo cotogno, membrillo, Schmeckbirä, Küttene, Schabaöpfel

Das Ursprungsgebiet der Quitte wird in Südwestasien (Transkaukasien) vermutet. Man nimmt an, daß die im Balkan wild wachsenden Quittensträucher von verwilderten Kultursorten stammen. Der Quittenbaum soll schon 4000 Jahre vor unserer Zeitrechnung in Babylonien kultiviert worden sein. Von dort aus ist er ostwärts nach Persien und westwärts nach Kleinasien und um das Mittelmeer verbreitet worden. So sei der Quittenbaum schon vor dem trojanischen Krieg nach Griechenland und Europa gelangt, wo er heimisch wurde. Den botanischen Namen soll er von der Stadt Cydon auf Kreta erhalten haben. Die Römer nannten die Quitte „malum cotoneum“, das heißt wolliger Apfel. Davon soll auch die französische Bezeichnung „coing“ abstammen. Anderswo wird jedoch vermutet, daß der Name daher komme, daß man Quittenbäume oft in einer Ecke (dans un coin) eines Feldes pflanzte. Ohne bis in die Mythologie zurückzugreifen, kann der Quitte ein sehr frühes Erscheinen in der Geschichte zugestanden werden. Immer noch ist sie in den Mittelmeerländern häufig anzutreffen. Zwar wurde sie durch die Römer auch nördlich der Alpen verbreitet, ist aber nie in größerem Umfang gepflanzt worden. Heute findet sie vor allem als schwachwachsende Unterlage für Birnen Verwendung. Sie ist bei uns winterhart, liebt aber sonnige Standorte mit humusreichen, nicht zu trockenen Böden. Bei zu hohem Kalkgehalt und Nässe, zeigt sich Chlorose. In Bergregionen ist sie bis auf 1000 m Höhe anzutreffen. Wo die Wintertemperaturen unter −23 bis −25 °C sinken, treten Schäden an Fruchtknospen auf. Bei noch tieferen Temperaturen wird auch das Holz geschädigt.

Die Pflanze

Die Quitte wächst strauch- bis baumartig und kann eine Höhe zwischen 1,5 und 8 m erreichen. Das Holz ist dunkel graubraun, der Stamm älterer Bäume ist meist stark gerillt und gedreht. Das dunkelgrüne Blatt am Jungbaum ist eher klein; an ausgewachsenen Bäumen oval, ganzrandig und etwas ledrig. Die Unterseite ist mehr oder weniger stark filzig. Die Blüten treten erst im Mai an den Seitensprossen auf. Sie sind größer als jene der Äpfel und Birnen. Die fünf Blütenblätter sind oft rosa gefärbt. Weiter ist die Blüte aus fünf Kelchblättern, 15 bis 20 Staubgefäßen und fünf Griffeln zusammengesetzt. Die Frucht ist eine fünfkammerige, filzig behaarte Scheinfrucht, die ziemlich unregelmäßig geformt ist. Das Kernhaus ist von harten Steinzellen umgeben und mit zahlreichen Kernen vollgepackt. Diese sind durch eine schleimige Oberhaut miteinander verklebt.

Sorten

Verschiedene Versuche einer Quittenklassifikation sind unternommen worden. Grob lassen sie sich in zwei Hauptgruppen einteilen: die rundlichen Apfelquitten und die länglichen Birnquitten. Weitere Unterteilungen in gerippte und ungerippte Früchte sind nicht immer genau zu ziehen. Die meisten heute gängigen Sorten sind derGruppe der Birnquitten zuzuordnen. Bewährte Sorten sind 'Vranja' (s. Farbbild Seite 50) und 'Bereczki'. Die Neuzüchtung 'Ronda' ist ertragreich und reich an Inhaltstoffen. Die Sorte 'Champion' eignet sich nach unseren Erfahrungen besser für milde Klimata. Unterschiedlich sind die Angaben über die Apfelquitten. Aufgrund von Informationen aus der Literatur muß angenommen werden, daß es innerhalb dieser Gruppe verschiedene Sorten gibt, die manchmal mehr, manchmal weniger Steinzellen als die Birnenquitte aufweisen. Allgemein stellt man fest, daß die Apfelquitten etwas weniger gehaltvoll sind.

Quitten sind weitgehend selbstfruchtbar. Im Selbstversorgeranbau können die Sorten 'Ronda', Vranja', 'Bereczki' und 'Champion' als Einzelbäume gepflanzt werden. Zur Sicherung des Ertrages ist aber im Erwerbsanbau eine Mischpflanzung von mindestens zwei Sorten zu empfehlen.

Vermehrung

Quitten können generativ über Samen vermehrt werden. Das frische Saatgut muß nach der Ernte sofort in Sand stratifiziert werden. Außer für die Züchtung neuer Sorten wird diese Vermehrungsart aber kaum praktiziert. In den Baumschulen vermehrt man die Quitte für Unterlagen vegetativ durch Abrisse, ähnlich wie Apfelunterlagen. Auf diese können die großfrüchtigen Kultursorten okuliert werden. Ebenso werden verschiedene Weißdornarten als Unterlagen für Quittensorten verwendet. Gute Ergebnisse zeigten Versuche beim Pfropfen von Quitten auf Vogelbeere *(Sorbus aucuparia)*. Diese Unterlage vermittelt bessere Frostresistenz, ist anspruchsloser an den Boden und bringt einen gesunden, nicht zu starken Wuchs. Bei den Quittenunterlagen gibt es verschiedene Typen. Zur Zeit werden vor allem Quitte A und Quitte C verwendet. Je nach Region kommen noch andere Typen in Frage.

Pflanzung und Erziehung

Die Pflanzung und Erziehung des Quittenbaumes folgt ähnlichen Gesetzen wie die des übrigen Kernobstes: gute Bodenvorbereitung, Herbstpflanzung, Pflanzschnitt. Die spätere Erziehung der Krone kann ziemlich frei erfolgen. Bei ausgewachsenen Bäumen beschränkt sich der Schnitt auf ein jährliches, maßvolles Auslichten und das Entfernen überalterten Fruchtholzes. Wichtig ist auch eine gute Unterstützung mittels Pfahl, denn die reichtragenden Quittenbäume werden durch die Last oft schiefgezogen.

Pflanzabstände von 3 bis 4 m und 5 m Reihenabstand können empfohlen werden. Die Bodenpflege ist ähnlich wie bei Tafelbirnen.

Pflanzenschutz und Pflege

Der Quittenbaum hat wenig Insektenschädlinge. Es gibt keine spezifischen Quittenschädlinge. Gelegentlich wird das Blattwerk durch verschiedene Raupen befallen oder durch die Grüne Apfellaus. Diese können mit den üblichen Insektiziden bekämpft werden. Zwei Pilzkrankheiten können jedoch zu schweren Ernteverlusten führen und bei wiederholtem Befall die Bäume schädigen.

Die Quittenmonilia führt wie beim Stein- und Kernobst zu einem Blüten- und Zweigsterben. Hauptsächlich befällt dieser Pilz junge Blätter und Blüten. Bei den Blüten findet die Infektion über die Narbe statt. Die kranken Früchtchen sterben ab, wenn sie zwischen 5 und 10 mm groß sind. Die verbleibenden kranken Pflanzenorgane bilden die Infektionsherde für den künftigen Befall. Wichtig ist daher neben der chemischen Bekämpfung, daß diese Teile entfernt werden. Bei der chemischen Behandlung hat sich dasselbe System wie bei den Sauerkirschen und Aprikosen als wirksam erwiesen. Spritzungen in die aufgehende, die volle und die abgehende Blüte mit einem systemischen Fungizid sind wirksam.

Der Erreger der Quittenblattbräune überwintert auf den abgefallenen Blättern, die im Frühjahr zu Neuinfektionen führen. Die Krankheit nimmt im Laufe der Vegetation bei günstigen Verhältnissen ständig zu und befällt gegen Herbst auch die Früchte. Diese können in der Folge durch andere Fäulnispilze befallen werden. Zwei bis drei Kupferbehandlungen bringen in der Regel guten Erfolg.

Spezielle Untersuchungen über die Düngung der Quitte sind zur Zeit nicht bekannt. Es hat sich bewährt, alle zwei bis drei Jahre 20 bis 30 t/ha Kompost oder Mist zu verabreichen. Die mineralische Düngung erfolgt ähnlich wie bei den anderen Kernobstarten. In Regionen, wo zwischen Ende Juli und Mitte September nicht genügend Niederschläge fallen, muß bewässert werden weil dies die Hauptwachstumsperiode der Früchte ist.

Reifung, Ernte, Lagerung

Die Ernte der Quitten erfolgt im Oktober. Wichtig ist der richtige Zeitpunkt. Für die

Zubereitung von Gelee und zur Verwendung der Frucht als Kompott dürfen die Früchte nicht zu spät gepflückt werden, weil sonst das Pektin zu stark abgebaut ist und keine genügende Gelierwirkung mehr vorhanden ist. Zudem tritt bei Quitten rasch eine Bräunung des Fruchtfleisches auf, wenn sie zu lange am Baum verweilen bzw. nach dem Pflücken zu lange gelagert werden. Dies hat zwar auf die Geschmacksqualität keinen wesentlichen Einfluß, doch wirkt die Braunfärbung unappetitlich. Für Gelee und Kompott sollten die Früchte geerntet werden, wenn die Früchte vom hellgrünen in einen gelblichen Farbton umschlagen. Für die Saftbereitung können sie etwas länger am Baum bleiben, damit sich das Aroma maximal entwickeln kann. Bei vollreifen Früchten ist die filzige Beflaumung verschwunden oder läßt sich sehr leicht entfernen.

Knapp reif geerntete Früchte lassen sich bis zwei Monate lagern. Allerdings dürfen sie nicht neben anderen Früchten aufbewahrt werden, weil diese durch das starke Aroma beeinträchtigt werden. Das Lagergut ist regelmäßig zu überwachen, faule und fleckige Früchte sind unverzüglich auszuscheiden.

Je nach Kronengröße kann mit einem mittleren Jahresertrag von 40 bis 60 kg pro Baum gerechnet werden, manche Autoren sprechen sogar von 100 kg.

Trotz ihres grobkörnigen und festen Fruchtfleisches sind die Früchte sehr druckempfindlich. Das muß bei der Ernte und beim Transport berücksichtigt werden.

Inhaltsstoffe

In der Tabelle sind einige Inhaltsstoffe von Quittensaft zusammengestellt. Daraus ist ersichtlich, daß vom Gesamtzucker etwa zwei Drittel als Fructose, ein Fünftel als Glucose und ein Achtel als Saccharose vorliegen. Die bedeutendste Eigenschaft der Quitte ist jedoch das intensive Aroma. Während bei Apfelaromen vier geruchsaktive Komponenten ermittelt wurden, konnten bei Quittenaromen 16 festgestellt werden.

Chemische Kennzahlen von Quittensaft der Sorte 'Vranja' (nach Tanner)

Relative Dichte 20°/20°		1,04151
Gesamtzucker	g/l	69,7
Invertzucker (chem. best.)		58,5
Saccharose		11,2
Glucose (enzymat. best.)		15,6
Fructose (enzymat. best.)		42,6
Titrierbare Gesamtsäure	g/l	8,4
L-Apfelsäure		10,2
Chinasäure		2,3
Citronensäure		0,06
Ascorbinsäure	mg/l	24,7
Asche	g/l	3,15
Kalium	g/l	1,42
Calcium	mg/l	150
Magnesium	mg/l	89,2
Natrium	mg/l	2,1
Phosphat	mg/l	432

Verwertung

Die gekochte Frucht kann zu sehr verschiedenen Produkten verarbeitet werden. In Griechenland stellt sie heute noch ein wichtiges Nahrungsmittel dar. Die Früchte werden dort zur Reifezeit als Grundnahrungsmittel, ähnlich wie Kartoffeln, als Gemüse oder als Obst verzehrt. In der Antike wurden Quitten in Honig konserviert. Bei fast allen Sorten verfärbt sich das Fleisch beim Kochen rot. Aus den großfrüchtigen Sorten werden Kompotte, Quittenmarmelade oder Gelee hergestellt. Die kleineren Früchte werden in Konfiserien zu kandierten Früchten verarbeitet. Für Quittenlikör werden reife Früchte gerieben, mit 2 Liter Weingeist (Sprit), etwas Wasser,

Zimt, Bittermandeln und Zitronenschale in einem Behälter angesetzt. Nach mehreren Wochen wird die Masse filtriert und die Zuckerlösung beigefügt.

Für die Aufbereitung müssen die Früchte gewaschen und vom filzigen Überzug durch gründliches Abbürsten befreit werden. Dieser Pelz enthält ein ätherisches Öl, das nach einer gewissen Lagerzeit den Geschmack des Saftes beeinträchtigt. Wegen der Größe und Härte der Früchte ist eine genügend große und starke Obstmühle nötig. Reiner Quittenmost ist wegen des tiefen Zucker-Säure-Verhältnisses und des hohen Gerbstoffgehaltes nur bedingt trinkbar. Er kann aber durch Zugabe von Zucker und Wasser zu einem erfrischenden Nektar aufgearbeitet werden oder durch Mischung mit geeigneten Fruchtsäften geschmacklich harmonisiert werden. Angenehme Mischgetränke ergeben sich durch Mischen von Apfel- oder Birnensaft mit 35 bis 50% Quittensaft. Ungeeignet ist Quittensaft zum Mischen mit Muskateller Traubensaft.

Volksglaube und Brauchtum

Die Quitte hat in vielen Kulturen eine besondere Bedeutung erlangt. In der griechischen Literatur wird die Quitte um 650 v. Chr. erwähnt. Die Römer kannten schon fünf Sorten, zur Zeit Senecas beschreibt der Spanier Columella schon drei Sorten. Nach deren Ausbreitung nördlich der Alpen finden wir die Quitte in den Capitulare de Villis Karls des Großen erwähnt (812). Auch im Klostergarten von St. Gallen (820) tritt sie auf unter dem Namen „gundunarius“. Die Heilige Hildegard erwähnt Quitten als Mittel gegen Gicht, Verschleimung, Geschwüre und sie empfiehlt auch gesottene Quitten gegen Speichelfluß. Noch heute wird bei Hochzeiten im ägäischen Raum der Braut eine Quitte als Symbol der Fruchtbarkeit mitgegeben.

Verwandte Arten

Vielfach wird die Quitte mit der Japanischen Zierquitte *(Choenomeles japonica)* verwechselt. Dies ist ein aus Japan stammender Zierstrauch von niedrigem, breitem und sparrigem Wuchs. Im Gegensatz zu seinen verwandten Arten *(Ch. speciosa)* und den verschiedenen Cultivaren wird er kaum höher als 1 m. Die 3 bis 5 cm langen Blätter sind sommergrün, eiförmig, gesägt. Die sehr dekorativen Blüten treten im April/Mai hervor. Im Herbst werden die zahlreichen, 4 bis 5 cm großen Früchte sichtbar. Sie sind gelb und verbreiten einen aromatischen Duft. Diese Früchte ergeben, im Verhältnis 1:3 mit den gewöhnlichen Quitten gemischt und verarbeitet, dem Quittengelee eine besonders aromatische Note. Alle Früchte der vielen Zierformen von *Choenomeles* können dafür verwendet werden.

Wild- und Zieräpfel

Malus Rosaceae

Der Holzapfel *(Malus sylvestris)*, der in lichten Wäldern, Waldrändern und Hecken vorkommt, gehört zusammen mit anderen *Malus*-Arten zu den Stammeltern unserer Apfelsorten. Er kann bis 20 m Wuchshöhe erreichen, wächst aber manchmal strauchartig. Im juvenilen Zustand (Jugendform) sind seine Zweige des öftern bedornt. Blütenbestäubung findet vor allem durch Bienen statt, da Äpfel Fremdbefruchter sind. Im August/September gelangen die 2 bis 4 cm dicken Früchte zur Reife, welche zunächst herbsauer schmecken, aber zu Säften und Gelees aufgearbeitet werden können.

Verschiedene Gruppen von Zieräpfeln – auch Kirschäpfel oder Crabäpfel genannt –

Abb. 18
Blatt des Zierapfels, Malus aldenhamensis.

liefern ebenfalls verwertbare und aromatische Früchte. Originell wirkt die Sorte 'Elise Ratke' mit ihrem trauerförmigen Wuchs.

Ebenfalls eine Übergangsform zwischen Zierapfel und Nutzpflanze stellt die amerikanische Sorte 'Chestnut' dar. Die leuchtend roten, sehr dekorativen Äpfelchen von rund 40 g schmecken vorzüglich im Rohzustand und ergeben zudem einen ausgezeichneten Süßmost.

Verwertbare Früchte liefern folgende Sorten von Zieräpfeln: 'Aldenhams Purple', 'Beauty', 'Dartmouth', 'Dolgo', 'Cowichan', 'Fairy', 'Florence', 'Hopa', 'Hyslop', 'John Downie', 'Kola', 'Orange', 'Patricia', 'Robin', 'Red Silver', 'Red River', 'Trail', 'Transzendent' und 'Wynema'. In Baumschulen kann man Aufschluß bekommen über den Zierwert, die Fruchtgröße und Fruchtfarbe der einzelnen Sorten.

Apfelbäume gedeihen am besten in mittelschweren Böden in freier Lage. Die Vermehrung der Sorten geschieht durch Okulation und Pfropfung. Da große Sortenunterschiede bestehen hinsichtlich der Anfälligkeit gegenüber Schorf- und Mehltaupilzen, ist eine Beratung durch die Baumschule angezeigt (s. Farbbild Seite 50).

Wildbirne, Holzbirne

Pyrus communis Rosaceae

Urformen unserer Kulturbirne sind schon in Speiseresten von Pfahlbaudörfern nachweisbar. Heute kommt die Wildbirne nur vereinzelt in lichten Laubwäldern vor. Der Baum kann Wuchshöhen von 15 bis 20 m erreichen. Seine Zweige sind im juvenilen Zustand des öftern bedornt. Die Wildbirne kann in Windschutzhecken oder Vogelschutzgehölzen angepflanzt werden. Für den Frischgenuß kommen die herben Früchte kaum in Frage. Säfte werden dem Apfelmost beigemengt oder mit Bienenhonig eingedickt. Das Holz ist verwendbar für Schnitz- und Drechslerwaren und für die Möbelindustrie.

In den Ostalpen kommt die Schneebirne *(Pyrus nivalis)* wild vor. Der nur mittelhohe Baum zeigt anfänglich filzig behaarte Zweige. Seine Früchte sind erst nach der Einwirkung von Frösten genießbar.

Die japanisch-chinesischen Birnen der Pomologen mit den bis zu 15 cm langen Laubblättern gehören der Gruppe der *Pyrus pyrifolia* var. *culta* an. Hartes Fruchtfleisch und abfallende Kelchblätter sind hier typisch.

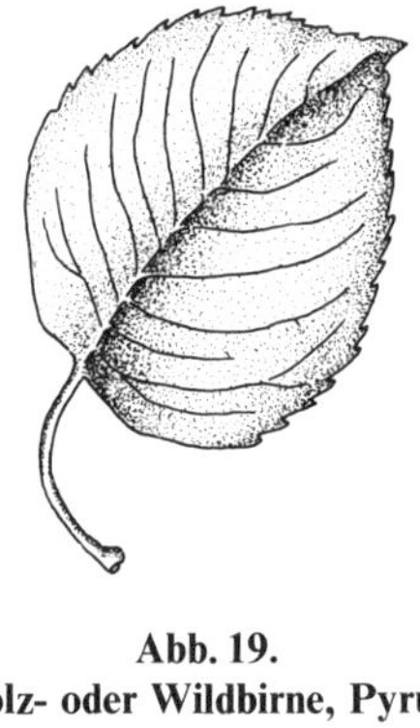

Abb. 19.
Blatt der Holz- oder Wildbirne, Pyrus sylvestris.

Mispel

Mespilus germanica Rosaceae; néflier, medlar, nespolo, nispola, Nespel, Nesple, Mospel, Muspel, Aapeneers

Mispeln wurden schon vor 3000 Jahren im Gebiet des Kaspischen Meers kultiviert. Diese Art scheint aus Transkaukasien oder dem Nordiran zu stammen. Zur Zeit des Theophrast waren bereits die Kultursorten unter dem Namen „mespile" bekannt. Griechen und Römer brachten die Pflanze nach Europa. In sonnigen Gebüschen und Waldrändern kommt die Mispel jetzt verwildert vor. Dieses anspruchslose Gehölz fruchtet zwar am besten in windgeschützter, besonnter Lage, doch wird auch Halbschatten vertragen.

Bezüglich Bodenansprüchen ist die Mispel tolerant. Obschon sie auch an feuchten Stellen wächst, bevorzugt sie trockene Standorte.

Die Pflanze

Ursprünglich dornenbewehrt, wurden durch Selektion dornenlose Sorten gewonnen. Als Busch oder bis zu 8 m hoher Baum wachsend, hat die Mispel mit ihrem sparrigen Wuchs einen besonderen Zierwert. Die häufig schräg gestellten, verdreht wachsenden und sehr malerisch gebauten Bäumchen können dem formenden Willen der Baumpfleger meistens widerstehen.

Die lanzettlich geformten Laubblätter von 6 bis 12 cm Länge sind ganzrandig oder fein gezähnt. Sie sind oberseits dunkelgrün gefärbt und unterseits graugrün filzig behaart (s. Farbbild Seite 67).

Die weißen bis cremefarbigen, sehr dekorativen Blüten von 3 bis 5 cm Durchmesser erscheinen an den Kurztrieben erst im Mai/Juni. So entgehen sie den Schäden der Spätfröste, Voraussetzung für den alljährlich guten Fruchtertrag. An den duftlosen Blüten findet spontane Selbstbestäubung statt.

Abb. 20.
Blatt der Mispel, Mespilus germanica.

Um Ende Oktober reifen die zuerst grün gefärbten Scheinfrüchte zu braunen, kegelförmigen und behaarten Mispeln heran. Laubblattartige, abstehende Kelchzipfel von 15 mm Länge krönen die abgeflachte Scheitelpartie. Die Früchte sind 2 bis 7 cm groß. Je nach Form spricht man von apfel- oder birnenförmigen Sorten. Im Innern enthält die Frucht 2 bis 5 eckige, rötlich gefärbte Steinkerne. Allerdings existiert eine samenlose Abart unter der Bezeichnung *Mespilus apyrena*. Die Frucht bleibt kleiner und wird schneller weich. Daneben ist eine sehr großfrüchtige *Mespilus macrocarpa* bekannt geworden, die vom Zentrum aus weich zu werden beginnt. Große Mispelbäume vermögen pro Jahr 60 bis 80 kg Fruchtertrag zu erbringen.

Vermehrung

Eine Samenvermehrung ist möglich durch Direktsaat im November oder mittels stratifiertem Saatgut bei Frühjahrssaat. Bis zum Einsetzen der Fruchtbarkeit erfordert dies jedoch Wartezeiten von vielen Jahren. Schneller ist die vegetative Vermehrung durch Absenker oder Steckholz. Wertvolle Sorten werden auf Mispelsämlinge, oder aber auf Unterlagen von Apfel, Birne, Quitte, Mehlbeere oder Weißdorn gepfropft. Birne als Unterlage soll geschmacklich die besten Früchte ergeben. Auf Weißdornunterlage lassen sich früh in Ertrag kommende und sehr haltbare Mispeln erzielen.

Pflege

Der Pflegebedarf des Mispelbaumes ist sehr klein. Schädlinge und Krankheiten sind weitgehend unbekannt. Ein Schnitt ist nur soweit nötig, als überflüssiges oder zu dicht stehendes überaltertes Holz alle paar Jahre einmal entfernt wird.

Verwertung

Zu Beginn des Monats November gepflückt, sind die Früchte in der Regel noch steinhart und weil zu herb, völlig ungenießbar. Erst nach dem Einwirken von Frösten werden sie eßreif. Unterbleiben solche Kälteschocks, können die Mispeln während einigen Wochen nachgereift werden in dünner Schicht auf Stroh oder in Pfirsichplateaus. Erst nach dem Erweichen des Fruchtfleisches wird der Geschmack angenehm säuerlich – aromatisch. Liebhaber schätzen diese Frucht im rohen Zustand wegen ihres spezifischen Geschmacks. In Italien gelten Mispeln als Marktfrucht. Mispeln sind reich an Invertzucker, Säuren und Pektinstoffen. Mit Butter, Wein und Zucker gedämpft oder über dem offenen Feuer gebraten finden sie das Lob des Kenners. Ein Aufkochen zu Puree, Kompott oder Konfitüre ist möglich. Letzteres jedoch vorteilhaft in Mischung mit Äpfeln, Hagebutten oder anderen Wildfrüchten. In früheren Zeiten wurden Mispeln manchmal dem Birnbrot beigemengt oder auch in eingedicktem Birnsaft oder Honig kandiert. Saft von Mispeln, zu einem Drittel dem Obstwein beigemengt, soll dessen Geschmack und Haltbarkeit verbessern können. Selbst Wein und Spirituosen wurden aus Mispelfrüchten hergestellt.

Der hohe Gerbstoffgehalt von Rinde, Blatt und Frucht verleitete zur Herstellung von Präparaten in der Volksmedizin. Das gelbbraune zähe, harte Holz eignet sich zur Fertigung von Peitschen- und Spazierstökken. Es wird von Drechslern und Tischlern geschätzt und eignet sich zur Herstellung von Holzkohle.

Volksglaube und Brauchtum

Zur Zeit Alberts des Großen (1193 bis 1280) wurde dem Holz aus Mispelzweigen übernatürliche Kräfte zugedacht. Bei der Austragung von Zweikämpfen wurden bevorzugt Stöcke aus Mispelholz gewählt, dies in der Hoffnung, mit Mispelstöcken des Sieges gewiß zu sein.

Verwandte Arten

Da die Mispel verwandt ist mit dem Weißdornstrauch, sind in der Baumschulliteratur Bastarde zwischen den zwei Gattungen beschrieben. Zum Teil entpuppten sich diese allerdings als Pfropfbastarde, die nur vegetativ als Ziergehölz weiter vermehrbar sind. Durch das Aufpfropfen von Mispeln auf die Weißdornunterlage hat sich der innere Teil aus Weißdorngewebe, der äußere aus Mispelholz gebildet, wie dies bei der 'Bronvauxii'-Mispel der Fall ist. Echte Hybriden zwischen den Gattungen Weißdorn und Mispel, die durch normale Befruchtung entstanden sind, stehen im Aussehen in der Mitte der Eltern. Um 1800 wurde in Frankreich die als *Mespilus grandiflora* oder *Crataegus grandiflora* bezeichnete Pflanze wild aufgefunden. Die Früchte entsprechen kleinen eßbaren Mispeln. Eine ähnliche Kreuzung ist um 1890 in Frankreich entstanden unter der Bezeichnung *Crataegus* 'Gillotii'.

Die aus Ostasien stammende, als **Japanmispel** bezeichnete *Eriobotrya japonica* gehört auch zu den Rosengewächsen. Sie ist jedoch nur sehr weit entfernt unserer Mispel verwandt. Der in Südeuropa bis 7 m hoch werdende wintergrüne Baum liefert die eßbaren „Nespoli" auf unsere Märkte. Da die Pflanze bei Frösten unterhalb von $-5\,^{\circ}C$ in der Regel erfriert, kann die Japanmispel bloß als Kübelpflanze empfohlen werden.

Sanddorn

Hippophaë rhamnoides Elaeagnaceae; argousier, common sea buckthorn, olivello spinosa, bacche de fagiani, espino falso, Fasanbeere, Sandbeere, Weidendorn, Seedorn, Meerdorn, Stranddorn, Sprengbeere, Korallenstrauch

Der Sanddorn ist in Europa und Asien heimisch. Als stark dornenbewehrte Pionierpflanze besiedelt er Tiefländer, steigt jedoch in Flußtälern der Gebirge bis 1800 m an. Natürlich verbreitet ist der Sanddorn auf Küstendünen und sandig-kiesigen Auenwäldern. Als frostfester, windresistenter Strauch ist er selbst extremen Spätfrostzonen und andern klimatischen Grenzstandorten angepaßt. Er verträgt überdies salzhaltige Böden und wird zur Bodenbefestigung sowie als Heckenpflanze und Zierstrauch angepflanzt. Die Wurzeln können in 3 m Tiefe und bis 10 m im Umkreis vordringen. Seine hohen Ansprüche an Licht und Wasser im Untergrund sind bei Neupflanzungen zu beachten. Dauernd wassergesättigte und stark saure Böden verträgt der Sanddorn schlecht, auf nährstoffarmen Standorten dagegen gedeiht er, da er durch Wurzelknöllchen zur Stickstoffbindung fähig ist.

Die Pflanze

Der zweihäusige Strauch von 2 bis 4 m Höhe kann auch Baumstärken und Höhen bis 8 m erreichen. Schon durch seine glänzend silbergrauen Zweige und den sparrigen Wuchs hat er große Schmuckwirkung. Viele Seitenzweige enden in Dornen und selbst in den Blattwinkeln sitzen spitze, dornige Gebilde. Aus Sanddorn können undurchdringliche Hecken und Vogelschutzbiotope entstehen. Zur Begrünung von Ödland ist der Sanddorn eine dankbare Pflanze.

Die wechselständig angeordneten, lineallanzettlich geformten Laubblättchen von 2 bis 8 cm Länge sind kurz gestielt und ganzrandig. Blattunterseits haben sie einen silbergrauen bis kupferroten Glanz.

Die gelblich bis rotbraunen, eher unscheinbaren Blüten entfalten sich im Frühjahr vor den Laubblättern. Die Blütchen

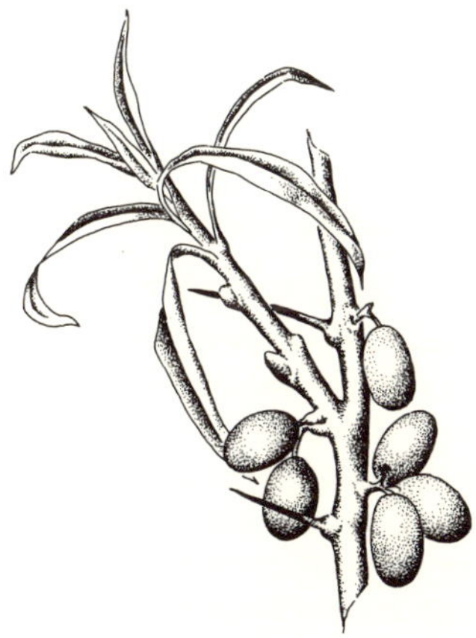

Abb. 21.
Sanddorn, Hippophaë rhamnoides.

der weiblichen Pflanze sondern einen würzig-honigartigen Geruch ab, der attraktiv auf Insekten wirkt. Der Pollen der männlichen Blüten wird durch den Wind übertragen. Da der Sanddorn getrenntgeschlechtlich ist, verlangt er zur Ausbildung reicher Beerenernten die Pflanzung von wenigstens einer männlichen Pflanze auf sechs weibliche.

Die 6 bis 8 mm großen, eirunden, orangeroten Beeren werden im August/September reif (s. Farbbild Seite 67).

Vermehrung

Durch Direktsaat ausgewaschener Kerne ist die Weiterzucht möglich. Speziell reichtragende, dornenarme Gehölze werden besser vegetativ vermehrt. Wurzelausläufer, die in großer Menge gebildet werden, werden von der Mutterpflanze abgetrennt und aufgeschult. Auch Steckholzvermehrung und Absenkerbildung sind möglich.

Die fruchtenden, weiblichen Pflanzen sind im Jugendstadium daran erkennbar, daß die Knospen an den Triebenden viel lockerer angeordnet sind als bei männlichen Pflanzen. Zudem sind diese Knospen auch kleiner. In der DDR ist durch Selektion und vegetative Vermehrung eine reichtragende Sorte unter dem Namen 'Leikora' im Anbau.

Reifung und Ernte

Im Erwerbsanbau werden die beerenbeladenen Fruchtzweige mit der Baumschere vom Strauch geschnitten und dann die Beeren vom Holz getrennt. Diese Holzernte vermindert allerdings den Ertrag des Folgejahres. Eine schonendere Erntemethode ist, die Äste mit Hilfe von Haken und Strikken tief herunterzubiegen und die Beeren auf untergelegte Tücher zu schneiden.

Auch überreife Beeren halten sich lange Zeit am Strauch ohne abzufallen. Dank vorhandener Schutzstoffe bleibt auch ihr Vitamin-C-Gehalt im überreifen Zustand gut erhalten. Allerdings sollte stets vor dem Eintritt der Fröste abgeerntet werden. Eine zu späte Ernte läßt das Fruchtfleisch ranzig werden. Sobald die Früchte voll ausgefärbt und etwas weich geworden sind, sollte man mit dem Einsammeln nicht mehr warten.

Optimale Gehalte an Vitamin C sind erst bei Vollreife erreicht. Bei den Erntearbeiten sind Handschuhe zu tragen, da die Beeren flecken. Unverzügliches Weiterverarbeiten ist nach der Ernte geboten.

Inhaltsstoffe

Neben ansehnlichen Zucker-, Protein- und Fettgehalten weisen die Sanddornbeeren hohe Säuregehalte sowie angehobene Mengen an Vitamin C und Vitamin A auf. Bei großgewachsenen Beeren aus deutschen Küstengebieten wurden Vitamin-C-Gehalte zwischen 150 bis 300 mg % festgestellt. Kleinere Früchte aus alpinen Standorten wiesen dagegen wesentlich höhere Werte von 400 bis 1330 mg % auf. Zur Gewinnung von Vitamin-C-Präparaten wird Sanddorn in Sibirien kommerziell angebaut.

Der Geschmack der Früchte ist herbsäuerlich. Die fleischige Fruchtmasse ist stark gelbfärbend. Interessant ist bei Sanddorn die ausgesprochen gute Stabilität des Vitamin C bei Konservierung: Tiefe pH-Werte und das Fehlen der vitaminabbauenden Ascorbinsäureoxidase tragen hierzu entscheidend bei. Rohsäfte können bis zu 2300 mg/l Vitamin C enthalten bei guter Stabilität dieser hohen Werte.

Verwertung

Sanddorn dient als Zugabe zu Speiseeis, Joghurt, Milchmixgetränken und Süßspeisen. Ein Verschnitt mit Apfel- oder Quittensaft ist möglich. Für den Hausgebrauch werden auch Gelees, Marmeladen, Mus, Sirup, Limonaden und Liköre daraus hergestellt. In Skandinavien wird das Fruchtmark auf schwachem Feuer eingedickt zu Saucen als Beigabe zu Fleischgerichten.

Pharmazeutische Präparate aus Sanddorn wirken gegen Mangel- und Erkältungskrankheiten. Auch gegen Frühjahrsmüdigkeit, Grippe, Erschöpfungszustände und Appetitlosigkeit sollen Sanddornerzeugnisse wirksam sein.

In Gegenden, in denen Sanddorn unter Naturschutz steht, dürfen Wildpflanzen weder abgeerntet noch ausgegraben werden. Man sorge hier für Neuanpflanzungen.

Büffelbeere

Shepherdia argentea, Elaeagnaceae

Die silberblättrige Büffelbeere – auch Amerikanischer Silberbaum genannt – hat ihren botanischen Namen erhalten nach John Shepherd (1754 bis 1836), dem Direktor des botanischen Gartens von Liverpool. Wild kommt diese Pflanze in Nord-Minnesota und Britisch-Kolumbien vor. Der bis 6 m hohe, sparrig wachsende Strauch gleicht unserem Sanddorn. Silbern glänzende verdornende Zweige und Laubblätter, die 5 cm Länge und geringe Breite aufweisen, zieren den baumartigen Strauch. Vor dem Blattaustrieb erscheinen die unscheinbaren, zweihäusigen, gelben Blüten, die eine gute Bienenweide darstellen. Die zierenden korallenroten Früchte von Erbsengröße reifen schon im Juni/Juli. Säuerlich schmeckend, sind diese vielseitig verwendbar zu Gelees und Konfitüren. Sie eignen sich zum Trocknen und sind dann für Fruchtsoßen oder auch im Müsli verwendbar.

Samenvermehrung ist bei der Büffelbeere möglich durch Stratifizieren. Absenkerbildung und Veredlung auf Sanddorn oder Ölweide sind gangbare vegetative Vermehrungsarten.

Zweigriffliger Weißdorn

Crataegus laevigata, syn. *C. oxyacantha* Rosaceae; aubépine, hawthorn, bianco spino, espino blanco, Gemeiner Weißdorn, Spitzdorniger Weißdorn, Heggidoren, Higgi

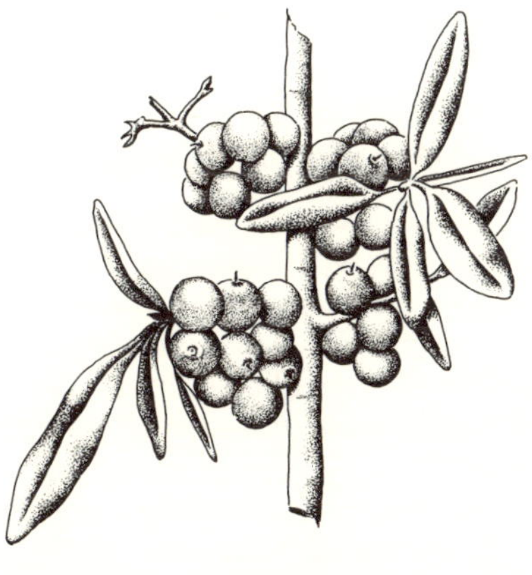

Abb. 22.
Zweig der Büffelbeere, Shepherdia argentea.

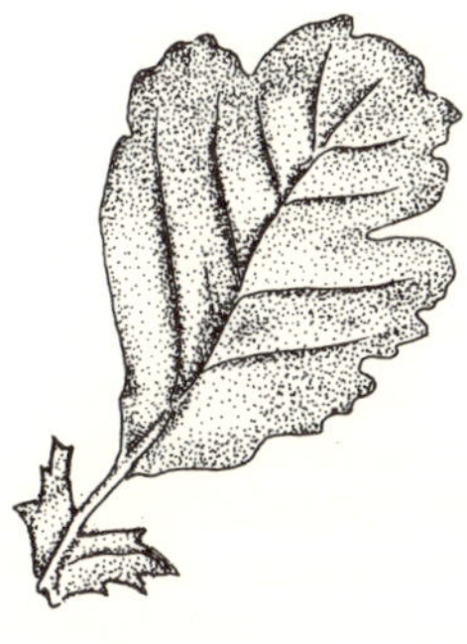

Abb. 23.
Zweigriffliger Weißdorn, Crataegus laevigata.

Diese formenreiche Weißdornart ist in ganz Europa heimisch. Vorkommend in Hecken, Feldgehölzen und lichten Wäldern, ist sie auch in Gärten und Parkanlagen vielseitig verwendbar. Sie stellt eine sehr wertvolle Art dar zur Pflanzung von Windschutzstreifen und von Vogelschutzgehölzen. Jeder Boden in nicht zu heißer Lage ist genehm. Der Weißdorn erträgt sehr gut den periodischen Rückschnitt.

Die Pflanze

Der meistens nur mittelgroße Strauch kann zum Baum bis 12 m aufwachsen und bis 500 Jahre alt werden.

Die anfänglich rotbraunen, später sich hellgrau verfärbenden Zweige sind mit 1 bis 2 cm langen Dornen bewehrt. Das vorne ungleichmäßig gesägte Laubblatt ist nur schwach drei- bis fünfteilig stumpf gelappt und besitzt einen keilförmigen Blattgrund. Oberseits wirkt es stark glänzend dunkelgrün, unterseits ist es matt und gelblichgrün gefärbt.

Die wenigstens zwei Griffel aufweisenden Blüten sind in Doldenrispen vereinigt. Mit ihrem rötlichweißen Blütenschmuck zieren sie die Landschaft in den Monaten Mai bis Juni. Doch der Trimethylamin-Duft dieser Blüten wird eher als unangenehm empfunden. Im September/Oktober gelangen die meist zweisamigen roten Scheinfrüchte zur Reife.

Vermehrung und Pflege

Normale Formen lassen sich durch Samen vermehren. Von ausgereiften Früchten werden die Samen ausgewaschen, stratifiziert und im folgenden Herbst ausgesät. Spezifische Gartenformen werden vegetativ vermehrt durch Absenkerbildung oder Teilung der Stöcke. Auch die Okulation auf Sämlinge ist vollziehbar.

Verwertung

Die kugelig bis eiförmigen Früchte von 8 bis 10 mm Größe besitzen eine relativ dünne, eßbare äußere Schicht von Fruchtfleisch. Es ist mehlig und schmeckt fade bis süßlichsauer, und enthält relativ hohe Eiweiß- und Mineralstoffmengen.

Reich an Pektinen, können Weißdornfrüchte zu Gelees, Marmeladen und gemischt mit anderen Früchten verwendet werden. Auszüge davon sind geeignet zur Herstellung von Süßmost und Limonaden. Funde in Pfahlbauten lassen vermuten, daß Weißdornbeeren schon damals als Beikost gedient haben. Im Mittelalter dienten getrocknete und gemahlene Beeren in Notzeiten als Mehlzusatz beim Brotbacken. Geröstete Kerne dienten als Kaffee-Ersatz. Essig- und Mostherstellung sowie gestampft mit Malz auch Branntweinbereitung waren üblich. Schließlich bildeten Weißdornbeeren auch ein Mastfutter für Schweine und Geflügel.

Blüten und Früchte enthalten herzwirksame und kreislaufregulierende Inhaltsstoffe. Ungeöffnete Blüten sind hierzu bei trockenem Wetter gegen Mittag einzusammeln, auf Tüchern zu trocknen und in hermetisch schließenden Behältern aufzubewahren.

Volksglaube und Brauchtum

Auf der Flucht nach Ägypten soll ein Weißdornbusch der Maria ein schützendes Versteck vor ihren Verfolgern geboten haben. Deshalb wird nach dem Volksglauben der Weißdorn nie vom Blitz getroffen. Salz und Brot wurden dieser Pflanze als Opfergaben dargereicht.

Weißdornzweige sollen Schutz gewähren vor Hexenzauber, wenn man sie in der Hand hält und zugleich einen Bannspruch sagt. An Dach und Stalltüren befestigte

Abb. 24.
Eingriffliger Weißdorn, Crataegus monogyna.

Zweige sollen anschleichende Schlangen und Hexen fernhalten. Der Weißdorn soll beim Losziehen und Fischefangen helfen, wenn man vorher unter dem Strauch ein Gebet verrichtet hat.

Eingriffliger Weißdorn

Crataegus monogyna

In Europa hat der Eingrifflige Weißdorn sein Verbreitungsgebiet weiter nach Norden ausgedehnt als der Zweigrifflige. Charakteristische Unterschiede zum letztern bilden der höhere Wuchs bis 20 m, die eingrifflige Blüte, welche nur einen einzigen Steinkern bildet, die bloß 1 cm langen Dornen und die Blattform. Das Laubblatt ist wesentlich stärker eingeschnitten und bildet drei bis fünf spitze, auswärts gebogene Lappen. Hinsichtlich der Bodenansprüche, der Vermehrung und Verwendungsmöglichkeiten bestehen keine wesentlichen Unterschiede zwischen den beiden Weißdornarten (s. Farbbild Seite 67).

Scharlachdorn

Crataegus intricata

In Büchern und Katalogen ist diese Pflanze auch unter den Bezeichnungen *Crataegus coccinea, C. pedicellata* und mit dem deutschen Namen Scharlachroter Hagedorn bezeichnet. Dieser buschige Strauch oder Baum bis 7 m Höhe stammt aus dem Nordosten Nordamerikas. Nach Europa gebracht wurde er im 17. Jahrhundert. Als Heckenpflanze mit rotbraunen Zweigen oder als Zierbaum trägt er zur Vielfalt der Rosaceenvertreter in Parks und Alleen bei. Die Äste sind streckenweise unbedornt, doch ab und zu mit sehr kräftigen, spitzen und 3 bis 5 cm langen Dornen bewehrt.

Das am Rand grob doppelt gesägte Laubblatt ist ungeteilt, eiförmig und mißt in der Länge bis zu 10 cm. Relativ lange (2 cm), mit dunklen Drüsen besetzte Blattstiele sind charakteristisch für diese Art. Im Mai erscheinen die bis 2 cm breiten weißen Blüten, welche zu 6 bis 12 im aufrechtstehenden Blütenstand gruppiert sind. Zur Zeit der Fruchtreife im September/Oktober hängen scharlachrote Doldentrauben noch zeitlich über den Blattfall hinaus an den Bäumen. Annähernd kugelig geformt, können sie bis 12 mm groß werden. Diese Früchte eignen sich zur Bereitung von Gelees, Konfitüren, Säften und Kompotten.

Nicht zu verwechseln ist der Scharlachdorn mit dem Hahnendorn-Weißdorn *(Crataegus crus-galli)* der als Zierpflanze bis zu 8 cm lange Dornen und glänzend glatte ledrige Blätter aufweist.

Abb. 25.
Blatt des Scharlachdorns, Crataegus intricata.

Abb. 26.
Blatt des Azarolenbaumes, Crataegus azarolus.

Azarolenbaum

Crataegus azarolus Azaroldorn, Welsche Mispel

Aus Westasien stammend, ist der Azarolenbaum vor allem in Mittelmeerländern in Kultur genommen worden. Dies in erster Linie der apfelähnlich schmeckenden Früchte wegen, die allerdings nördlich der Alpen nicht in allen Jahren voll ausreifen.

Die tief eingeschnittenen dreilappig geformten Blätter von 4 bis 7 cm Länge und 3 bis 5 cm Breite sind oberseits hellgrün, unterseits weißlich-graugrün gefärbt. Die aus 12 bis 16 Einzelblüten gebildeten Blütendolden öffnen sich erst im Juni. Im Herbst reifen die runden, meist lebhaft rotgefärbten Früchte von 2 bis 3 cm Durchmesser. Diese sind kugelig bis birnenförmig gestaltet mit mispelähnlichen, breiten Kelchpartien. Neben roten Sorten existieren auch solche mit gelbweißen Früchten.

Das hellgelb bis orange gefärbte Fruchtfleisch ist an sich saftarm und mehlig. Doch schmeckt es außerhalb der 2 Steinkerne apfelähnlich süß-säuerlich. Azarolenfrüchte werden roh gegessen oder mit Zucker und Honig konserviert, auch Konfitüren und Kompotte sind daraus herstellbar.

An sich wäre Samenvermehrung möglich. Doch fruchten solche Bäumchen erst nach der Absolvierung einer 10- bis 12-jährigen Jugendphase. Schneller verläuft die vegetative Vermehrung mit Hilfe von Absenkern. Noch einfacher ist das Pfropfen auf Weißdorn, Quitte oder Birnensämling.

Dem Azarolenbaum werden dieselben magischen Eigenschaften zugeschrieben wie dem Weißdorn.

Schwarzer Holunder

Sambucus nigra Caprifoliaceae, sureau, elder, sambuco, sauco, Holder, Holler, Husholder, Schließstruch, Fliederbeere

Die Gattung *Sambucus* umfaßt über 25 Arten, die vor allem in den gemäßigten Zonen der Nordhalbkugel verbreitet sind. Sie ist bei uns heimisch. Einige Arten sind auch auf der südlichen Halbkugel zu finden. Das Verbreitungsgebiet des schwarzen Holunders ist größer als jenes des roten. Es reicht nordwärts bis Schottland, ostwärts in die Ukraine und den Kaukasus, im Süden bis Sizilien und Südspanien.

Oben links: Die Eberesche (Sorbus aucuparia) verbindet Zierwert und Nutzen in idealer Weise.
Oben rechts: Sanddorn (Hippophaë rhamnoides). Die hübsche Pionierpflanze wird vor allem wegen der vitaminreichen Beeren geschätzt.
Unten links: Mispel (Mespilus germanica). Aus einer schmucken Blüte wächst die rauhschalige Frucht.
Unten rechts: Weißdorn (Crataegus laevigata) bietet nicht nur Blütenschönheit sondern auch ideale Nistplätze und Winterfutter für die Vögel.

Der Holunder kommt wildwachsend bis in die Hügel- und Bergstufe vor (1500 m). Er liebt eher feuchte, nährstoffreiche Böden. Er wächst auch an Waldrändern und um Siedlungen. An trockenen Standorten und bei ungenügender Ernährung erreichen die Pflanzen nicht die volle Größe und Ertragsleistung. Das Holunderholz ist winterhart. Hin und wieder gelangen einjährige Triebe nicht voll zum Ausreifen, sodaß deren oberer Teil im Winter erfriert. Da sich die Blüte des Schwarzen Holunders erst im späten Frühling und Vorsommer entfaltet, ist sie nicht durch Frost gefährdet (s. Farbbild Seite 68).

Abb. 27.
Schwarzer Holunder, Sambucus nigra.

Die Pflanze

Der Holunder ist ein Strauch oder kleiner Baum, der bis zu 7 m hoch wachsen kann. Die helle Rinde des Stammes und der Äste ist stark gefurcht und ziemlich dick. An einjährigen Trieben sind die Lentizellen deutlich sichtbar. Sie besitzen einen hohen Markanteil. Die Blätter sind unpaarig gefiedert, sie sind aus fünf lanzettlichen Teilblättchen zusammengesetzt. Deren Rand ist fein gesägt, oberseits dunkelgrün, unterseits blaugrün. Beim Zerreiben tritt ein kräftiger, etwas unangenehmer Geruch hervor. Die Blüten erscheinen nach den Blättern. Die Einzelblüten sind in flachen oder wenig gewölbten doldenartigen Rispen mit einem Durchmesser bis 20 cm zusammengefaßt. Die Blüte ist süßlich duftend, weiß oder gelblich, hat einen Durchmesser von 6 bis 8 mm und ist aus fünf abgerundeten, breiten Blütenblättern zusammengesetzt. Der reife Fruchtstand ist überhängend, mit roten Rispenästen. Die Früchtchen sind 5 bis 7 mm groß, kugelig, schwarz. Der Stempelrest ist oft noch sichtbar. Der Saft ist von tiefroter Farbe.

Oben links: Schwarzer Holunder (Sambucus nigra). Als Obstart klimatischer Randgebiete stehen Blüten und Früchte in großer Wertschätzung.
Oben rechts: Roter Holunder (Sambucus racemosa). Aus den Wäldern der Vorgebirge stammend, schmückt der sogenannte Traubenholunder auch die Gärten.
Unten links: Berberitze (Berberis vulgaris). Respekt vor der Bedornung und Freude an Blüte und Frucht empfinden wir bei diesem Strauch.
Unten rechts: Haselnuß (Corylus avellana). Durch Auslese von Wildformen und Züchtung sind großfrüchtige Gartenformen entstanden, wie hier die Römische Kugelnuß.

Sorten

Selektionsarbeiten sind in Dänemark, Österreich und in den Vereinigten Staaten durchgeführt worden. Die österreichische Sorte 'Haschberg' hat sich als ertragssicher und qualitativ wertvoll erwiesen. Sie reift ab

Mitte September und innerhalb der Dolden sehr ausgeglichen. 'Donau' ist 10 bis 14 Tage früher reif, bringt etwas weniger Ertrag, leidet stärker unter Vogelfraß und zeigt starken Astbruch. Diese Sorte kann für den Erwerbsanbau nicht empfohlen werden. Die Erfahrungen mit den dänischen Sorten 'Korsör' und 'Sambu' sind noch gering. 'Sambu' ist farbstoffreich und kräftig im Geschmack. 'Korsör' bildet große Dolden, reift nach 'Donau' und ist nach dänischen Angaben ertragsreich. Die Sorte 'York', welche zur nordamerikanischen Art *Sambucus canadensis* gehört, reift stark folgeartig, bildet eher helle Früchte und ist für unsere Zwecke kaum geeignet.

Vermehrung

Der Holunder läßt sich leicht vegetativ vermehren. Das einfachste Verfahren ist die Vermehrung über Hartholzstecklinge. Sofern eine Einrichtung für Nebelvermehrung vorhanden ist, kann auch über Grünstecklinge vermehrt werden. Das Veredeln und die Abrißvermehrung kommt für Sorten, die schlecht bewurzeln in Frage.

Hartholzstecklinge werden im Januar von einjährigen Trieben von 1 cm Dicke geschnitten. Die Länge beträgt 2 bis 3 Knoten. Das basale Ende wird knapp unter den letzten Knoten geschnitten, im apikalen Teil läßt man 1 bis 2 cm über dem letzten Knoten stehen, um dem Austrocknen des Auges vorzubeugen. Das Substrat besteht aus dem Gemisch von Sand, Torf und Perlit im Verhältnis 2:2:1. Die Behandlung mit Wuchsstoffen bringt nur eine unwesentliche Verbesserung der Bewurzelung. Wenn direkt in Jiffypots gesteckt wird, kann im Frühjahr ohne Verpflanzungsschock in die Baumschule ausgepflanzt werden. Bei sehr

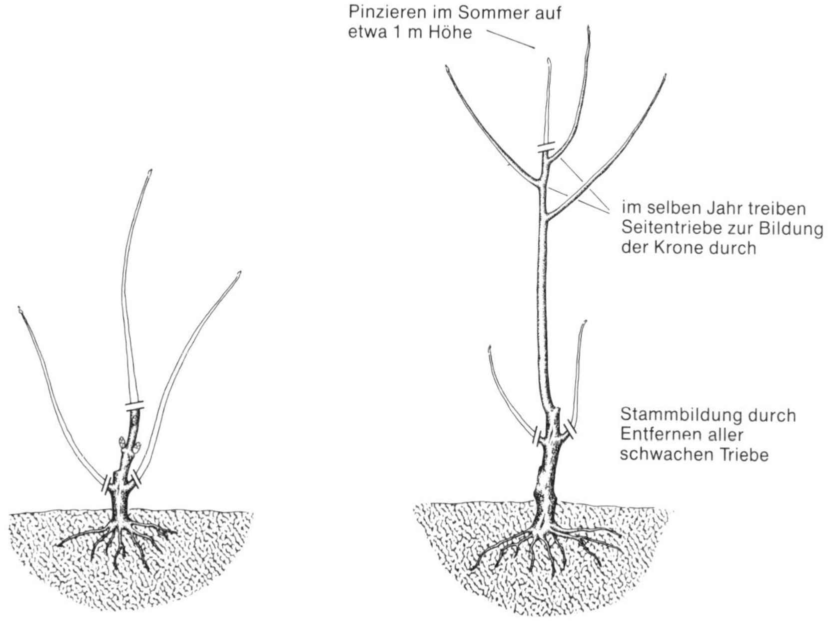

Abb. 28. Formierung eines Holunders mit Stämmchen.

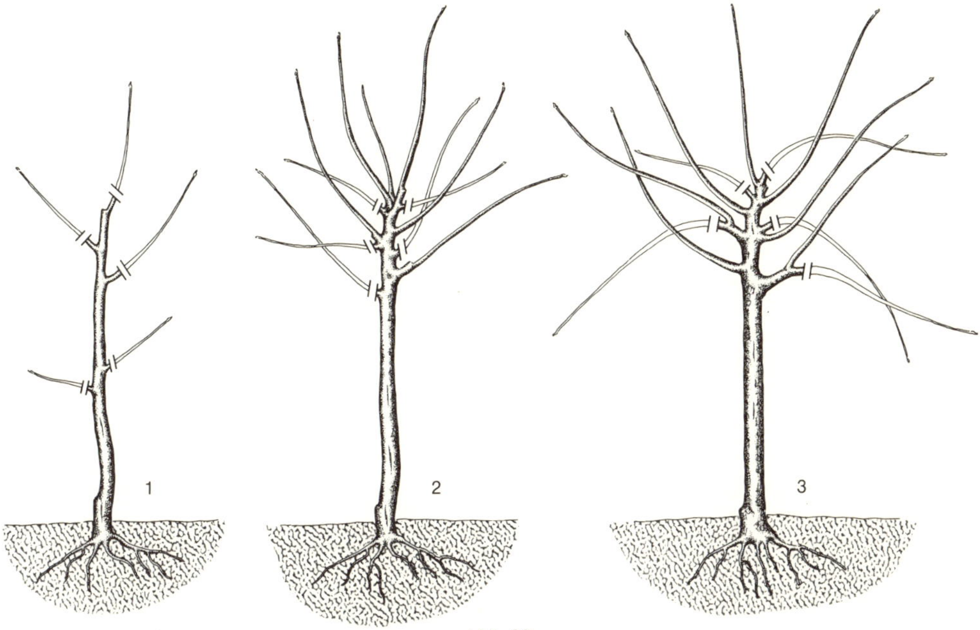

Abb. 29.
Schnitt des Holunders.
1. Pflanzschnitt. 2. Erster Winterschnitt. 3. Folgende Winterschnitte. Einkürzen letztjähriger Tragruten auf Stummel und Entfernen überzähliger Triebe.

guten Bodenverhältnissen kann im Frühjahr auch direkt in den Baumschulen gesteckt werden. Der Pflanzabstand beträgt 100 × 30 cm. Im ersten Jahr läßt man alle Triebe frei wachsen, wodurch die Pflanze erstarkt. Im zweiten Jahr entfernt man alle Triebe bis auf einen. Diesen schneidet man auf das erste gut entwickelte Auge an der Basis zurück. Daraus entwickelt sich ein kräftiger Trieb, der zum Aufbau des künftigen Stämmchens an einen Stab gebunden wird. Im Laufe des Sommers wird er auf einer Höhe von 1,0 bis 1,2 m entspitzt, worauf sich noch im selben Jahr Seitentriebe entwickeln. Sie werden zur Bildung der Krone gebraucht. Überflüssige Triebe von der Stockbasis werden regelmäßig entfernt.

Für Grünstecklinge ist eine Nebelvermehrung, jedoch keine Bodenheizung erforderlich. Die 10 bis 15 cm langen Triebspitzen werden im Juli/August geschnitten, die Blätter eingekürzt und vorbeugend ein Fungizid gespritzt. Eine weitere Behandlung wird nach Notwendigkeit durchgeführt. Auch hier ist es von Vorteil, direkt in Jiffypots zu stecken. Das gleiche Substrat wie bei den Harthölzern kommt zur Anwendung; eine Wuchsstoffbehandlung erübrigt sich auch hier. Nach der Bewurzelung, die innert 5 bis 6 Wochen geschieht, werden die Pflanzen abgehärtet und an einem geschützten Ort überwintert.

Für die Vermehrung der Sorte 'Donau' empfiehlt man in Österreich die Vermehrung durch Abrisse oder durch Veredeln.

Im letzteren Fall sind als Unterlage starkwachsende Sorten wie 'Prägarten' zu verwenden. Je nach Dicke von Reis und Unterlage kann die Spaltveredlung oder Kopulation angewendet werden.

Pflanzung und Erziehung

Aus den in den letzten Jahren geprüften Erziehungs- und Schnittmethoden hat sich die Stämmchenform als geeignetste Lösung bewährt. Mit der Erziehung in Strauchform lassen sich anfänglich etwas höhere Erträge erzielen, sonst sind aber die Schnitt- und Erntearbeiten erschwert. Bei starkem Fruchtbehang neigen sich die Äste gar so stark, daß sie den Boden berühren, beschmutzt werden und die Früchte dem Schneckenfraß preisgegeben sind.

Nach der Formierung des Stammes, wie sie oben beschrieben wurde, verlangt diese Form in den ersten Jahren eine gewisse Aufmerksamkeit, indem neue Stockausschläge und Seitentriebe am Stamm regelmäßig entfernt werden müssen. Zwar können die Pflanzen ohne Gerüst auskommen, doch empfiehlt es sich, ihnen in den ersten Jahren einen Pfahl zu geben. Das gerade Wachsen des Stammes ist damit gewährleistet und die Gefahr von Windbruch gebannt.

Der Holunder trägt am einjährigen Holz. Aus dessen Seitentrieben entspringen im Juni die Blütendolden. Der Ertrag am älteren Holz ist dagegen bedeutend geringer. Sofern genügend einjähriges Holz vorhanden ist, werden beim Schneiden die abgetragenen Partien entfernt. Je nach Alter der Pflanze werden 10 bis 20 kräftige einjährige Triebe belassen. Diese werden sich unter der Last des Ertrages im Laufe des Sommers nach unten biegen, sodaß aus dem Zentrum neue kräftige Ruten emporschießen können. Damit sich die Tragruten wirklich herunterbiegen, dürfen sie nur maßvoll eingekürzt werden. Man wird versuchen, nur stummelartige Gerüstäste entstehen zu lassen und zu diesem Zweck auf den ersten möglichen Ersatztrieb zurückschneiden. An ausgewachsenen Pflanzen kann somit ein zweijähriger Turnus praktiziert werden.

In Erwerbsanlagen hat sich je nach Bodenqualität und Sorte eine Pflanzdistanz von 3 bis 4 m in der Reihe auf 5 bis 6 m Reihenabstand bewährt.

Pflanzenschutz und Pflege

Der Holunder wird nur von wenigen Krankheiten und Schädlingen bedroht. Die Schwarze Holunderblattlaus *(Aphis sambuci)* ist mit den üblichen Mitteln zu bekämpfen. Meist genügen 1 bis 2 Behandlungen. In der Baumschule muß diesem Schädling etwas größere Aufmerksamkeit geschenkt werden, damit sich die Triebe regelmäßig und kräftig entwickeln. Weil Holunderpflanzen ziemlich fleischige Wurzeln haben, werden sie oft durch Mäuse geschädigt. Diese Nager müssen beim Erstellen einer Anlage vorbeugend und regelmäßig während der Kulturdauer unter Kontrolle gehalten werden. Daher wird das Abdecken des Bodens mit organischem Material nur in Regionen empfohlen, wo die Niederschläge gering sind. Die Mulchdecke bietet ideale Schlupfwinkel für Mäuse. Neben den üblichen Bekämpfungsmaßnahmen wird man auch hohe Sitzstangen für Greifvögel aufstellen, welche die Mäusebekämpfung unterstützen. Vogelfraß spielt nur bei Frühsorten eine Rolle. Einige physiologische Störungen, welche in den letzten Jahren in Erwerbspflanzungen aufgetreten sind, konnten noch nicht endgültig abgeklärt werden. Hie und da beobachtet man, daß normal blühende Sträucher nur unvollständig befruchtete Dolden aufweisen. Man spricht von Verrieseln. Eine Vermutung geht dahin, daß die Befruchtung durch kühl-feuchte Witterung zur Blütezeit behindert wird. Andere Beobachtungen zeigten, daß bei Kreuzbestäubung ein besserer Fruchtansatz erzielt wurde, obwohl der Holunder selbstfruchtbar ist.

Eine andere Störung ist die sogenannte Stiellähme, bei welcher sich vor der Reife die Hauptachse oder einzelne Seitenachsen der Dolden dunkel verfärben und zusammenfallen. Die Beeren werden nicht mehr vollständig reif. Man vermutet, daß diese Erscheinung durch ein unharmonisches Nährstoffangebot verursacht wird.

Schließlich sind die Spritzschäden zu erwähnen, welche durch Behandlungen bei hoher Temperatur an den Blättern entstehen können.

Die Düngung kann im ähnlichen Sinn wie bei andern Obstkulturen erfolgen. Vorteilhaft ist, nach der Blüte zusätzlich einen Stickstoffdünger zu streuen.

Reifung, Ernte, Lagerung

Die Reifezeit des Holunders liegt je nach Sorte zwischen Ende August und Mitte September. Der Pflückzeitpunkt muß je nach Verwendungszweck verschieden gewählt werden. Wegen des verhältnismäßig niedrigen Säuregehaltes sind die Früchte für die Saftbereitung früher zu ernten, als jene für die Verarbeitung zu Konfitüre, Gelee usw. Für den privaten Gebrauch empfiehlt es sich, die Früchte vollreif werden zu lassen, denn der Gehalt an Inhaltsstoffen nimmt in den letzten Tagen noch zu. Für den Frischkonsum schneidet man die ganzen Dolden und legt sie in dünnen Schichten in Kistchen. Das Erntegut muß so rasch wie möglich gekühlt und vermarktet werden. Die Lagerung bei 0°C in Polyäthylensäcken (2,5 l/0,1 mm Wanddicke) hat gute Resultate ergeben, welche jedoch noch erhärtet werden müssen. Sollen die Holunderbeeren der Saftbereitung zugeführt werden, schneidet man die Beeren an der Dolde mit möglichst kurzem Stielanteil weg. Die Ernteleistung liegt zwischen 30 und 40 kg pro Stunde.

Inhaltsstoffe

Inhaltsstoffe in 100 g Holunderbeeren (nach Souci u.a.)

Wasser	80,9 g
Eiweiß	2,53
Kohlenhydrate	9,1
Rohfaser	6,8
Mineralstoffe	0,69
Vitamin B_1	0,065 mg
Vitamin B_2	0,078
Nicotinamid	1,48
Vitamin C	18,0

Die Gehalte von Holunder sind in der Tabelle dargestellt. Schwarzer Holunder zeichnet sich durch einen hohen Gehalt an Vitaminen und Mineralstoffen aus. Von besonderer Bedeutung ist der außergewöhnlich hohe Anteil an Aminosäuren. Der Gehalt an Aminosäuren liegt zwischen 0,7 und 1,4 g/l. Davon sind 38 bis 54% essentielle Aminosäuren. Die Verwendung von Holunder ist eine interessante Möglichkeit, unsere Versorgung mit Aminosäuren preisgünstig zu ergänzen.

Schließlich ist noch der für Holunder typische Inhaltsstoff Sambunigrin zu erwähnen, welcher nicht sehr bekömmlich ist und in größeren Mengen zu Erbrechen führen kann. Dieser Stoff verleiht den Beeren den eher abstoßenden Geschmack und ist vor allem in den Beeren des Roten Holunders *(Sambucus racemosa)* enthalten.

Verwertung

Die Verwendungsmöglichkeiten des Holunders sind mannigfaltig. Es gibt kaum einen Pflanzenteil, der nicht irgendwie gebraucht werden könnte. Ein altes Sprichwort sagt, man solle vor dem Holunderstrauch den Hut abziehen, womit auf die Bedeutung in der Volksmedizin hingewiesen wird. Schon die Blüten können für verschiedene Zwecke verwendet werden. Holunderblüten werden zur Herstellung von Hustenbonbons oder mit Zucker und Zitronenwasser zu Holunderblütensekt verarbeitet. Wenn man Blüten in Teig taucht, können köstliche Kuchen gebacken werden. In den USA wurden ungeöffnete Blüten des Kanadischen Holunders *(S. canadensis)* als Ersatz für Kapern verwendet. Geerntete Blüten sind leicht verderblich und müssen gleichentags verarbeitet oder getrocknet werden.

Das wichtigste Verarbeitungsprodukt sind die Beeren. Sie werden zu Saft, Gelee, Sirup oder Marmelade aufbereitet. Wegen der intensiven Färbung kann der Saft in begrenzten Mengen anderen Fruchtsäften beigemischt werden. Günstig hat sich die Kombination von Johannisbeer- und Holundersaft erwiesen. Aus dem gleichen Grund werden Holunderbeeren auch als Rohstoff zur Herstellung von Stempelfarbe für die Bezeichnung von Fleisch gebraucht. Vom ernährungsphysiologischen Wert können dem Holunder folgende Eigenschaften zugesprochen werden: Wirkt entwässernd, blutreinigend, appetitanregend, liefert wertvolle Aufbaustoffe und ist mitverantwortlich bei der Bildung von Abwehrstoffen. Von den heilenden Wirkungen ist am besten die schweißtreibende Kraft bekannt. Ein heißer Sirup aus Beeren oder Blütentee kann Erkältungen lindern. Tee wirkt leicht harntreibend und heilt Darmkatarrhe. Ein Aufguß aus Rinden wird bei Rheuma und ungenügender Tätigkeit der Magensäfte empfohlen. Früher fand Rinde auch als Mittel bei Herz- und Nierenleiden Anwendung. In der Färbeindustrie benützte man Holunderrinde zum Färben von Leder. Schließlich können aus dem maserigen Wurzelholz Tabakdosen und Pfeifenköpfe hergestellt werden, aus den Trieben werden flötenähnliche Instrumente geschnitzt. Das Holundermark dient als Hilfsmittel bei der Herstellung von mikroskopischen Präparaten.

Volksglaube und Brauchtum

Der Name Holunder wird oft mit „Hollen“ in Verbindung gebracht. Die Hollen sind in der deutschen Volkssage die elfischen Wesen, die unter Bäumen hausen, backend, und brauend auf vieles aufpaßten, so auch auf Kinder. Mit der Frau Holle wird der Schneefall mythologisiert.

Verwandte Arten

Der Schwarze Holunder darf nicht mit dem ungenießbaren Zwergholunder *(Sambucus ebulus)* verwechselt werden. Letzterer trägt ebenfalls schwarze Früchte. Der Zwergholunder ist eine Staude und treibt jedes Jahr vom Boden neue Triebe, an deren Ende die Dolden aufrecht stehen. Hingegen ist der Rote Holunder oder Traubenholunder *(Sambucus racemosa)* genießbar. Allerdings dürfen die Kerne nicht mitverwendet werden, denn diese enthalten einen erhöhten Anteil an Sambunigrin. In Nordamerika ist der Kanadische Holunder *(Sambucus canadensis)* beheimatet. Von dieser Art bestehen verschiedene Sorten wie 'Adams 1', 'Adams 2', 'Johns', 'Scotia', 'York', 'Kent Nova', 'Victoria'. Sie erreichen in der Fruchtqualität und der Ertragsmenge jedoch die europäischen Sorten nicht. Die Beeren enthalten weniger Farbstoff als der Schwarze Holunder, das Holz ist meist brüchiger. Von unserer einheimischen Art existieren auch Zierformen mit panaschierten oder geschlitzten Blättern.

Roter Holunder

Sambucus racemosa Caprifoliaceae; sureau rouge, european red elder, sambuco rosso, sauco rojo, Traubenholunder, Bergholunder, Hirsch-Holunder, Rosäholder, Wildholder

Dieses einheimische Gehölz ist in Waldlichtungen der Mittelgebirge und Voralpen bis 2000 m ü. M. anzutreffen, gelegentlich auch als Ziergehölz in Gärten. Der bis 4 m hoch wachsende Strauch trägt unpaarig gefiederte Laubblätter, meistens fünfzählig.

Im Mai erscheinen zuerst grünlich gefärbte, später ins Gelbliche umschlagende kegelförmige Blütenrispen. Daraus entwickeln sich im Juli/August die leuchtend roten Beeren von je 4 mm Dicke, die in Trauben vereint sind (s. Farbbild Seite 68).

Die Beeren werden aufgekocht, abgepreßt und aus dem Saft können Mischgetränke, Marmeladen oder Gelees bereitet werden. Die gelbbraunen Steinkerne enthalten giftige Substanzen und dürfen nicht mitverzehrt werden.

Abb. 30.
Blatt des Roten Holunders, Sambucus racemosa.

Abb. 31.
Haselnußblatt von 'Hallsche Riesen'.

Haselnuß

Corylus avellana Betulaceae; noisetier, coudrier, avellinier, hazel, cobnut filbert, nocciuolo, avellana

Die Haselnuß ist in unseren Breiten seit dem Oligozän heimisch. Sie wächst von Europa bis Kleinasien und ist im Gebirge bis in Höhen von 1500 m anzutreffen. Das Holz erträgt große Winterkälte. Die Pflanze fruchtet aber nur im warmen und sonnigen Klima befriedigend. Für die Ausbildung von Früchten sind nährstoff- und humusreiche Böden mit genügender Wasserversorgung Voraussetzung. Wegen des flachen Wurzelwerkes (15 bis 20 cm) sind schwere, kompakte und stark kalkhaltige oder sandige Böden ohne Bewässerung weniger geeignet. Im Schatten bleibt die Haselnuß meist steril. In Südlagen setzt die Blüte meist zu früh ein und ergibt einen schlechten Fruchtansatz. In diesen Lagen müssen deshalb spätblühende Sorten angebaut werden. Nebellagen sind schlecht geeignet,

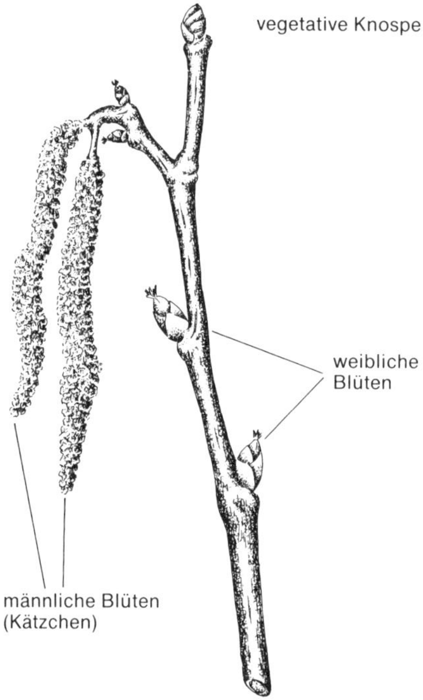

Abb. 32.
Männliche und weibliche Blüten der Haselnuß.

weil der Pollen klebt. Englische Sorten sind diesbezüglich weniger empfindlich (z.B. Englische Zellernuß). Auf moorigen Böden ist als Unterlage die amerikanische Kelchnuß *(Corylus cornuta)* zu wählen. Windexponierte Lagen sind zu meiden.

Die Pflanze

Der Haselstrauch erreicht eine Höhe von 4 bis 5 m, treibt viele Stockausschläge und weist bei Rückschnitt eine starke Regenerationskraft auf. Das Blatt ist rundlich bis länglich, meist ungleich gesägt. Die Pflanze ist einhäusig. Die Bestäubung erfolgt durch den Wind. Die roten weiblichen Blüten sitzen in den Blattachseln und sind unscheinbar in Knospen verpackt. Haselnüsse blühen sehr früh, zwischen Januar und März, d.h. vor dem Entfalten der Blätter. Die männlichen Blüten, die wohlbekannten Kätzchen, entwickeln sich in der Regel vor den weiblichen Blüten, die während etwa einem Monat bestäubungsfähig bleiben. Unbefruchtete Nüsse werden nie größer als 0,5 mm. Unterschiedlich sind die Angaben bezüglich den Befruchtungsverhältnissen. Es empfiehlt sich deshalb, mehrere Sorten nebeneinander zu pflanzen. Interessant ist, daß der Pollenschlauch nach der Bestäubung bis vor die noch nicht entwickelte Samenanlage wächst und dort das Weiterwachsen einstellt. Die Befruchtung der Eizelle vollzieht sich erst Ende Mai bis Anfang Juni. Die Bildung der Fette und Öle im Kern findet erst im letzten Monat vor der Ernte statt.

Sorten

Für Ostfrankreich werden in der Fachliteratur folgende Sorten empfohlen, vorausgesetzt, daß die Wintertemperatur nicht tiefer

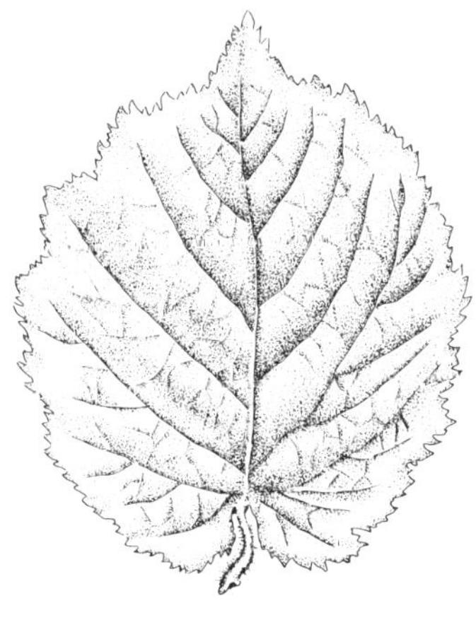

Abb. 33.
Blatt der Baumhasel, Corylus colurna.

als −17 °C sinkt: Hauptsorte 'Bollwiller' 80 %, Befruchter: 'Cosford' 10 %, 'Lambert Filbert' 5 %, 'Impératrice Eugénie' 5 %. Für den Hausgarten können dieselben Sorten gewählt werden. Bei Platzmangel empfiehlt es sich, einen Strauch mit zwei Sorten zu pflanzen, z.B. 'Bollwiller' und 'Lambert Filbert'. Gute Eigenschaften hat außerdem auch die Sorte 'Bors Spanische'.

Vermehrung

Die Hasel läßt sich durch Ausläufer, waagrechtes Absenken, Anhäufeln und durch Stecklinge (Nebelvermehrung) vermehren. Gewisse Schwierigkeiten kann das Aufschulen stecklingsvermehrter Pflanzen bieten. Das Veredeln auf Stämmchen von Baumhasel *(Corylus colurna)* wird zur Unterbindung von Stockausschlägen oder für Pflanzen, die mechanisch geerntet werden sollen, praktiziert. Plattenokulation, gewöhnliche Okulation oder Geißfußveredlung sind möglich.

Bei Vermehrung durch Absenker ist im Mutterbeet eine Pflanzdistanz von 2 × 4 m zu empfehlen. So können die Absenker (einjährige Ruten) strahlenförmig angeordnet werden. Im Herbst werden die Jungpflanzen abgetrennt und während ein bis zwei Jahren aufgeschult. Die Vermehrung über Holzstecklinge war bis jetzt noch nicht erfolgreich. Nach französischen Angaben bewurzeln halbverholzte Stecklinge, wenn sie im August geschnitten werden. Für diese Vermehrungsart ist eine Einrichtung mit Nebelvermehrung und eine Wuchsstoffbehandlung der Steckhölzer notwendig.

Bei Aussaat kann mit einer Keimungsrate von 25 bis 30 % gerechnet werden. Die Keimfähigkeit ist nur im ersten Jahr zufriedenstellend. Die Baumhasel braucht eine lange Kältestratifikation.

Wegen vieler Probleme im Zusammenhang mit der Vermehrung der Baumhasel sind Arbeiten im Gange, die den Gebrauch von interspezifischen Kreuzungen *(C. avellana × C. colurna* und *C. avellana × C. chinensis)* prüfen.

Pflanzung und Erziehung

Wegen des frühen Austriebes ist im Herbst zu pflanzen. Bei größeren Pflanzungen sind mehrere Sorten nebeneinander zu gruppieren, damit die gegenseitige Befruchtung gewährleistet ist. Zum Beispiel: 'Bergeri', 'Bollwiller' und 'Cosford' oder 'Hallsche Riesen', oder die Empfehlung im Abschnitt über Sorten. Der Pflanzabstand für Büsche beträgt je nach Bodentyp 5 × 5 m bis 6 × 6 m; für Stämmchen jeweils 1 m mehr.

Bei Sträuchern wird kein eigentlicher Pflanzschnitt durchgeführt. Im Jahr nach der Pflanzung sind die überzähligen Triebe auszulichten. 5 bis 6 regelmäßig verteilte Triebe bleiben stehen. Weitere Stockausschläge werden im Laufe des Sommers vor dem Verholzen abgerissen. Nach 5 bis 7 Jahren beginnt der Auslichtungsschnitt. Dabei werden einzelne Elemente durch Jungtriebe von der Stockbasis her ersetzt. Weil steilwachsende Äste weniger tragfähiges Fruchtholz bilden, achtet man auf eine Erziehung in die Breite. Der beste Fruchtansatz wurde an Zweigen von mehr als 15 cm aber weniger als 40 cm Länge festgestellt. Je besser die Besonnung der Zweige ist, um so höher ist ihre Fruchtbarkeit. Deshalb achtet man auf einen lockeren Kronenaufbau. Interessant ist auch, daß fruchtende Zweige alternieren, d.h. Zweige an welchen im Vorjahr Nüsse reiften, setzen im Ertrag ein Jahr aus (s. Farbbild Seite 68).

Sämlinge beginnen nach 6 bis 8 Jahren zu tragen, vegetativ vermehrte Pflanzen ab dem 4. bis 6. Jahr. Je nach Pflege kann der Haselstrauch 40 bis 60 Jahre lang Früchte tragen.

Pflanzenschutz und Pflege

Obwohl die Hasel normalerweise wenig Krankheiten und Schädlinge hat, können in größeren Pflanzungen verschiedene Schwierigkeiten auftreten. Aus Frankreich wird eine Bakterienkrankheit *(Xanthomonas corylina)* gemeldet. Die Bekämpfung muß vor allem in der Baumschule erfolgen (gesunde Mutterquartiere). Gesundes Ausgangsmaterial ist auch Voraussetzung für die Bekämpfung des Mosaikvirus. Von den verschiedenen Pilzkrankheiten sei der Grauschimmel erwähnt, welcher sich im Laufe des Monats Juni auf jungen Früchten entwickeln kann. Der Grauschimmel befällt auch Früchte auf dem Lager, wenn sie in der Hülle aufbewahrt werden. Der Befall durch eine Milbenart *(Phytoptus avellana)* führt im Frühjahr zu charakteristischen Aufplusterungen der befallenen Knospen. Diese entwickeln sich nicht mehr weiter. Besonders anfällig sind die Sorten 'Cosford' und 'Daviana'. Der wichtigste Schädling des Haselstrauches ist der Haselnußbohrer. Ein Weibchen legt 20 bis 30 Eier. Die daraus entstehenden Larven befallen zuerst die Jungfrüchte, welche absterben. In der reifenden Frucht ist die Made des Haselnußbohrers zu finden. Wegen des gestaffelten Auftretens der ausgewachsenen Tiere ist eine chemische Bekämpfung schwierig. Fachleute empfehlen 2 bis 3 Spritzungen zwischen Ende Mai und Ende Juni mit einem Insektizid. Wenig wirksam soll das Abklopfen des Schädlings auf Tücher und das Umgraben der Erde im Bereich der Sträucher sein. Eichhörnchen, Eichelhäher, Elstern und Krähen müssen bei starkem Auftreten in Grenzen gehalten werden.

Reifung, Ernte, Lagerung

Die Haupternte erfolgt im September. Je nach Sorte erstreckt sie sich von August bis Oktober. Die Nüsse sind reif, wenn sich die Schalen braun zu verfärben beginnen. Auf die Erde gefallene Nüsse müssen alle 2 bis 3 Tage aufgelesen werden. Geerntet wird durch schütteln der Zweige. Vor dem Schütteln werden Tücher oder feinmaschige Netze ausgelegt. Nach der Ernte läßt man die Nüsse an einem trockenen, luftigen Ort ausgebreitet trocknen. Sie sind regelmäßig umzuschaufeln. Die Trocknungszeit beträgt 2 bis 3 Wochen. Anschließend wird das Erntegut in Säcken oder Netzen an trockenem, kühlem Ort gelagert. Dem Mäusefraß muß vorgebeugt werden. Bei zu hohen Lagertemperaturen werden die Früchte leicht ranzig.

Die Erntemengen sind sehr unterschiedlich. Sie schwanken zwischen 2 und 12 kg pro Pflanze.

Inhaltsstoffe

Der Kernanteil beträgt bei Haselnüssen zwischen 40 und 55 %. Der Energiewert ist mit 690 kcal/100 g (2891 kJ) recht hoch. Bergougnoux (1978) gibt folgende Angaben zu den Inhaltsstoffen der Haselnuß:

Proteide	10 bis 22	%
Lipide	55 bis 72	%
Zucker	3 bis 9	%
Asche	2,2 bis 3	%
Fettsäuregehalt des Haselnußöles:		
Palmitoleinsäure	0,2 bis 0,8	%
Palmitinsäure	3 bis 8	%
Oleinsäure	70 bis 87	%
Stearinsäure	0,5 bis 3,3	%
Linolsäure	4 bis 18	%
Mineralstoffe:		
Calcium	1,5 bis 2,3	g/kg
Kalium	6 bis 10	g/kg
Phosphor	2,5 bis 3,7	g/kg
Schwefel	1,5 bis 2,7	g/kg
Magnesium	1,2 bis 1,7	g/kg
Spurenelemente:		
Chlor	10 bis 60	ppm

Eisen	25	bis 35	ppm
Kupfer	8	bis 20	ppm
Mangan	5	bis 20	ppm
Zink	10	bis 30	ppm

Vitamine A, B und C

Verwertung

Haselnüsse finden weite Verwendung als Zutat zu Gebäcken, in der Schokoladeindustrie, geröstet zum Knabbern oder pastenförmig als Brotaufstrich. Das aus Haselnüssen gewonnene Öl ist nicht trocknend und wird vielseitig verwendet. Es wird in der Kosmetikbranche geschätzt, da es die Eigenschaft besitzt, aromatische Essenzen zu binden und zu konservieren. In der Küche wird es als wohlschmeckendes, fettes Speiseöl verwendet. Allerdings wird es rasch ranzig. Haselnüsse wirken blutstillend, gefäßverengend und astringierend. Sie sind leichter verdaulich als Walnüsse. In Spanien gibt man Kindern und älteren Personen vor dem zu Bett gehen zwölf Haselnüsse, um das Bettnässen zu verhindern. Hingegen soll ein Aufguß von gekochten Haselschalen wasserlösend wirken. Haselnüsse sind für Personen mit schwacher Konstitution und Leute, die unter Anämie leiden, sehr bekömmlich. Die große Keimkraft der Samen soll die natürliche Verjüngung der menschlichen Ei- und Samenbildungskraft fördern.

Das Holz findet Verwendung in der Korbflechterei, Faßbinderei und zur Herstellung von Werkzeugstielen. Astfreies Holz wird verwendet zur Herstellung von Zeichenholzkohle, Späne zum Klären von Wein und Essig. Der frühen Blüte wegen ist die Haselnuß als Bienenweide sehr geschätzt.

Volksglaube und Brauchtum

Die Haselnuß gilt als Sinnbild des Frühlings, des Lebens, der Unsterblichkeit. Als Baum des Gottes Donar sollen Schutzsuchende unter der Hasel vom Blitz nicht getroffen werden. Eine Bauernregel sagt, wenn es am Johannistag nicht regnet, gibt es viele Haselnüsse, regnet es aber, so werden sie wurmig oder es gibt einen kleinen Ertrag. Viele Haselnüsse kündigen einen strengen Winter an. Haselnußruten werden von Wasserschmeckern als Wünschelrute verwendet. In Bulgarien ist es Brauch, daß die Jugend zur Haselnußblüte in die Felder hinauszieht um die blühenden Sträucher zu schütteln.

Verwandte Arten

Die Baumhasel oder türkische Hasel *(Corylus colurna)* wird bis zu 20 m hoch und wird vor allem als Stammbildner und Unterlage verwendet, denn sie bildet keine Stockausschläge. Geprägt durch die Bedingungen in ihrem Ursprungsland gedeiht sie auch in steinigen und trockenen Böden. Weil die Nuß klein und rund ist, findet sie besonders in der Schokoladenindustrie Verwendung. Einige Sorten stammen von der Lambert-Nuß ab *(Corylus maxima)*. Dieser Strauch wird 3 bis 6 m hoch. Etliche Kultursorten sind Hybriden von *Corylus maxima* × *Corylus avellana*. *Corylus pontica* treibt sehr viele Stockausschläge und erreicht eine Höhe bis zu 5 m. Sie ist am Schwarzen Meer beheimatet und bildet die Basis der türkischen Haselnußproduktion. *Corylus americana* ist sehr frostresistent und erreicht eine Höhe von 3 m. *Corylus heterophylla* ist in Ostsibirien, China, Korea, Japan beheimatet, blüht sehr spät, erträgt Temperaturen bis zu −45 °C und wird 4 m hoch. Die Korkenzieher-Hasel *(Corylus avellana* 'Contorta') wird wegen ihres Zierwertes in Parks und Gärten angebaut und findet in der Blumenbinderei Verwendung. Ebenso werden die rotblättrigen Hasel (*Corylus avellana* 'Atropurpurea') mit roten Kernen und die Trauerhasel (*Corylus avellana* 'Pendula') als Zierpflanzen verwendet.

Sträucher

Berberitze

Berberis vulgaris Berberidaceae; epine vinette, barberry, crespino, bérbero, Sauerdorn, Dreidorn, Dreifaltigkeitsdorn, Hageldorn, Spießdorn, Schwiderdoren, Sandholz, Schwiderholz, Gäälholz, Spitzbeere, Reißbeere, Eßigbearl, Erbsele, Weinscharl, Saurach

Die Berberitze gilt als heimisch in Süd-, West- und Mitteleuropa. Der dornenbewehrte Strauch gedeiht sowohl in den Niederungen wie auch im 2660 m über Meer gelegenen Heutal des Berninagebirges. Allerdings werden warme Standorte in lichten Wäldern, Waldrändern und Gebüschen bevorzugt. Nicht sehr wählerisch ist die Pflanze hinsichtlich der Böden. Selbst trockene, flachgründige Böden vermögen zu genügen, wobei allerdings tiefgründige und kalkhaltige zu besserem Gedeihen beitragen.

Die Pflanze

Der Berberitzenstrauch kann bis 3 m hoch wachsen und zeigt eine glatte, weißlich grüne Rinde an den Trieben. Meistens dreiteilige, sehr zahlreiche 1 bis 2 cm lange Dornen machen die Berberitzenhecke undurchdringlich. Dornen entsprechen hier umgewandelten Blättern, denn im feuchten Milieu wachsende Exemplare bilden an den betreffenden Insertionsstellen Blätter anstelle von Dornen aus. Am Rande scharf dornige, gezähnte, derbe Laubblättchen sind oval – ungeteilt. Meistens sitzen dieselben zu mehreren in Büscheln am Zweig.

Um Ende Mai erscheinen vielblütige, gelbe Blütentrauben, denen ein intensiver Geruch entströmt. Selbstbestäubung ist verhindert. Doch bei der leisesten Insektenberührung können sich die Staubgefäße zu den Narben hin zum Zwecke der Befruchtung entladen. Berberitzen sind sowohl Nektar- wie Pollenspender.

Im September/Oktober reifen die 8 bis 12 mm langen walzenförmigen Beeren heran. In scharlachroter Farbe bilden diese einen Schmuck der Pflanze und sind zudem vielseitig verwertbar (s. Farbbild Seite 68).

Abb. 34.
Blatt der Berberitze, Berberis vulgaris.

Da der gewöhnliche Berberitzenstrauch als Zwischenwirt des Getreiderostes *(Puccinia graminis)* wirksam ist, dürfen Berberitzen nicht näher als 300 m an ein Getreidefeld heran gepflanzt werden. Bereits bestehende Berberitzen sollten nach Möglichkeit entfernt werden.

Allerdings sind verschiedene verwandte Arten, wie die japanische *Berberis thunbergii* resistent gegenüber Schwarzrost und gelten nicht als Übertrager.

Vermehrung

Da ziemlich samenecht vermehrbar, werden die Beeren kurz vor der Vollreife geerntet und die Samen durch Auswaschen vom Fruchtfleisch befreit. Sofortiges Aussäen ist möglich, ebenso das Stratifizieren bis zur Frühjahrssaat. Einfacher und schneller läßt sich der Sauerdorn vegetativ vermehren durch Teilung der Stöcke, Abtrennen von Wurzelausläufern und durch Absenkerbildung.

Verwertung

Das Fruchtfleisch schmeckt angenehm erfrischend, allerdings noch saurer als Zitronen. Apfelsäure und Vitamine sind darin enthalten. Säfte aus Berberitzen wirken tonisch erfrischend. Neben Süßmost lassen sich Gelees, Konfitüren, Mehrfruchtmarmeladen, Limonaden, Honigwein, Essig und Branntwein aus den Früchten herstellen.

Früchte der Zierarten der Berberitzen sollten generell nicht genoßen werden. Die der Berberitzenfamilie zugehörigen *Mahonia*-Arten entwickeln ebenfalls saure Beeren, deren Eßbarkeit noch umstritten ist.

Der aus der Wurzelrinde gewonnene gelbe Farbstoff wurde früher verwendet zum Einfärben von Wolle, Seide, Leder und Holz. Während die reifende Frucht alkaloidfrei bleibt, enthalten die Wurzeln hohe Anteile an giftigem Berberin sowie anderen Alkaloiden, die medizinische Verwendung haben. Das Holz eignet sich zu Einlegearbeiten und wird auch von Drechslern gesucht.

Volksglaube und Brauchtum

Berberitzenfrüchte gelten als Wetterpropheten: falls im Herbst kurz und dick geraten, soll ein strenger, aber kurzer Winter folgen. Lang und dünn entwickelte Beeren zeigen einen langen und kalten Winter an.

Daß der Teufel seine Macht über den Berberitzenstrauch verloren hat, soll folgenden Grund haben: Als Gott alle Sträucher mit ihren Früchten schuf, verlangte der Teufel auch eine Pflanze für sich zu eigen. Die Berberitze wurde ihm übergeben, allerdings erst nachdem Gott den Dornen die Form des Kreuzes verliehen hatte, über das der Teufel keine Macht hat.

Wilde Heckenrose und andere Rosen-Arten

Rosa canina Rosaceae; églantier, rose hip, cinnorodi, escaramujo, Hainrose, Hundsrose, Buttenrose, Dornrose, Hagebutte, Heckenbutzen, Heckenpetschen, Hiften

Die Heckenrose ist an Waldrändern, in Gebüschen und Vogelschutzhecken angesiedelt und ist in fast ganz Eurasien heimisch. Als stachelbewehrter Strauch kann sie ein Alter von mehreren hundert Jahren erreichen. Am Dom zu Hildesheim soll ein 13 m hoher Rosenstock mit einem 50 cm dicken Stamm noch aus dem Mittelalter stammen.

Im Vergleich zu unseren kultivierten Gartenrosen ist die Heckenrose relativ frosthart, denn sie übersteht in der Regel Temperaturen von $-23\,^{\circ}C$. Dankbar ist sie jedoch für gute Belichtung, also bevorzugt sie sonnige Standorte.

Ein leichter bis mittelschwerer Boden mit neutraler bis schwach saurer Reaktion sagt dieser Rose am besten zu, doch ist sie auch auf Kalkböden anzutreffen. Ungünstig wirken sich undurchlässige, kalte und nasse Böden aus.

Die Pflanze

In der Regel erreicht die Rose eine Höhe von 2 bis 5 m. Der Strauch ist jedoch nicht einheitlich geformt. Die Zweige, Mittelrippen der Blätter und oft auch die Blattstiele tragen scharf stechende hakenförmig gebogene Stacheln. Die kahlen 5- und 7zählig unpaarig gefiederten Laubblättchen sind elliptisch geformt, mit einem scharf gesägten Rand (s. Farbbild Seite 117).

In mehrblütigen Doldenrispen angeordnet, erscheinen im Juni die blaß-rosa gefärbten, schwach duftenden Blüten von 4 bis 6 cm Durchmesser. Insektenbefruchtung ist die Regel, doch kann auch Embryobildung ohne Bestäubung (Apomixis) vorkommen. Infolge abnormer Vererbung entsteht innerhalb dieser Rosenart eine reiche Vielfalt in Farben und Formen. Die mehr oder weniger stark rötliche Ausfärbung der Blütenblätter kann sowohl von Vererbungsmechanismen als auch vom Ernährungszustand, von Kälteeinflüssen und der Belichtung abhängen. Rote Anthocyanide entstehen nur bei reichlicher Versorgung der Pflanze mit Zuckern, d.h. bei starker Sonneneinstrahlung.

Im September/Oktober reifen die eiförmig bis kugelig geformten Scheinfrüchte heran, die im Innern kantige Samen tragen. Bei der Reife färbt sich der fleischig schwellende Blütenboden und wird zur wohlschmeckenden Hagebutte. Mit ihren 1 bis 2 cm langen, orange- bis scharlachrot gefärbten Früchten ist die Heckenrose auch im Herbst und Winter eine Zierde. Allerdings wartet die Vogelwelt begierig auf diese Leckerbissen. Dadurch ist für die Verbreitung der Heckenrose bestens gesorgt. Amseln, Drosseln, Meisen, Krähen, Birkhühner und Nußhäher, ja selbst Füchse sind rege tätig in dieser Hinsicht.

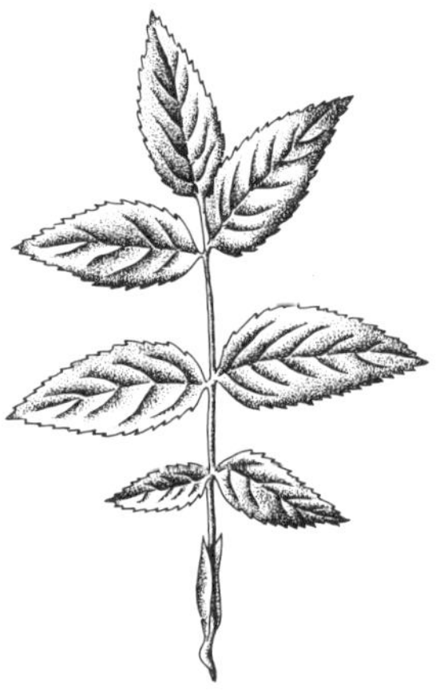

Abb. 35.
Blatt der Heckenrose, Rosa canina.

Vermehrung und Pflege

Eine Vermehrung der Heckenrose ist möglich mittels stratifizierten Samen. Doch ist dabei mit einem Jahr Wartezeit zu rechnen, bis die keimungshemmenden Stoffe in den Wänden der Samennüßchen abgebaut sind. Die Nachkommenschaften spalten auf, denn sie vererben nicht sortenecht. Sollen die spezifischen Eigenschaften einer wertvollen Unterart beibehalten werden, ist vegetative Vermehrung geboten: Teilung der Mutterpflanze, Abschneiden von Ausläufern oder bewußt vorgenommene Absenkerbildung führt zum Ziel. Auch das Pflanzen von Steckholz oder eine Okulation auf Rosensämlinge sind mögliche Vermehrungsarten.

Die Pflege der Heckenrose beschränkt sich auf das Entfernen des überalterten Holzes und das Herausschneiden erkrankter Zweige. So sollten die durch eine Schlupfwespe bewirkten Anschwellungen – Rosenapfel oder Schlafapfel genannt – systematisch entfernt werden.

Weitere Rosenarten mit verwertbaren Pflanzenteilen

Vitaminrosen
Hierzu werden die kaukasische Gebirgsrose *Rosa pendulina* var. *oxyodon* und die Hängerose *Rosa pendulina* var. *pendulina* gezählt. Spärlich mit Stacheln bewehrt, kommt die Gebirgsrose in europäischen Mischwäldern höherer Lagen und auf Alpenheiden vor. Eine Wuchshöhe von 1 bis 3 m erreichend, entwickelt sie laufend neue Schößlinge.

Die kahlen Laubblätter an Blütenzweigen sind 7- und 9-zählig gefiedert, die Teilblättchen oval geformt, mit doppelt gesägtem Rand. Meistens stehen die auffallend dunkelroten Blüten von rund 4 cm Durchmesser einzeln. Blütezeit ist im Juni/Juli; anschließend entwickelt sich die flaschenförmige, bis 2,5 cm lange, hängende Scheinfrucht, die mit Stachelborsten besetzt und von großen, zusammenhängenden Kelchblättern gekrönt ist.

Seit 1863 wird die kaukasische Gebirgsrose, *Rosa pendulina* var. *oxyodon* angebaut. Die Früchte sind ei- bis flaschenförmig ausgebildet, bis 3 cm lang, glatthäutig und scharlachrot gefärbt. Diese Vitaminrose wird in den Niederlanden und in der Sowjetunion hektarweise kommerziell angebaut.

Kartoffelrose, *Rosa rugosa*
Diese aus Ostasien stammende Zierpflanze wird auch Runzelrose oder Kamtschatka-Rose benannt. Um 1860 nach Europa gebracht, hat sie als winterharte Art reiche Verbreitung gefunden in Gärten, Parkanlagen, in Windschutzstreifen und als Bienenfutterpflanze. Selbst arme Böden reichen für diese Rose aus, doch werden feuchte Böden mit schwach saurer Reaktion bevorzugt. Die ungefähr 1 bis 2 m hochwachsenden Triebe sind dicht mit Stachelborsten und behaarten Stacheln besetzt. Die Laubblätter messen 10 bis 20 cm, sind 5- bis 9-zählig gefiedert und grob gesägt. Ihre Oberseite wirkt dumpf grün, während die Unterseite graugrün gefärbt ist.

Die mehrblütigen Blütenstände entwickeln karminrote, sehr große Blüten von 6 bis 9 cm Durchmesser, die einen angenehmen Duft ausstrahlen. Charakteristisch ist hier eine meist kontinuierliche Blühdauer von Mai bis Oktober. Die großen, flachkugeligen, glatten und scharlachroten Scheinfrüchte werden bis zu 2,5 cm dick. Ihre fleischigen Fruchtwände sind genießbar und enthalten hohe Pektin- und Vitamin-C-Gehalte. Die Verwertung ist wie bei der gewöhnlichen Heckenrose.

Gallische Rose, *Rosa gallica*
Diese Zierpflanze führt auch die Namen Apotheker-, Zucker- und Essigrose. Als südeuropäische Rosenart war sie schon Theophrast (372 bis 287 v. Chr.) in Griechenland bekannt. Sie gilt als Stammform vieler europäischer Gartenrosen. Die doppelt gezähnten Laubblätter an den Blütenzweigen sind meist 5-zählig gefiedert. Die länglich bis runden ledrigen Teilblättchen bleiben manchmal auch im Winter grün.

Im Juni erscheinen die 5 bis 9 cm großen, stark duftenden, rosa oder purpurroten Blüten. Die kugelig bis spindelförmigen Scheinfrüchte sind 10 bis 15 mm groß und fleischrot bis braunrot gefärbt. Sie haben hohe Vitamin-C-Gehalte und sind gekocht genießbar.

Aus den Blütenblättern dieser Rosenart werden in Bulgarien und Südfrankreich Konfitüren, aber auch Essenzen für die Parfümindustrie gewonnen.

Weinrose, *Rosa rubiginosa*
In den Gebirgen Süd- und Mitteleuropas beheimatet, steigt diese Rose in Frankreich an steinigen Trockenhängen bis auf 1800 m hoch. Als Heckenpflanze kommt sie aber auch im hohen Norden vor. Der aufrechtwachsende Strauch von 1 bis 3 m trägt kräftige, hakenförmig gekrümmte Stacheln. Die Weinrose ist an den kahlen, feinbehaarten Fiederblättchen erkennbar. Sie sind unterseits mit rotbraunen klebrigen Drüsen bedeckt. Die Laubblättchen sind 5- bis 7-zählig gefiedert, mit 1 bis 3 cm langen, ovalen bis rundlichen, doppelt gezähnten Teilblättchen. Beim Zerreiben entwickelt sich ein feiner Weingeruch. Im Juni erscheinen die tiefrosa gefärbten, fein duftenden Blüten von 3 bis 4 cm Durchmesser. Die Scheinfrüchte sind im Herbst kugelig bis eiförmig, 10 bis 15 mm groß, glatt und rot gefärbt. Reich an Vitamin C, eignet sich die Weinrose für verschiedene Verwendungszwecke. In Norwegen werden die Früchte dieser Rosenart auf Märkten angeboten.

Apfelrose, *Rosa villosa*
Heimisch in Europa und dem Kaukasus, ist diese bis 2 m hoch wachsende, dichtverzweigte Rose seit 1771 in Kultur. Wild kommt sie vor allem in Gebirgsgegenden vor. Zu 5 bis 7 Paaren stehen die 3 bis 5 cm langen Laubblättchen an dünn bestachelten Trieben. Sie sind doppelt gesägt, mit Drüsen bestückt und duften nach Harz. Die rosafarbenen Blüten mit 5 cm Durchmesser stehen einzeln oder bis zu dreien zusammen.

Die 2,5 cm großen Früchte sind länglich geformt und hängen nickend am Strauch. Der dunkelrote eßbare Teil der Scheinfrüchte ist fleischig und schmeckt angenehm säuerlich. Zur Bereitung von Desserts, Saucen, Konserven, Fleischbeilagen und Getränken ist diese Rosenart sehr geschätzt. Die Römer bereiteten daraus Rosenhonig und Wein. Aus den Laubblättern wurde manchmal auch „Deutscher Tee" bereitet.

Burnet-Rose: *Rosa pimpinellifolia,* Rose Pimpernelle, Bibernellrose. Die Früchte sind im rohen Zustand süß.

Stacheldrahtrose: *Rosa sericea.* Die birnförmigen Früchte sind süß-säuerlich und schmecken direkt vom Strauch sehr angenehm.

Japanrose: *Rosa nipponensis.* Weist höchste Gehalte auf an Vitamin C.

Zimtrose: *Rosa majalis.* Ihre Früchte werden in Polen eingesammelt.

Filzrose: *Rosa tomentosa.* Die Früchte sind gekocht eßbar.

Rotblättrige Rose: *Rosa glauca, R. rubrifolia.* Die Früchte sind gekocht in Zucker eßbar.

Inhaltsstoffe

Neben einem ansehnlichen Zuckergehalt zeichnen sich die Hagebutten durch einen hohen Gehalt an Pektinen, Carotinen und Vitamin C aus.

Vitamin-C-Gehalte in mg/pro 100 g eßbarem Anteil
(Angaben zum Teil nach W. Stepp 1945)

Rosa haematodes	2900–3000
Rosa nipponensis	1180–3000
Rosa rugosa regeliana	400– 920

Rosa villosa	–	900
Rosa moyesii	–	850
Rosa canina (Heckenrose)	300–	800

Hohe Vitamin-C-Gehalte werden vor allem bei guter Belichtung, milden Temperaturen und ausreichender Bodenfeuchtigkeit festgestellt. Überreife Rosenfrüchte weisen weniger Vitamin C auf.

Verwertung

Nach der Entfernung der Samen sind Rosenfrüchte vielseitig verwertbar zu Rosenhonig, Marmeladen, Suppen, Säften, Most, Wein und Likör. Im getrockneten Zustand dienen Hagebutten zur Teebereitung. In der Volksheilkunde wirken sie gegen Zahnfleischblutungen, Erkältungen und dienen zur Förderung der Diurese. Nicht zu vergessen ist der Beitrag verschiedener Rosenarten zur Vitaminversorgung und als Rohstoffquelle für Rosenwachs, Rosenöl, Rosenessenzen und Parfümerien.

Volksglaube und Brauchtum

Die Rose galt von altersher als Symbol der Schönheit, der Liebe, Jugendfrische, Freude, Tugend und Verschwiegenheit. Rosen waren schon in der Frühzeit der Völker verschiedenen Göttinnen und Göttern geweiht; bei den Römern war sie der Venus gewidmet. Jeweils am 11. Mai fanden im alten Rom die „Rosalia" statt. Slavische Völker feierten ihr Naturfest „Rusaija". Nach den Vorschriften des Islam darf kein Mohamedaner Rosenblätter auf dem Boden liegen lassen, sondern er muß sie aufheben und sorgfältig verwahren. Seit dem 11. Jahrhundert weiht der Papst in Rom am Sonntag Laetare eine mit Balsam gefüllte Tugendrose. In der lauretanischen Litanei wird Maria auch die Rose genannt. Die Madonna im Rosenhag ist zu einem beliebten Bildthema der Künstler geworden. Im Abendland ist die Rose zu einem umfassenden Symbol in der Mystik geworden. In Dantes Paradies steht Beatrice als Himmelskönigin in der Mitte der riesengroßen Rose. Auch als Bauhüttensymbol verwendet, erscheint sie zudem häufig auf Wappen und Münzen.

In der Fünfzahl von Kelch- und Kronblatt – dem Pentagramm – wurden verborgene Kräfte vermutet zur Bereitung liebesfördernder Getränke. Der durch eine Schlupfwespe verursachte „Schlafapfel" soll, den Kindern unter das Kopfkissen gelegt, Verhexungen lösen und guten Schlaf sichern. In der Weihnachtsnacht in der Dämonenübergangszeit zwischen 11 und 12 Uhr gepflückte Hagebutten sollen das Vieh vor Seuchen schützen, falls in der Dreizahl auf Brot verabreicht. Die Bezeichnung „Hundsrose" wurzelt in der Ansicht der Römer, daß die Früchte von *Rosa canina* bei einem Hundebiß heilend wirken.

Kornelkirsche

Cornus mas Cornaceae; cornouillier mâle, cornelian cherry, corniolo, cornejo, Gelber Hartriegel, Hornstrauch, Tierlibaum, Dirndln, Direlitzen, Herlitze, Turnetzlabomm, Fluehwiidli, Krakebeere, Korlesbeere usw.

Der aus dem Kaukasus stammende Strauch oder Baum kann ein Alter von über 150 Jahren erreichen. Dem Römer Plinius bereits bekannt, hat die Kornelkirsche in Süd- und Mitteleuropa weite Verbreitung erfahren. Da sie winterhart ist, wurde sie in Gärten und Parks häufig angepflanzt. Von hier aus erfolgte eine natürliche Verbreitung in die trockenen Laubwälder und Hecken von Niederösterreich und Mitteldeutschland.

Sie verträgt zwar Halbschatten, fruchtet jedoch reichlich nur bei ausreichender Besonnung. In durchlässigen humosen und kalkhaltigen Böden ist ihr Gedeihen am besten gewährleistet. Obschon als wärmeliebende Pflanze bekannt, siedelt sie sich in recht hohen Vorgebirgen an.

Die Pflanze

Die Kornelkirsche kann einen Baum von 8 m Höhe bilden. Gegenständig angeordnete, ganzrandige Laubblättchen weisen Längen von 4 bis 8 cm auf, sind eiförmig und zugespitzt. Sie stehen einzeln oder zu dritt bis viert an den Zweigen. Oberseits glänzend grün sind sie blattunterseits heller grün gefärbt.

Leuchtend gelbe Blüten in kleinen Dolden erscheinen vor den Laubblättchen im März/April. Sie liefern eine gute Honigtracht für Bienen. Die bis 2 cm langen oder oval-kugelig geformten „Karnellen“ bestehen aus einer fleischigen Fruchthülle und einem doppelten Steinkern. Meist sind die Früchte rot gefärbt, doch existieren auch weiße, gelbe, bräunliche, schwarze und panaschierte Sorten (s. Titelfoto).

Abb. 36.
Blatt der Kornelkirsche, Cornus mas.

Vermehrung und Pflege

Da die Samen ziemlich sortenecht anfallen, ist die Vermehrung durch sofortige Aussaat möglich oder mit der Methode der Stratifikation in Sand. Ein Überliegen der Samen, das heißt eine Keimung erst im 2. Jahr ist zu gewärtigen. Vegetativ läßt sich die Kornelkirsche vermehren durch Absenkerbildung oder durch Teilung des Strauches nach erfolgtem Anhäufeln. Im Frühjahr ist auch Vermehrung durch Steckholz möglich, dem ein Stück 2-jähriges Holz anhaftet. Neben einem Formschnitt, der sehr gut vertragen wird, sind keine anderen Pflegearbeiten notwendig. Als schmückender Zierstrauch sollte die Kornelkirsche in keiner Vogelschutzhecke, bei keinem Bienenstand und in keinem größeren Garten fehlen.

Verwertung

Der fleischige Teil der Frucht wird in der Vollreife weich und angenehm süß-säuerlich. Der Vitamin-C-Gehalt liegt mit 60 bis 65 mg % relativ hoch. Eine etwas zu früh oder zu spät vorgenommene Ernte hat auf diesen keinen Einfluß.

Pflückreif sind die Kornelkirschen wenn die sortentypische Farbe erreicht ist und das Fruchtfleisch leichte Erweichungen aufweist. Etwa zweimal wöchentlich ist zu ernten, sei dies von Hand oder durch Schütteln auf untergelegte Tücher.

Kornelkirschen eignen sich zum Aufkochen von Gelees, Konfitüren, Kompotten und Bereitung von Saucen zur Beigabe von Fleisch. Tiefgekühlte, ganze Kornelkirschen werden im Winter kurz aufgekocht und abgepreßt, der daraus erzielte säuerlich-erfrischende Saft bildet einen willkommenen Durstlöscher. Manchenorts ist auch die Bereitung von Wein und Branntwein üblich. So empfiehlt der französische

Agronom Olivier de Serres die Herstellung von „Vin de Cornouille“ und Sirup „Corniat“. In Rußland werden knapp reife Kornelkirschen in Weinessig oder Alkohol eingelegt, um dieselben alsdann wie Oliven zu konsumieren.

Aus den Laubblättern ist Bereitung von Tee möglich; aus den Steinkernen wurde früher Speiseöl abgepreßt. Das sehr harte, schwer spaltbare und gut polierbare Holz eignet sich zur Fabrikation von Spazierstöcken, Leitersprossen und zur Aufbereitung von Holzkohle.

Abb. 37.
Schlehdorn, Prunus spinosa.

Verwandte Arten

Eine Varietät *macrocarpa* liefert wesentlich größere Früchte. Die Japanische Kornelkirsche *(Cornus officinalis)* trägt eßbare Früchte, die etwas kleiner sind als die von *C. mas*.

Schlehdorn

Prunus spinosa Rosaceae; prunellier, epine noir, sloe, blackthorn, susine selvatico, endrina, Schlehe, Schwarzdorn, Hagdorn, Haagpflaume, Dornschleh, Krietschpflaume, Effken, Schlinken, Bockbeeri

Der Schlehdorn ist die Stammutter unserer europäischen Pflaumen und ist in Europa und Kleinasien beheimatet. Die Namen Schlehe und Sloe sollen mit dem altslavischen ‚sliva‘ verwandt sein. Der Name Schwarzdorn bezieht sich auf die schwärzliche Rinde der Triebe und auf die Sproßdornen.

Anzutreffen ist der Schlehdorn wild in Gebüschen, an Wald- und Wegrändern, wo er vollsonnige Lage bevorzugt. Auch auf magern, aber trockenwarmen Böden gedeihend, steigt er im Gebirge bis 1600 m Höhe an. Als Besiedler nährstoffarmer Kalkböden schätzt man die Schlehe in ihren Eigenschaften als Bodenbefestiger, Bienenfutterpflanze und Vogelschutzgehölz. In Industriegebieten erweist sich die Schlehe auch als rauchfest. Lange und tiefgehende Wurzeln zeichnen diese Pflanze aus. Kriechwurzeln und Schößlinge sorgen für eine beständige natürliche Regeneration am Ort. Das lästige Übergreifen auf Nachbargrundstücke ist durch ein Ausheben von Trenngräben zu verhüten. Etablierte, sparrige Großsträucher können bis zu achtzigjährig werden. Da der Schlehdorn wie die angebauten Steinobstarten, besonders anfällig gegen Schädlinge ist, sollte er nicht als Einfriedung von Obstgärten angepflanzt werden.

Die Pflanze

Der Strauch kann Größen von 2 bis 5 m erreichen und bildet mit den langen, sehr harten spitzen Sproßdornen – zusammen mit dem reichen Ausläuferpotential – wirklich undurchdringliche Hecken. Die kleinen, eiförmigen, wechselständig angeordneten Laubblätter sind am Rand scharf gesägt. Oberseits glänzen sie dunkelgrün, unterseits sind sie blaßgrün. Die Blätter entfalten sich erst nach der Blüte.

Ein blütenübersäter Schlehdornhag mit seinem Duft ist im Vorfrühling überwältigend schön. Die fünfteiligen kleinen Blüten locken mit ihrem Honigduft Bienen und Wildinsekten an.

Die einsamige, schwarzblaue, mit hellem Wachsüberzug bereifte, runde Steinfrucht kann Größen von 10 bis 15 mm erreichen. In Einzelfällen bleibt die dunkle Farbstoffbildung aus, so daß die Schlehen auch in der Reife grün bleiben. Das grüne Fruchtfleisch erweist sich vorerst als arg sauer und herb-gerbstoffreich. Erst nach Frosteinwirkung im Oktober/November erfolgt ein ausreichender Abbau der herben Geschmacksstoffe, der die Schlehe zu einer eßbaren, herbsüßen Frucht macht (s. Farbbild Seite 117). Die am Strauch hängenbleibenden Schlehen sind den Vögeln als Winterfutter hochwillkommen.

Die Samenkerne enthalten Blausäureglycoside und dürfen nicht genossen werden. Andere Pflanzenteile bleiben frei von diesen unbekömmlichen Substanzen.

Vermehrung

Zur Samengewinnung sind die Früchte vor der Vollreife zu ernten, sofort vom Fruchtfleisch zu säubern und unverzüglich auszusäen. Trockenes Saatgut keimt meistens erst im 2. Jahr. Um die Keimung zu beschleunigen, werden die Samen 8 Tage in Wasser gelegt und bis im Frühjahr stratifiziert.

Zur vegetativen Vermehrung der Schlehe werden Ausläufer von der Mutterpflanze abgetrennt oder Steckhölzer geschnitten. In Baumschulen bezogene Jungware ist, nach Eintauchen der Wurzeln in Wasser, sofort auszupflanzen oder in einen gut befeuchteten Einschlag zu geben. Ausgetrocknetes Wurzelwerk führt bei dieser Pflanze zu Mißerfolgen.

Der Schlehdorn ist pflegeleicht, doch wer schmale Hecken wünscht, soll des öftern schneiden, da der Rückschnitt ins ältere Holz nicht gut vertragen wird.

Verwertung

Als Genußmittel waren die Schlehen schon den Pfahlbauern bekannt. Schlehenwein mit Honig wurde im Mittelalter an der Kirchweih getrunken. Zur Förderung des Speichelflusses beim Garnspinnen sind früher getrocknete Schlehen gekaut worden. Trockenfrüchte wurden als Notvorrat eingesammelt, wobei den zum Gebrauch aufgeweichten Schlehen auch Heilwirkung zugeschrieben wurde. Alte Rezepte beschreiben die Herstellung von Sirup, Wein, Likör und Branntwein oder empfehlen Schlehen als Zusatz zu Obstwein. Im alten Frankreich galten der „vin de prunelle" und das mit Schlehenmus bestrichene Brot als Wein und Festbrot armer Leute.

Säfte, Kompotte, Gelees, Marmeladen, Mus und andere Konserven bilden die Verwertungsmöglichkeiten unserer Tage. Eingelegt in Essig oder Zucker verlieren die Schlehen die Herbheit und bilden eine angenehme Zugabe zu Rindfleisch.

Zur Zeit der alten Ärzte Theophrast und Galen dienten Schlehenpräparate zu Heilzwecken. Essenzen aus Schlehenblüten galten in der Volksmedizin als Blutreinigungsmittel. Die Laubblätter wurden zu Tees verwendet und dienten als Tabakersatz.

Gerade gewachsene Triebe werden zu Spazierstöcken verarbeitet. Das feinmaserige aber sehr harte, zähe Holz ist bei Drechslern und Tischlern beliebt.

Volksglaube und Brauchtum

Die Schlehe diente als phänologische Indikatorpflanze: „So viele Tage vor Georgi (24.4.) oder Walpurgi (30.4.) der Schlehdorn blüht, soviele Tage vor Jakobi (25.8.)

zur Kornernte man zieht". Der ersten Schlehenblüte wurde magische Heilkraft nachgesagt. Denn wer die drei ersten Blüten auffand und verzehrte, blieb in diesem Jahr verschont von Fieber und „elbischen" (geisterbedingten) Krankheiten. Am Karfreitag aus dem Schlehdorn geschnittene „Sprisselhölzer" dienten als Amulette gegen das Einziehen von Holzsplittern in die Haut.

Verwandte Arten

Eine Selektion, benannt als *Prunus spinosa* var. *macrocarpa*, soll Früchte bis zu 2 cm Durchmesser entwickeln können. Deren Zweige sind zudem schwächer bedornt als üblich.

Der russische Obstzüchter Mitschurin hat süße Schlehen erzielt aus Kreuzungen der Schlehe mit der 'Großen Grünen Reineclaude'.

Es wird angenommen, daß die ganze Sippe der europäischen Pflaumen, Zwetschgen, Reineclauden und Mirabellen ein Kreuzungsprodukt aus Schlehen und Myrobalanen darstellen. Diese Hybridisierungen müßten vor langer Zeit von der Natur selbst vollzogen worden sein. Kürzlich erfolgte Experimente weisen auf die prinzipielle Möglichkeit dieser Vorgänge hin.

Wacholder

Juniperus communis Cupressaceae; genevrier, common juniper, ginepro commune, enebro-junipero, Reckholder, Rankholder, Röklatar, Räckeldorn, Hageldorn, Kranewit, Kranichbeer, Machandel

Dieses immergrüne Gehölz ist in Mitteleuropa heimisch und seine Verbreitung erstreckt sich über Europa, Asien und Nordafrika. Als Pionierpflanze ist der Wacholder auf Magerweiden, in lichten trockenen Wäldern, Heide- und Moorgebieten anzutreffen. In gedrungenen Wuchsformen steigt er bis über die Waldgrenze auf 3000 m ü. M. an. Wacholderbäumchen können ein sehr hohes Alter bis zu 500 Jahren erreichen.

Die Pflanze

Strauch- oder baumförmig wachsend, kann der Wacholder 6 m, im Extremfall auch 12 m, erreichen. Den säulenförmig wachsenden Trieben sitzen sehr spitze, bis 2 cm lange nadelförmige Laubblätter auf. Ihre Unterseite ist grün gefärbt und gekiehlt. Das weißliche Band auf der Blattoberseite führt zum silbergrauen Glanz der gesamten Pflanze (s. Farbbild Seite 117).

Da der Wacholder zweihäusig ist, sind zum Fruchten männliche Exemplare in der Nähe von weiblichen nötig. Zur Blütezeit im Mai entstehen in den Blattachseln der männlichen Exemplare, die nur 2 bis 8 mm kleinen gelben Kätzchen. Auf den weiblichen Pflanzen wirken die grünlichen Blüten

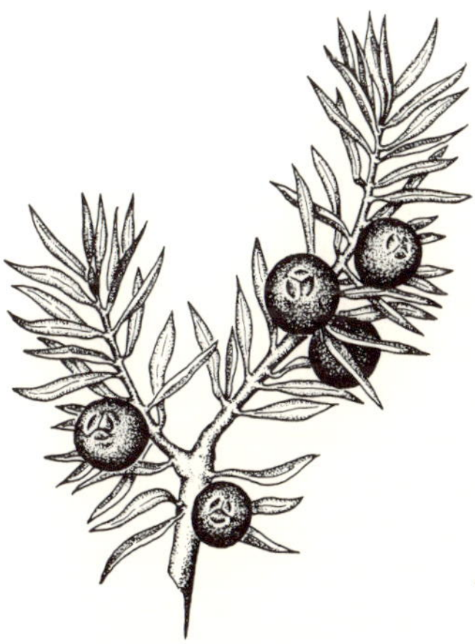

Abb. 38.
Wacholder, Juniperus communis.

wenig auffallend. Die Blütenansätze werden schon im Herbst vorgebildet, Blütenöffnung und Befruchtung erfolgt im zweiten Jahr, die Früchte reifen erst im Spätherbst der dritten Saison aus. Die Dreizahl beim Wacholder ist bemerkenswert: Die Zweige sind dreikantig, der Blütenpollen ist tetraedrisch geformt. Die Samenbläschen an drei Schuppen der drei Samenanlagen sondern drei Bestäubungstropfen ab und die im dritten Jahr reifenden Beeren enthalten drei kantige Samen. Möglicherweise liegt hierin der Grund, daß dem Wacholder im Volksverständnis gewisse übersinnliche Eigenschaften zugedacht werden.

Die blauen, mit einem Wachsbelag versehenen, reifen Beeren erreichen Durchmesser von 4 bis 9 mm, sind trocken bis musig und schmecken und riechen süßlich. Zu früh vom Strauch getrennte, grünliche Beeren werden sich nie blau ausfärben, sondern schrumpfen bloß zusammen. Die Blaufärbung wird durch Oxidationen der Gerbstoffe in der Oberhaut bewirkt, die erst nach ausreichender Zuckerbildung einsetzen. Auch die Anreicherung ätherischer Öle erfolgt erst im Vollreifezustand auf das erwünschte Mindestniveau von 0,6 bis 0,8 %. In besonders günstigen Fällen kann der Gehalt bis 2 % ansteigen.

Vermehrung

Die Vermehrung erfolgt meistens mittels stratifizierter Samen. Schneller gelangt man zu Jungpflanzen durch Absenkerbildung. Der Baumschulist wendet auch die Methode der Stecklingsanzucht im Glashaus an oder vermehrt günstig erscheinende Selektionen durch Pfropfung.

Ernte und Verwertung

Das Einsammeln der blauen Wacholderbeeren hat bei trockenem Wetter zu erfolgen. Alsdann werden die Beeren etwas nachgetrocknet und in gut verschließbaren Gefäßen aufbewahrt.

Wacholderbeeren werden als Gewürz zu Sauerkraut, Fleischgerichten, Wild, Geflügel und Suppen verwendet. Auch die Aufbereitung von Gelees, Marmeladen, Fruchtmus, Saftkonzentraten und Wein ist möglich. Verschiedene Marken von Wacholderschnaps sind bekannt.

Von vielfältigen Anwendungsformen der Wacholderbeeren berichtet die Volksmedizin. Cato der Ältere (234 bis 149 v. Chr.) empfahl folgendes Blutreinigungsmittel: 50 g zerstoßene Wacholderbeeren läßt man 8 Tage in 1 l Wein ziehen. Etwas gesüßt soll dieser Wein – in kleinen Dosen zwischen den Mahlzeiten genossen – seine Wunder wirken. Alkoholische Auszüge von Beeren gelten als Einreibemittel bei Erkältungen und Rheuma.

Holz und Zweige des Strauches dienen auch heute noch da und dort zum Räuchern von Schinken, früher hat man auch die Mostfässer damit ausgeräuchert. Das Ausräuchern mit Wacholderzweigen diente außerdem als antiseptisches Mittel gegen die Pest und andere Seuchen.

Volksglaube und Brauchtum

„Wie man vor dem Holunder den Hut lüften muß, soll man vor dem Wacholder die Knie beugen“, lautet eine alte Volksregel. Zweiglein dieser immergrünen, nahezu unverwüstlichen Pflanze auf den Hut oder in die Taschen gesteckt, schützt Wanderer vor Müdigkeit und Wundgehen. Der Geruch des Strauches soll Schlangen vertreiben. Wacholder galt als Wohltäter des Herdfeuers und zugleich als Symbol für Leben und Kraft. Räucherungen mit Wacholderzweigen sollten nicht nur die Pest, sondern auch Dämonen vertreiben. An Fenster und Stalltüre angeheftete, am Palmsonntag geweihte Zweige sollten Schutz vor Krankheiten, Blitzschlag und dem Eindringen böser Geister gewähren. In Milchsieben eingelegte Wacholderzweige hielten zauberträchtige Verwünschungen von der Milch und den Milchprodukten fern. Wacholderruten halfen verlorenes und gestohlenes Gut suchen.

Verwandte Arten

Die Beeren des in den Alpen wachsenden Zwergwacholders wie auch die Früchte des im Mittelmeerraum gedeihenden *Juniperus oxycedrus* sind ebenfalls eßbar. Doch die Beeren anderer Zierwacholder können ungenießbar oder sogar giftig sein.

Schwarze Johannisbeere

Ribes nigrum Saxifragaceae; cassisier, groseiller noir, blackcurrant, ribes nero, grosella negro, Cassisbeere, Schwarze Träuble, Gichtbeere, Ahlbeere, Wanzenbeere, Schwarze Mehrtrübli

Früher unbeachtet, ist der Cassisstrauch 1583 im Kräuterbuch des Dodonaeus abgebildet. Heimisch in Europa und Asien und im Norden bis auf den 68 Grad vorkommend, kann der Cassisstrauch bis auf 1200 m Meereshöhe ansteigen. Er wächst ursprünglich in feuchten Auwäldern und Gebüschen, jetzt auch verwildert aus Gärten. In zu trockenen Böden bleibt die Pflanze kleinwüchsig, in vernäßten wird sie chlorotisch. Leicht feuchte, humose, tiefgründige und gut mit Nährstoffen versorgte Böden sagen der Schwarzen Johannisbeere am besten zu.

In Spätfrostlagen ist sie zur Blütezeit gefährdet, hier pflanze man resistente Sorten, wie 'Silvergieters' und 'Rosentals Langtraubige'.

Die Pflanze

Die mehrtriebigen, stachellosen Büsche können 1 bis 3 m hoch wachsen. Die langgestielten, wechselständig angeordneten Laubblätter sind 3- bis 5-lappig. Für den spezifischen Geruch der Blätter und Früchte ist ein Öl verantwortlich, das in zerstreut vorkommenden Drüsen konzentriert ist.

Im April/Mai erscheinen die großen, gelblichgrünen, braunrot umrandeten Blüten. Zu 5 bis 10 sitzen diese an achselständig hängenden Trauben. Da sie vielfach auf Fremdbestäubung angewiesen sind, sind jeweils verschiedene Sorten anzupflanzen. Allerdings soll die Sorte 'Roodknop' selbstfruchtbar sein. Weil die Beeren umso größer werden, je mehr befruchtete Samen sich darin entwickeln, ist ausreichende Bienenbestäubung von großer Bedeutung. Im Juli reifen die tiefschwarz glänzenden, bis 12 mm Durchmesser großen Früchte heran.

Pflanzung und Erziehung

Um rasch eine große Zahl neuer Bodentriebe zu erzielen, sollen die Pflanzen rund

Abb. 39.
Blatt der Schwarzen Johannisbeere, Ribes nigrum.

10 cm tiefer eingepflanzt werden als dies in der Baumschule der Fall war. Bei der Pflanzung sind alle Triebe so zurückzuschneiden, daß 2 bis 3 kräftige Augen an jeder Rute bleiben. Eine kräftige Entwicklung der Triebe im ersten Jahr ist wichtig für die Ernte im Folgejahr. Da die Blütenknospen für das nächste Jahr schon im Juni/Juli angelegt werden, ist starke Triebbildung unentbehrlich. Denn um überhaupt Blütenknospen bilden zu können, sind wenigstens 12 Blattkränze am Neutrieb erforderlich. Gute Belichtung, ein lockerer Aufbau des Strauches, gute Ernährung und ausreichende Blattgesundheit sind von größter Bedeutung für gute Erträge.

Beim Schneiden älterer Sträucher ist darauf zu achten, daß alljährlich nur 2 bis 3 starke Jungtriebe hochgezogen werden. Alles schwache Holz und die mehr als 5jährigen Fruchtruten sind zu entfernen. Ausgewachsene Stöcke bestehen aus maximal 10 bis 15 Trieben, da Licht und Luft dem Gedeihen förderlich sind.

Alle zwei Jahre ist die Erde um die Stöcke herum mit Kompost oder Salldünger abzudecken. Wenn der Neutrieb zu wünschen übrig läßt, kann mit Beerendünger nachgeholfen werden. Der Boden darf nur oberflächlich gelockert werden, da der Strauch sehr flach wurzelt.

Vermehrung

Auf einfache Art geschieht die Vermehrung durch Steckholz. Kräftige Neutriebe sind Ende September zu entblättern und werden auf 15 bis 25 cm Länge geschnitten. Diese Steckhölzer sind sofort in gute Gartenerde so tief einzupflanzen, daß die obersten zwei Knospen sichtbar bleiben. Auch ein Anhäufeln der Stöcke und Abtrennen bewurzelter Seitentriebe ist möglich. Das Absenken von Trieben führt zum gleichen Ziel. Samenvermehrung ist nicht zu empfehlen, da sie langwierig ist und meistens zu kleinfrüchtigen Sorten aufspaltet.

Pflanzenschutz und Pflege

Gut gepflegte Büsche können während 30 Jahren fruchtbar bleiben. Virusverseuchung kann die Erträge mindern und den Wuchs der Pflanze beeinträchtigen. In solchen Fällen ist Rodung angezeigt und Neupflanzung frischer Stöcke in einer andern Gartenerde.

Blattläuse bewirken ein Einrollen der Blätter. Einen leichten Befall kann die Pflanze selber überwinden. Durch einen Pilz verursachte Blattfallkrankheit *(Drepanopeziza ribis)* zeigt sich durch vorerst gelbliche, später dunkle Flecken an. Die Sorte 'Jonkheer van Tets' zeigt Resistenz gegenüber diesem Pilz. An anderen Sorten können bei starkem Befall vorbeugende Kupferspritzungen kurz nach der Blüte vorgenommen werden. Der Säulchenrost *(Cronartium ribicola)* ist wirtswechselnd zwischen der Waldkiefer und der Schwarzen Johannisbeere. Auf der Blattunterseite entstehen im Juli ockergelbe Pusteln, dann folgt Blattfall. Bei starkem Auftreten helfen hier Kupfermittel.

Verwertung

Mit dem hohen Vitamin-C-Gehalt von durchschnittlich 170 mg pro 100 g (100 bis 300), dem angehobenen Säure-, Pektin- und Zuckergehalt gehört die Cassisbeere zu den dankbarsten und wertvollsten Beerenobstarten überhaupt. Übrigens soll das Vitamin C in pflanzlicher Form besser wirksam sein als in synthetischer, da nebenher noch Schutzstoffe vorhanden sind in der Form von Flavonglykosiden. Die rote Farbe der Cassisbeere ist ausschließlich in der Beerenhaut lokalisiert.

Saftbereitung gilt als die wichtigste der verschiedenen Verwertungsmöglichkeiten. Vitaminschonend ist die Methode der Tiefkühlkonservierung. Nach dem Waschen und Abbeeren sind die Beeren portionenweise ohne Zusätze einzufrieren. Vor dem Gebrauch wird kurz aufgekocht, abgepreßt und nach Wahl verdünnt und gezuckert. Der Preßrückstand kann zu einer wohlschmeckenden Konfitüre aufgekocht werden, oder er wird auf Blechen flachgestrichen, mit Zucker überpudert und schonend bei 60 °C getrocknet. Aus den Säften sind auch Gelees, Sirup und Liköre herstellbar. Heiß getrunkene Cassissäfte helfen bei Erkältungen. Zerquetschte Blätter der Schwarzen Johannisbeere können durch ihren Geruch Insekten abhalten.

Verwandte Arten

Die Früchte der in den Alpen zwischen 800 m und 2000 m verbreitete Felsenjohannisbeere *(Ribes petraeum)* sind nach dem Aufkochen eßbar, was bei der Bergjohannisbeere *(Ribes alpinum)* nicht der Fall ist. Die beiden Arten sind deshalb sorgfältig auseinanderzuhalten: *R. petraeum* hat schwarzrote, saure Beeren, während *R. alpinum* rote, mehlig-fade Früchte trägt. Wichtige und wohlbekannte Gartenpflanze ist die Rote Johannisbeere *(Ribes rubrum)*.

Jostabeere

Ribes × nidigrolaria Saxifragaceae

Bei dieser neuen Art von Beere handelt es sich um eine züchterisch vollzogene Arthybride zwischen Schwarzer Johannisbeere und Stachelbeere. In der Natur kommt eine natürliche Bastardierung zwischen diesen beiden Arten nicht vor. Dank künstlich eingeleiteter Verdoppelung des Chromosomensatzes wurde diese Kreuzung vom Beerenzüchter Dr. Rudolf Bauer am Max Planck-Institut für Züchtungsforschung in Köln-Vogelsang erzielt und ist seit 1975 im Handel. Nach rund 40-jähriger Arbeit resultierten aus nahezu 15 000 Sämlingen die drei Nachkommen mit den angezielten Eigenschaften.

Um der neuen Beerenart gute Krankheitsresistenz gegenüber Rost und Mehltau zu verleihen, ist mit Erfolg die wilde Stachelbeere *Ribes divaricatum* mit der Schwarzen Johannisbeere *Ribes nigrum* gekreuzt worden.

Die Pflanze

Mit den aufrecht bis ausgebreitet wachsenden Trieben von 1 bis 1,8 m Länge erinnert der Jostabeerenstrauch in seiner Stachellosigkeit und Blattform eher an die Johannisbeere als an die Stachelbeere. Auch die Farbe und Struktur der Rinde erinnert an die Schwarze Johannisbeere. Hinsichtlich der Winterfestigkeit des Strauches liegen bessere Erfahrungen vor als mit den Stammeltern (s. Farbbild Seite 117).

Das Laubblatt entspricht in Größe und Form einem Mittelding aus den Blättern des Elternpaares. Es ist glänzend dunkelgrün gefärbt und zeigt hohe Resistenz gegenüber Gallmilben, Blattfall und Mehltau.

Dem einjährigen Holz entspringen die 3- bis 5-zähligen Blütentrauben, deren Einzelblüten leicht größer werden als diejenigen der Stammeltern. Große purpurfarbene Kelchblätter und lange Staubgefäße erinnern an den Wildelter *Ribes divaricatum*. Da mehrtraubige Fruchtspieße am Seitenholz vorkommen, besteht keine Auskahlungstendenz. Hinsichtlich der Blütezeit weicht die Jostabeere nicht wesentlich von den Eltern ab, doch ist etwas früheres Reifen feststellbar.

Die Frucht der Jostabeere – mit rund 15 bis 18 mm Durchmesser und einem Einzelgewicht von etwa 3 g – entspricht einer kleinfrüchtigen Stachelbeere. Elliptisch bis oval geformt, weist sie einen stark ausgeprägten Kelch auf.

Die Einzelbeeren sind glatthäutig und schwarz gefärbt. Der spezifische Geruch nach Schwarzen Johannisbeeren fehlt, da keine Öldrüsen vorhanden sind. Weil sie etwas folgeartig reift, ist die Jostabeere unter verschiedenen Terminen zu ernten. Selbst bei Vollreife haftet die Beere sehr fest am Strauch, was mechanisches Ernten unmöglich macht.

Vermehrung

Bei der Jostabeere bestehen die gleichen Vermehrungsmöglichkeiten wie sie bei der Schwarzen Johannisbeere erwähnt worden sind. Insbesondere die einfachen vegetativen Vermehrungsarten mit Absenken und mit Steckholz sind erfolgreich.

Pflanzung und Erziehung

Ein Standraum von je 3 m^2 pro Pflanze erfordert weite Pflanzabstände. Zur Sicherstellung ausreichender Befruchtung sind stets mehrere Pflanzen anzusiedeln. Spalierkultur an Drahtgestellen hat sich bewährt. Frohwüchsigkeit, Stachellosigkeit und Krankheitsresistenz prädestinieren die Jostabeere für einen Anbau im Hausgarten.

Verwertung

Der Vitamin-C-Gehalt mit 90 bis 100 mg pro 100 g liegt erfreulich hoch und damit ungefähr in der Mitte der Gehalte der Stammeltern. Zucker-, Säure- und Pektingehalte sind beachtlich. Das grünliche Fruchtfleisch enthält Samen wie die Stachelbeeren. Beim Erhitzen werden die in der Haut lokalisierten Anthocyane gelöst und erzeugen eine ansprechende, rote Färbung.

Im Geschmack wird etwas Neuartiges geboten. Die erfrischende Säure der Stachelbeeren ist gepaart mit einem delikaten heidelbeerartigen Aroma, dem ein Beigeschmack fehlt.

Aus Jostabeeren sind qualitativ hochstehende Gelees, Konfitüren und Säfte herstellbar. Auch zum Tiefkühlen im rohen Zustand eignet sich diese Beerenart.

Oregonpflaume

Oemleria (syn. *Osmaronia*) *cerasiformis*
Rosaceae

Dieser frostharte Zierstrauch von 2 bis 3 m Höhe stammt aus Nordamerika. Bekannt ist er auch unter der Bezeichnung *Osmaronia*, Osobeere oder *Nuttallia*. Auf genügend feuchten, nicht zu stark kalkhaltigen Böden sind starke junge Ausläufertriebe zu beobachten. Zeitig im Frühjahr erscheinen die johannisbeerähnlichen Blüten in lang gestielten, 5- bis 10-blütigen Trauben. Grünweiß gefärbt und duftend, weisen sie eine Größe von 8 bis 10 mm auf. Die gestielten Laubblätter von 7 bis 10 cm Länge sind länglich lanzettlich geformt, beidseitig zugespitzt. Oberseits sind sie meergrün, unterseits graugrün gefärbt. Die pflaumenartigen Früchte von 10 bis 15 mm Größe färben sich zuerst braun, verändern sich beim Erweichen purpurrot und sind schließlich blau und mit einer Wachsschicht versehen. Die Früchte schmecken angenehm säuerlich. Aus ihnen lassen sich Gelees, Konfitüren und Säfte bereiten.

Vermehren läßt sich *Oemleria* aus stratifizierten Samen. Auch eine Teilung der Sträucher, ein Verpflanzen von Ausläufern und Absenkern und Vermehrung durch Steckholz kann zum Ziel führen.

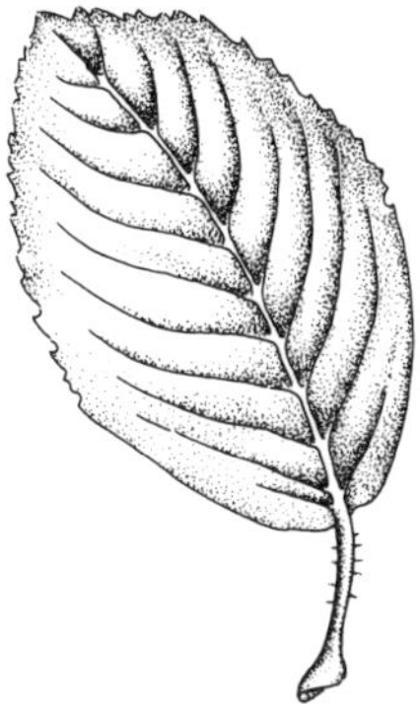

Abb. 40.
Blatt der Felsenbirne, Amelanchier ovalis.

Felsenbirne

Amelanchier ovalis Rosaceae; néflier des rochers, juneberry, pero corvino, carasquilla

Gemeine Felsenbirne, Ovalblättrige Felsenmispel, Fluhbirne, Steinbirne, Steinböckle, Herrgottsbirli, Bärenbirn, Klingelbeere, Gamsbeere, Edelweißbaum, Muschpeln

Dieser europäisch-südwestasiatische Gebirgsstrauch kommt in kollinen, montanen und subalpinen Vegetationsgesellschaften vor. Besiedelt werden vor allem südexponierte trockene Wälder, warme Felshänge und Felsschutt bis auf 2000 m ü.M. Als sonnenbedürftige Pflanze kommt sie auch auf trockenen Böden vor, bevorzugt Kalk, ist aber generell anspruchslos. Ihres Blütenreichtums wegen werden Felsenbirnen häufig in Gärten und Parkanlagen angepflanzt.

Die Pflanze

Der vielstämmige, dornenlose, 2 bis 3 m hoch werdende Strauch weist eine graubraune Rinde auf. Am Rande fein gezähnte, oval geformte Laubblätter von 2 bis 4 cm Länge sind oberseits kahl und dunkelgrün. Im jungen Zustand unterseits dicht filzig behaart, verkahlen sie später zu Graugrün.

Zur Blütezeit im April/Juni bilden die schmalen weißen 15 bis 20 mm langen Kronblätter den Schmuck der Pflanze. Diese protandrischen Blüten sondern Honig ab und sind auf Fremdbestäubung durch Bienen oder andere Insekten angewiesen.

Im Juli/August reifen die 10 mm messenden Scheinfrüchte heran, deren Kelchblätter haften bleiben. Schwarz gefärbt, sind sie mit einem bläulichen Wachsduft versehen.

Vermehrung

Die Früchte sind vor der Vollreife zu sammeln und sollen an Haufen verrotten. Deren Samen werden dann gründlich ausgewaschen, stratifiziert und im Februar ausgesät.

Schneller kommt man zum Ziel durch Abtrennen der bis 3 m von der Mutterpflanze weg wachsenden Ausläuferpflanzen. Stecklingsvermehrung, Absenkerbildung und Teilung der Mutterpflanze bilden weitere Möglichkeiten zur Vermehrung. Schließlich sind Okulationen auf Weißdorn, Vogelbeere und Quitte möglich.

Verwertung

Die leicht trockenen, süß schmeckenden Steinbirnen wurden schon zu Vorzeiten eingesammelt und im frischen oder getrockneten Zustand verspeist. Vögel und Spaziergänger tun sich auch heutzutage gütlich daran. Größere Mengen sollten im rohen Zustand nicht verzehrt werden. Möglich ist die Verarbeitung zu Konfitüren und alkoholischen Getränken.

Kupfer-Felsenbirne

Amelanchier lamarckii Rosaceae

Aus Nordamerika stammend, wurde die Kupfer-Felsenbirne von Gartengestaltern auch als *Amelanchier laevis*, *A. confusa*, *A. grandiflora*, *A. arborea*, oft fälschlicherweise auch als *A. canadensis* und als Kahle Felsenbirne bezeichnet.

Im 18. Jahrhundert in europäischen Gärten eingepflanzt, kommt diese Art stellenweise jetzt verwildert vor. Im Oldenburgischen trägt sie den Namen „Korinthenbaum", da die getrockneten Früchte wie Korinthen verwendbar sind. Als winterhartes Ziergehölz mit reicher Blüte auch eine gute Bienenweide darstellend, erfreut sich diese Pflanze bei Gartengestaltern großer Beliebtheit. Sie bevorzugt sonnigen Standort, gedeiht aber auch in halbschattiger Lage.

Da sie industriefest ist und nicht heikel hinsichtlich Bodenansprüchen, eignet sich diese Felsenbirne auch zur Bepflanzung von Dachgärten und Rabatten in der Stadt.

Die Pflanze

Die strauchartigen Pflanzen können sich zu Bäumen von 10 m Höhe entwickeln. Die am Blattrand fein gesägten 5 bis 8 cm langen und 2 bis 5 cm breiten Laubblätter sind am Ende lang zugespitzt. Bei ihrer Entfaltung zur Blütezeit sind sie kupferrot gefärbt – deshalb der Name – und seidig behaart. Im Verlaufe des Sommers gelblich bis dunkelgrün, verfärben sie sich im Herbst zu einem zierend leuchtenden Scharlachrot.

In aufrechten oder überhängenden lockeren Trauben brechen im April/Mai die weißen Blüten auf. Sie sitzen zu 6 bis 10 in der Reihe. Ihre entfernt gestellten Kronblätter sind 9 bis 14 mm lang und nur 2,5 bis 5 mm breit. Der Honigduft zieht Bienen und andere blütenbestäubende Insekten an.

Vermehrung

Wie bei *Amelanchier ovalis*. In Gegenden, in denen der bakterielle Feuerbrand *(Erwinia amylovora)* an Obstgehölzen auftritt, sollte der Anbau von *Amelanchier* mit Zurückhaltung geübt werden.

Verwertung

An langen Stielen und mit aufrechten Kelchblättchen reifen im Juli/August die kugeligen 10 bis 30 mm dicken Früchte am Strauch. Anfänglich sind dieselben rötlich, später violett bis purpurschwarz gefärbt. Mit ihrer Süße und Saftigkeit finden sie ihre Liebhaber in der Vogelwelt und beim Menschen. Amelanchierfrüchte eignen sich für die Zubereitung von Gelee, Sirup, zum Heißeinfüllen und Tiefkühlen.

Verwandte Arten

Als weitere *Amelanchier*-Arten mit eßbaren Früchten kommen in Betracht *A. spicata*, *A. alnifolia* und *A. sanguinea*.

In den höheren Lagen nördlich gemäßigter Zonen umfaßt die Gattung *Amelanchier* etwa 14 Arten. Die meisten tragen kleine eßbare Früchte. Entgegen der bestehenden Namengebung erinnert die Gattung botanisch stärker an die *Sorbus*-Arten als an Birnen und Mispeln.

Schmalblättrige Ölweide

Elaeagnus angustifolia Elaeagnaceae; arbre d'argent, chalef, russian Olive, Eleagno

Die Ölweiden wurden als Ziergehölze aus Westasien und dem östlichen Gebiet der Mittelmeerregion eingeführt. Lange anhaltende Fröste unterhalb einer Temperatur von $-18\,^{\circ}C$ werden schlecht vertragen. Doch wo der Weinstock gedeiht, kommen auch Ölweiden meistens unbeschadet durch den Winter.

Als Ziergehölz, das hohe Salzkonzentrationen im Boden, Wassermangel und Luftverschmutzung gut verträgt, wird die Schmalblättrige Ölweide in Gärten und Parkanlagen zur Pflanzung gerne verwendet. Auch für die Befestigung von Böschungen und Dünen ist sie von großem Wert. Der durch Wurzelknöllchen fixierte Stickstoff liefert der Pflanze auch in armen Böden genügend Nahrung. Trockene Böden in sonniger Lage werden bevorzugt. Die Schmalblättrige Ölweide ist niedrigbleibend oder auch hochwachsend bis zu 10 m. An jungen Zweigen zeigt sie silbrigweiße Rinde und ist dornig bewehrt. Die 10 bis 25 mm langen und mit nur 1 bis 2 cm Breite sehr zierlich wirkenden Laubblätter sind oberseits stumpfgrün, unterseits silbrig-schuppig gefärbt.

Die gelblichen, stark duftenden Blüten erscheinen im Mai/Juni. Sie sitzen unauffällig zu 1 bis 3 in den Blattachseln unterer Zweigenden. Olivenartige, länglich geformte Steinfrüchte färben sich im September/Oktober vom unreifen Grün zu Gelbbraun mit silbrigen Schuppen. Allerdings reifen die Früchte nur in wärmeren Gebieten richtig zu einem typisch mehlig-süßlichen Geschmack aus. Neben dem Rohgenuß ist ein Aufbereiten zu Konfitüren und Süßwaren möglich. Aus Elaeagnusblüten wurden früher aromatische Liköre, aus dem Öl der Steinfrüchte des „olio santo“ gewonnen.

Vermehren läßt sich diese Art mittels Stratifikation der gut gewaschenen Samen. Das Versetzen von Ausläuferpflanzen, Absenkerbildung im Herbst und Stecklingsvermehrung unter Glas sind die möglichen vegetativen Vermehrungsarten.

Abb. 41.
Ölweide, Elaeagnus multiflora.

Japanische Ölweide

Elaeagnus multiflora Elaeagnaceae

Dieser breitwachsende Strauch wächst 3 bis 4 m hoch. Er kommt in Weinberglagen gut fort, doch vermögen die rotorange gefärbten Steinfrüchte in Mitteleuropa nur in warmen Sommern richtig auszureifen. Angenehm herbsauer bis süß schmeckend, sind sie frisch vom Strauch genießbar. Auch zur Geleebereitung, Konservierung und Destillation zu Branntwein lassen sich diese Beeren verwenden.

Rankende Gehölze

Weinrebe

Vitis vinifera Vitaceae; vigne, wine, vite, vid

Das Ursprungsgebiet der Rebe wird im Kaukasus, Kleinasien, Oberturkmenien und Iran vermutet. Eine Erwähnung in dieser Richtung macht auch die Bibel, indem Noah nach der Sintflut Bauer wurde und Reben pflanzte. Gesetze über Wein werden von König Hammurabi aus Babylonien um 2250 v. Chr. überliefert. Darstellungen in ägyptischen Grabkammern weisen auf die Bedeutung der Rebe in diesem Kulturgebiet hin. Griechische Kolonisten haben entlang der Mittelmeerküste die Rebe bis nach Spanien verbreitet. Weiter läßt sich die Rebkultur über die Römer und die Klöster des Mittelalters bis in unsere Zeit verfolgen.

Die Rebe ist eine Pflanze der gemäßigten Klimazone. In Westeuropa kann die nördliche Klimagrenze ungefähr mit dem 50. Breitengrad angenommen werden. Als klimatische Grenzwerte geben EGGENBERGER u.a. (1975) folgende Werte an: Jahrcs-durchschnittstemperatur minimal 9 °C, Wintertemperaturen −12 °C (Knospenschäden) bis −16 °C (Holzschäden), Durchschnittstemperatur und Wärmesumme während der Vegetationsperiode 13 °C bzw. 2900 Stunden. Im Minimum sollten rund 1300 Sonnenstunden während der Vegetation und 1500 bis 1600 Stunden als Jahressumme angenommen werden. Zum Gedeihen braucht die Rebe pro Jahr etwa 600 mm Niederschlag. Die jahreszeitliche Verteilung und Verfügbarkeit spielt dabei eine wesentliche Rolle. Bezüglich den Bodenverhältnissen ist die Rebe ziemlich anpassungsfähig. Sie gedeiht in schweren, aber auch in skelettreichen Böden. Die Rebe wird in allen Zonen der Erde mit gemäßigtem Klima kultiviert.

Abb. 42.
Blatt der Rebsorte 'Früher Roter Malvasier'.

Die Pflanze

Die Rebe ist eine ausdauernde Liane mit rundlichen, meist gelappten und grob gesägten Blättern. Die Triebe können in einem Jahr mehrere Meter Länge erreichen. Sie werden jedoch in den Kulturen mehrmals gestutzt. Das einjährige Holz ist hellbraun, das mehrjährige dunkelbraun. Die Rinde löst sich in langen Fasern. In regelmässigen Abständen bilden sich am Trieb Ranken, mit denen sich die Rebe an Drähten und Ästen festhält. Die Blüten sind in Rispen an den diesjährigen Trieben angeordnet. Die Einzelblüten sind zwitterig und bestehen aus einem Griffel und fünf Staubbeuteln, über welche ein Käppchen (bestehend aus fünf grünen Kronblättern) gestülpt ist. Beim Aufblühen wird dieses weggedrückt, wodurch es zur Befruchtung kommt.

Rebsorten

In der Bundesrepublik Deutschland ist nur der Anbau von reinen Europäer-Rebsorten erlaubt. Dies gilt nicht nur für die zur Weinbereitung verwendeten Keltertrauben-, sondern auch für die zum Direktverzehr angebotenen Tafeltraubensorten.

Rebsorten für den Anbau in Deutschland
Auf der Tabelle (Seite 102) sind für deutsche Verhältnisse die weißen Sorten
'Perle von Csaba'
'Königliche Magdalenentraube'
'Müller-Thurgau'
'Weißer Gutedel'
bei den rotfrüchtigen der 'Rote Gutedel' und den Blauen Tafeltraubensorten
'Blauer Portugieser' und
'Trollinger'
jederzeit bei zusagenden Standortverhältnissen zu empfehlen. Darüber hinaus kommen folgende Sorten als Speisetrauben in Betracht:

Sehr früh reifende Sorten
'Madeleine Angevine': Weißgelbe, längliche Beeren, große, lockere Trauben. Fleisch weich, sehr süß, feines Muskatbukett. Verrieselt gerne, braucht darum warme Wände oder geschützten Standort. Wächst stark.

'Früher Malinger' ('Malenga'): Gelblich dünnhäutige, grüne, längliche und kleine Beeren, Fleisch saftig und süß, Traube allenfalls mittelgroß, aber extrem fruchtbar. Ausdünnen unumgänglich, sonst bald Nachlassen der Wüchsigkeit. Nicht für ausgedehnte Spaliere, schwachwüchsig. Für nördliche Gebiete und Höhenlagen empfehlenswert.

Früh bis mittelfrüh reifende Sorten
'Früher Roter Malvasier': Mittelgroße, kugelige, rotgraue bis hellrote Beeren, Fleisch sehr süß, angenehm gewürzt. Dünne Beerenhaut, fäulnisempfindlich, dichtbeerig. Traube mittelgroß. Wächst stark, braucht viel Platz und langen Schnitt. Geht noch gut in Höhenlagen und in nördlichen Gebieten.

Mittelspät reifende Sorten
'Gelber Muskateller': Weißgelbe, große, kugelige, an der Sonnenseite braun gesprenkelte Beeren. Haut dick, Fleisch fest, süß und stark muskatbetont. Traube mittelgroß bis groß, lang. Im Freiland empfindlich gegen Fäulnis und extrem stark rieselgefährdet. An Wandspalieren und im Gewächshaus jedoch eine ausgezeichnete Delikateßsorte. Starkwüchsig, hat hohen Wärmeanspruch.

Der 'Rote Muskateller' ist eine Spielform des 'Gelben Muskatellers' mit weinroten bis hellroten Beeren. Die übrigen Eigenschaften sind gleich wie beim 'Gelben Muskateller', weshalb er an geschützten Standorten gepflanzt werden sollte.

'Königin der Weingärten': Gelbe, große, längliche Beeren mit harter Haut und festem, knackigem, süßem Fleisch. Leicht muskatbetontes Aroma. Traube groß, zottelig, lang lockerbeerig. Eine der wertvollsten, großbeerigen weißen Tafeltraubensorten, besonders für den Unterglasanbau.

Spätreifende Sorten
'Grüner Silvaner': Grünlichgelbe, mittelgroße, kugelige Beere mit zäher, fester Haut und sulzigem, süßem, feinwürzigem Fleisch. Traube dichtbeerig, mittelgroß, walzenförmig. Reicher Träger, wächst aber nur mittelstark bis schwach. Ausdünnen der Trauben erforderlich. Holz nicht ganz winterfest. Als sicherer Träger allgemein beliebt. Im Anbau sind auch gelb- und rotfrüchtige Typen. Die Trauben dieser Mutanten sind etwas milder im Geschmack, die übrigen Eigenschaften entsprechen aber der Ausgangssorte.

'Roter Silvaner': Rotbeerige Spielart der vorstehend genannten Sorte, in allen anderen Eigenschaften identisch mit grünem Silvaner.

'Kerner': Bräunlichgelbe, mittelgroße, kugelige Beeren mit fester Haut und saftigem, angenehm muskatbetontem Fruchtfleisch. Traube mittelgroß bis groß, kegelförmig, meist dichtbeerig, sehr fruchtbar, stark wachsend mit starker Geiztriebbildung. Anfällig gegen Mehltau. Ausdünnung wird durch große, voll entwickelte Beeren belohnt.

'Muskattrollinger': Schwarzblaue, große längliche Beeren mit saftigem, süßem Fleisch und ausgezeichnetem Muskatgeschmack. Beerenhaut ist dünn. Traube ist sehr locker, lang und groß. Mäßig starkwüchsig. Eine recht anspruchsvolle Sorte mit langer Entwicklungszeit. Nur für ganz warme, geschützte Wände in günstigem Weinbauklima oder im Glashaus geeignet.

Rebsorten für den Anbau in Österreich
Für Österreich kommen aus der Tabelle (S. 102) folgende Sorten in Betracht:
'Perle von Czaba'
'Müller-Thurgau'
'Weißer Gutedel'
'Roter Gutedel'
'Blauer Portugieser'.
Vom Deutschen Sortiment ist es 'Früher Roter Malvasier', der in Österreich 'Frühroter Veltliner' heißt. Außerdem sind noch folgende Sorten für den Anbau im Hausgarten geeignet:

'Bouvier', 'Bouviertraube': Eine in der Südsteiermark gezüchtete Tafel- und Keltertraube. Kleintraubige Sorte mit mittelgroßen, lockeren Beeren mit dicker Haut und etwas Muskatgeschmack. Farbe gelb. Wächst mittelstark, ist frostfest und fault wenig. Die 'Bouviertraube' verlangt langen Schnitt und ist noch für späte Lagen geeignet.

Mittelfrüh reifende Sorten (Mitte September)
'Neuburger': Ausgezeichnete Kelter- und Tafeltraube mit kleinen, dichten, großbeerigen Trauben, grün, sonnseitig goldbraun. Die Sorte ist sehr starkwüchsig, gedeiht aber noch auf trockenen, kalkreichen Böden. Empfindlich gegen strenge Winterfröste, rieselt bei schlechtem Blütenwetter gerne aus. Verlangt längeren Schnitt. Etwas fäulnisanfällig. In der Vollreife schmecken die Trauben sehr süß und pikant.

'Muskat-Ottonel': Vorzügliche Kelter- und Tafeltraube mit feinem Muskatgeschmack. Trauben mittelgroß, mit großen, gelben bis goldbraunen Beeren. Die Sorte wächst mittelstark und verlangt langen Schnitt. Nur für gute und nicht zu trockene Böden geeignet. Die Sorte ist sehr frosthart, aber auch sehr blüteempfindlich, rieselt bei schlechtem Blütewetter leicht aus. Verträgt höchstens 20 % Kalk im Boden.

'Blauburger': Neuzüchtung aus Klosterneuburg aus den Sorten 'Blaufränkisch' × 'Portugieser', starkwüchsig und reichtragend. Die Sorte ist sehr tolerant in ihren Boden- und Schnittansprüchen, frosthart und blütefest. Die großen, großbeerigen, dunkelblauen Trauben sind zur Reifezeit stark weiß bereift und bieten einen wunderbaren Anblick. Wenig fäulnisanfällig und pikant in Geschmack.

Die Sortenvielfalt ist sowohl bei den Kelter- wie bei den Tafeltrauben fast unübersehbar. Wir beschränken uns hier auf die Tafeltrauben, die in unseren Breiten für den Hausgarten am geeignetsten scheinen. Bei der Sortenwahl sind die Standortbedingungen zu berücksichtigen. Je nach Klimaverhältnissen sind früh- oder spätreifende Sorten auszuwählen.

Rebsorten für den Anbau in der Schweiz

In der Schweiz können drei Sortengruppen unterschieden werden:

Europäer-Reben. Sie verlangen einen regelmäßigen Pflanzenschutz, vor allem gegen den echten und falschen Mehltau.

Direktträger- oder Hybriden-Reben. Die sind aus Kreuzungen zwischen den krankheitsanfälligen Europäer-Reben und den resistenteren amerikanischen Reben entstanden. Sie bedürfen bedeutend weniger Spritzungen; in Einzelfällen erübrigt sich der Pflanzenschutz. Die Qualität der heutigen Sorten ist gut. Einzelne Sorten weisen einen mehr oder weniger starken „Foxton“ auf.

Amerikaner-Reben. Sie haben große, unterseits silbriggraue Blätter und große Beeren. Sie zeichnen sich durch ihren an Stachelbeeren erinnernden, im Nachgang oft kratzigen Geschmack aus. Sie sind recht widerstandsfähig gegen Pilzkrankheiten und frohwüchsig. Wegen ihrer großen Blätter eignen sie sich für Pergolen und Gartenlauben.

Die wichtigsten für den Anbau in der Schweiz empfohlenen Tafeltraubensorten sind in der Tabelle Seite 102 zusammengefaßt. Selbstverständlich lassen sich auch Keltertrauben als Tafeltrauben konsumieren.

Tafeltrauben- und Rebspalier-Sorten

Sorte	Wuchs	Reifezeit	Geschmack	Beerenfarbe	Schnitt
Weiße Europäer-Sorten					
Perle von Czaba Allgemein geeignet, süß, festes Fleisch	2	1	m	gelb	st/b
Königliche Magdalenentraube (= Madelaine Royale) weich, süß, fäulnis- und wespenanfällig	3	1–2	n	gelbgrün	b, später k
Riesling × Silvaner (= Müller-Thurgau-Traube) allgemein geeignet, reichtragend, leichter Muskatton, etwas fäulnisanfällig	3	2	g/m	b/st	b/st
Weißer Gutedel (= Chasselas) gute neutrale Tafeltraube, nicht überfordern!	3	3	n	gelbbraun	b, später k
Weißer Räuschling gute, würzige Tafeltraube, knackend	3	3	n/g	gelbbraun	b, später k
Rote Europäer-Sorten					
Cardinal große, feste, knackende unregelmäßige Traube	2	2	n/g	rotorange	b/k
Roter Gutedel rote, schöne Spielform der Weißen	3	3	n	rötlich	b, später k
Roter Räuschling rote, schöne Spielform der Weißen	3	3	n/g	rötlich	b, später k
Pirovano 185 (= Ignea) nur für warme Wände, sehr schön und gut	3	4	n/g	rotbraun	b/k
Blaue Europäer-Sorten					
Pirovano 15 Blüten empfindlich, süß, allgemein gut	2	1	n	blau	b/k
Frühburgunder gut tragend, etwas fäulnisempfindlich, schönes Laub	3	2	n	blau	k/b
Blauer Portugieser gut tragend, starkwachsend, große Trauben, schönes Laub	3	2	n	dunkelblau	k/b
Trollinger (= Frankenthaler) große Schautraube, gut, nicht überlasten	3	3/4	blau	blau	b/st
Alphonse Lavallée nur für beste, geschützte Lagen, schwere Schautraube	2	4	n	dunkelblau	k

Sorte	Wuchs	Reifezeit	Geschmack	Beerenfarbe	Schnitt
Weiße Hybriden (PD)					
Aurora (= SV 5-279) süß, allgemein brauchbar	1/2	2	n	hellgelb	k
Seyval (= SV 5-276) saftige, süße, mittelgroße Beeren	1/2	2	n	hellgelb	k
Excelsior ähnlich wie Gutedel, neutraler	1/2	2	n	grüngelb	k
Seibel 9110 große und lockere, resistente, gute PD	3	3	n/g	goldgelb	k/b
Blaue Hybriden (PD)					
Muscat bleu 83/2 frischer Muskatton, knackend, lockere Trauben am weinigsten, OD-artig, lockeres Laub, deckt die Wand nicht, nicht überbelasten	2	2	m	dunkelblau	k/b
Léon Millot mittelgroße, kompakte Traube mit relativ kleinen, süßen Beeren und vielen Kernen	3	2	f	blau	b
Maréchal Foch große, feste Traube mit wenig Foxton, geeignet für Traubensaft, blüht besser als Millot	3	2	m–f	blau	b
Seibel 13-053 große lockere Traube mit gutem Geschmack, nicht überbelasten	3	2/3	n	blau	b und k
Magliasiana Americani-Typ (Tessinertraube) etwas blütenempfindlich. Wächst zuerst langsam, dann sehr stark. Geeignet für Pergeln und Schutzwände	3!	2	f	blau	b und k
Dirju Early Campbell großfrüchtig, starker Foxton, etwas schleimiges Fleisch, Liebhabersorte von „Tessinertrauben", starkwachsend	3	2/3	f	blau	b und k

Bedeutung der Ziffern und Abkürzungen:
Wuchskraft: 1 = schwach, 2 = mittel, 3 = stark
Reifezeit: 1 = sehr frühreif, 2 = frühreif, 3 = mittel, 4 = spätreif
Geschmack: n = normal, g = gewürzt, m = Muskatton, f = Foxton
Schnittempfehlung: k = kurz (Zapfenschnitt), st = Streckbogen, b = Bogenschnitt. Der Schnitt muß der Fruchtbarkeit und dem Wuchs angepaßt werden. Starkwachsende Sorten können zuerst als Streckbogen oder Bogen geschnitten werden, bei hohem Ertrag ist Zapfenschnitt möglich.
PD = Direktträger

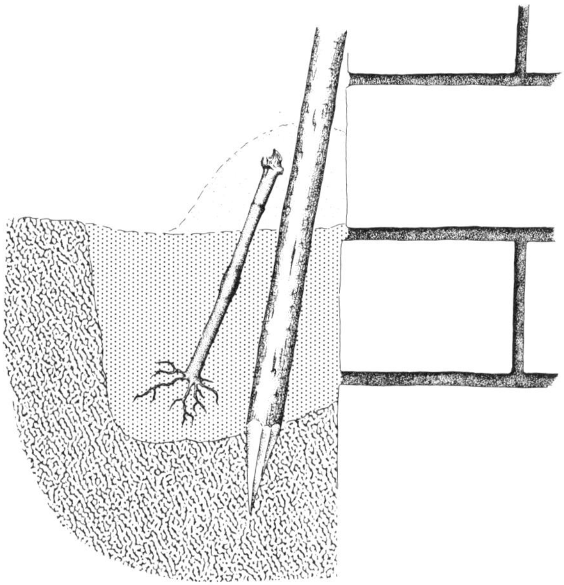

Abb. 43. Pflanzung der Rebe.

Vermehrung

Seit dem Auftreten der Reblaus im vergangenen Jahrhundert werden Reben fast ausschließlich durch Veredlung vermehrt. Die Pfropfunterlagen amerikanischer Herkunft sind gegen diesen Schädling resistent. Reben werden heute meist maschinell am Tisch veredelt. Diese rationelle und preisgünstige Methode erübrigt eine Vermehrung durch den Hobbygärtner. Im Gegensatz zu anderen Obstbäumen, die als formierte Bäumchen in den Verkauf gelangen, kauft man Reben als ein- oder zweijährige Pflanzen und formiert sie am Ort.

Wegen des preisgünstigen Veredlungsverfahrens kommt das Umpfropfen bestehender Pflanzen kaum mehr in Frage. Außerdem wird es nur in warmen Jahren erfolgreich sein, weshalb man diese Methode allenfalls noch in südlichen Gegenden antrifft.

Pflanzung und Erziehung

Wir beschränken uns hier auf die Erziehung von Spalierreben und Pergolen. Der günstigste Pflanzzeitpunkt ist im Frühling. Muß dennoch im Herbst gepflanzt werden,

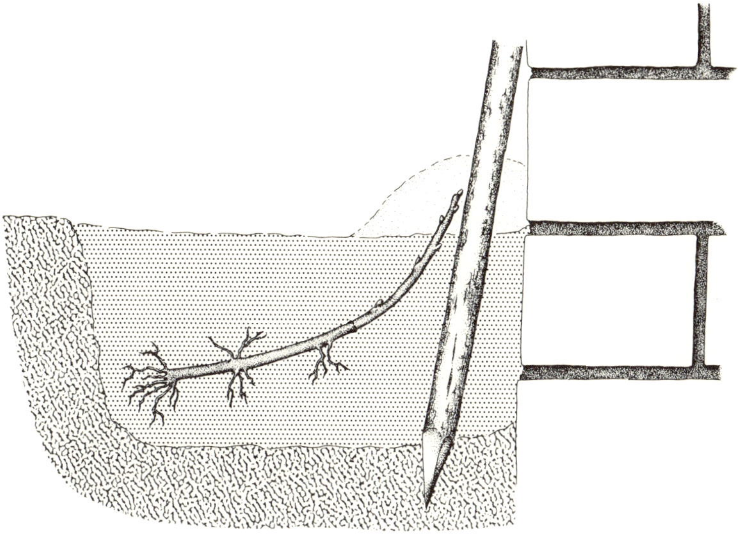

Abb. 44.
Pflanzung an trockenen Hausrabatten.

so ist der Trieb mit einem Karton oder mit trockenem Torf zu schützen. Da die Wurzeln sehr empfindlich gegen Austrocknen sind, ist darauf zu achten, daß sie immer gut feucht gehalten werden. Wie gepflanzt wird, zeigen Abb. 43 und 44. Nach dem Rückschnitt auf das erste Auge, deckt man die Veredlungsstelle mit leichter Erde zu. Die Triebe haben genügend Wuchskraft, diese zu durchstoßen. Wenn die Triebe 30 bis 40 cm Länge erreicht haben, entfernt man die schwächeren und beläßt den stärksten zum Aufbau des Stämmchens. Die verschiedenen Erziehungsformen am Spalier sind aus den Abb. 45 bis 48 ersichtlich. Werden mehrere Etagen aufgebaut, so ist für jede Etage eine Pflanze nötig. Die Cordonlängen bei Europäerreben betragen 2 bis 3 m, bei Direktträgern 3,5 bis 5 m. Im Aufbau sollte die jährliche Verlängerung 40 bis 50 cm nicht überschreiten. Aus den Augen des einjährigen Holzes entwickeln sich im nächsten Jahr die fruchttragenden Seitentriebe. Beim waagrechten Cordon läßt man alle 25 cm einen Trieb stehen und bindet ihn an den Heftdraht. Bei einer Länge von 80 bis 100 cm werden sie entspitzt. Triebe, die sich aus den Blattachseln entwickeln, nimmt man in der Traubenzone weg, die anderen kürzt man auf einige wenige Blätter ein. Die meisten Sorten können im Winter auf kurze Zapfen von zwei Augen zurückgeschnitten werden. Bei Sorten, welche erst in den vorderen Augen fruchtbare Triebe entwickeln, muß der Bogenschnitt durchgeführt werden (Abb. 51 Seite 109). Dabei wird abwechselnd ein Trieb als Zapfen angeschnitten und der andere bogenförmig längs dem Cordon geheftet. Aus diesem Bogen sprießen im folgenden Jahr die fruchtbaren Triebe. Die Art des Schnittes für jede Sorte ist in der Tabelle angegeben. Senkrechte Cordons müssen langsamer aufgebaut werden als waagrechte, denn die Gefahr des Verkahlens ist größer.

Pflanzenschutz und Pflege

Wer bei der Sortenwahl auf die Krankheitsanfälligkeit achtet, kann sich die Arbeit mit dem Pflanzenschutz wesentlich erleichtern. Pilzkrankheiten müssen vorbeugend bekämpft werden. Hingegen muß man im Hausgarten gegen tierische Schädlinge erst bei starkem Befall eingreifen. Auf die Anwendung von Kupferspritzmitteln muß an Hauswänden wegen des Färbens verzichtet werden.

Der Falsche Mehltau, eine gefürchtete Krankheit im Weinbau, befällt Spalierreben nur, wenn sie nicht genügend gegen Regen geschützt sind. Deshalb sind Ost- und Südostwände zu bevorzugen. In diesen Lagen können die Pflanzen alle 10 bis 14 Tage mit Stäubemitteln behandelt werden. In ungünstigeren Lagen muß im gleichen Abstand mit organischen Fungiziden gespritzt werden.

Der Echte Mehltau tritt dagegen bei Trockenheit stärker auf. Auch hier muß vorbeugend mit Schwefel gestäubt oder gespritzt werden. Bei Europäer-Reben sind in der Regel vor der Blüte eine und nach der Blüte zwei bis drei Behandlungen nötig. Um Verbrennungen zu vermeiden, darf an heißen Tagen nicht gestäubt werden.

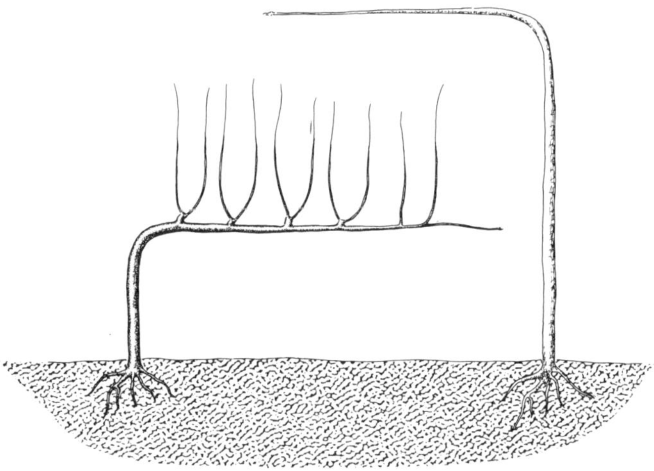

Abb. 45. Einarmiger, waagrechter Cordon.

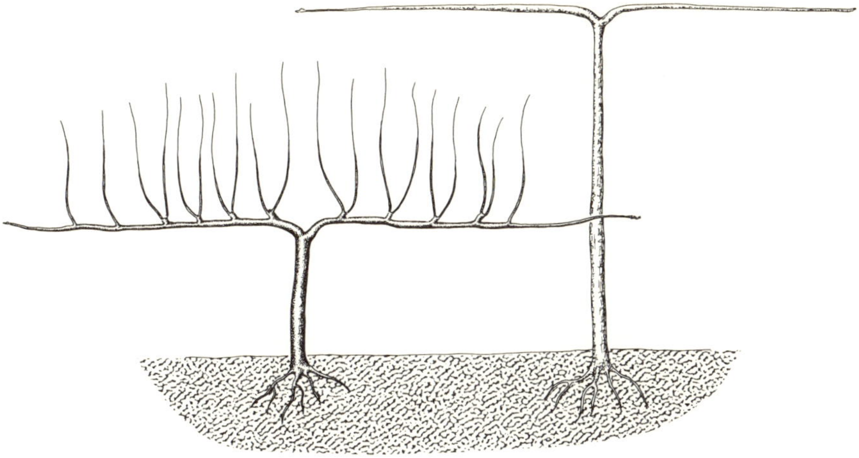

Abb. 46. Zweiarmiger, waagrechter Cordon. Mehrere Etagen sind möglich.

Abb. 47. Senkrechter Cordon, ein- oder zweiarmig.

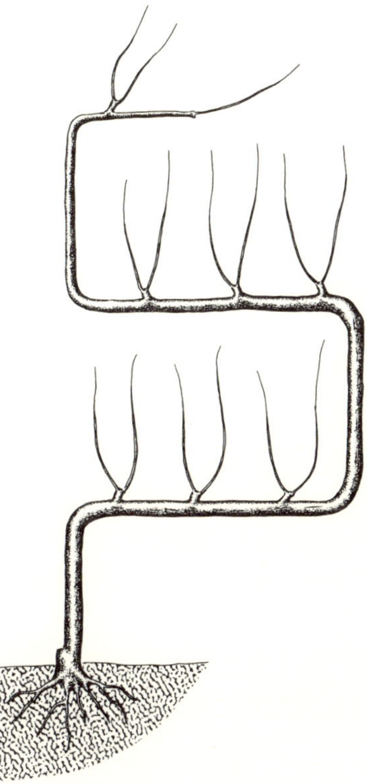

Abb. 48. Cordon an schmaler Wand.

Die Graufäule befällt besonders dichtgepackte Trauben und solche die in einem Dickicht von Blättern wachsen. Vorbeugende Maßnahmen sind deshalb gute Laubarbeit (Auslauben der Traubenzone), maßvolle Stickstoffdüngung und vorbeugende Spritzungen mit organischen Fungiziden.

Der Vollständigkeit halber seien noch die wichtigsten Schädlinge genannt. Schildläuse, Pockenmilben, Kräuselmilben, Spinnmilben, Heu- und Sauerwurm. Sie sind, wenn sie überhandnehmen, mit den üblichen Mitteln zu bekämpfen. Hingegen ist an Spalierreben besonders auf Vogel- und Wespenfraß zu achten. Durch Einbinden der Trauben in Gazesäcken oder durch Aufstellen von Wespenködern (Bier oder Süßmost mit einem Löffel Essig) werden die Schäden verringert.

Da Spalierreben meist zusammen mit anderen Pflanzen im Garten stehen, düngt man sie am vorteilhaftesten mit einem löslichen Volldünger durch Spateneinstiche. Dies ist besonders wichtig dort, wo ihr Wurzelbereich im Rasen liegt. Bei der Verwendung von Rasendünger ist darauf zu achten, daß er keine Unkrautvertilger als Zusatz enthält.

Reifung, Ernte, Lagerung

Trauben sind reif, wenn die Beeren an der Traubenspitze angenehm süß sind. Natürlich hat bei blauen Sorten der Farbumschlag von grün zu blau schon früher stattgefunden, bei hellen Sorten wechselt der grüne Farbton in einen gelblich-goldenen. Am besten werden Trauben frisch genossen. Früchte, die während einiger Zeit aufbewahrt werden sollen, dürfen keine verletzten oder faulen Beeren enthalten. Gesunde Trauben können im Kühlschrank

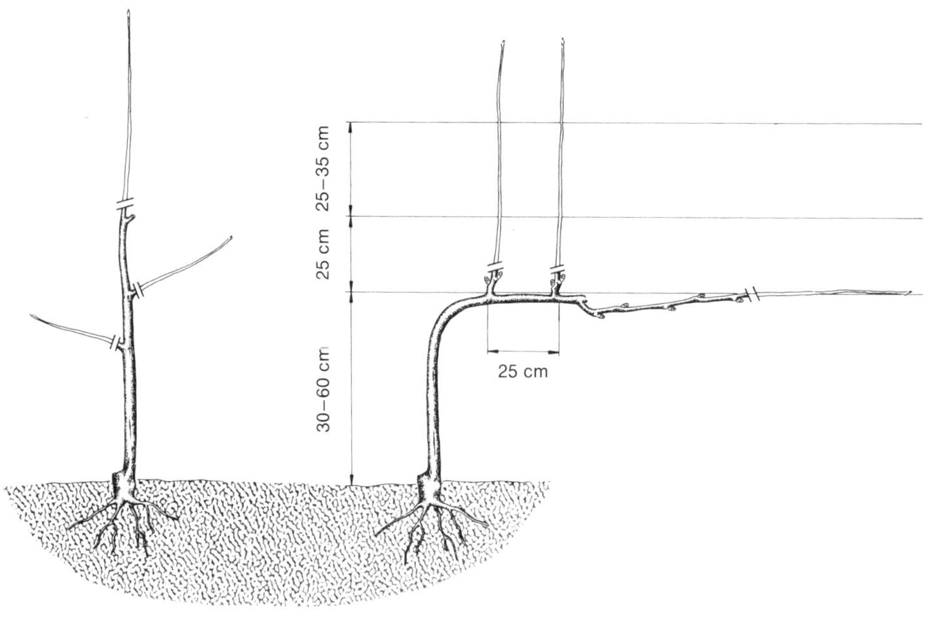

Abb. 49 u. 50. Erziehung der Jungrebe.

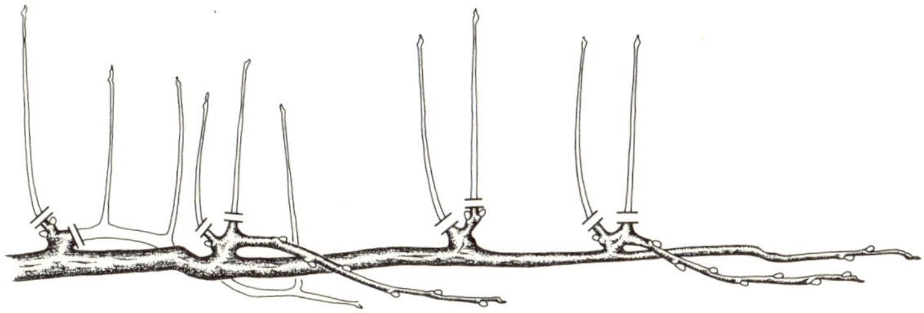

Abb. 51.
Schnitt der Rebe. Streckbogenschnitt.

während zwei bis drei Wochen aufbewahrt werden. Im Kühllager bei −1 bis 0 °C und einer relativen Luftfeuchtigkeit von 85 bis 90 % ist eine Lagerung von ein bis sechs Monaten möglich. Die Früchte dürfen nur in dünnen Schichten liegen. Eine ältere Methode zur Aufbewahrung von Trauben besteht darin, die Traube mit etwa 10 cm der tragenden Ranke, wegzuschneiden. Auf die beiden Enden steckt man eine Kartoffel, um die Verdunstung so klein wie möglich zu halten. So können die Trauben an einem kühlen Ort mit hoher Luftfeuchtigkeit oder im Estrich während mehreren Wochen frisch erhalten bleiben.

Inhaltsstoffe

von heimischen Beeren in 100 g eßbarem Anteil (Mittelwerte) (nach Souci u.a.)

Wasser	80,9 g
Eiweiß	0,72
Fett	0,50
Kohlenhydrate	15,5
Rohfaser	0,87
Mineralstoffe	0,52
Vitamin B_1	0,041 mg
Vitamin B_2	0,036
Nicotinamid	0,18
Vitamin C	3,80

Trauben sind ein Gesundbrunnen erster Güte. Sie sind reich an Mineralstoffen wie Phosphor, Kalk und Eisen, Fruchtsäuren regen die Nieren an, bauen Fett ab, Schalen und Kerne fördern die Darmtätigkeit.

Verwertung

Den größten Nährwert enthält die Traube, wenn sie frisch genossen wird. Ebenso wertvoll ist der unvergorene Traubensaft. Sehr bekömmlich für Sportler und Genesende ist auch der aus den Trauben gewonnene Traubenzucker.

Die kernlosen Sorten werden getrocknet als Rosinen in „Studentenfutter", Backwaren und anderen Speisen verwendet. Der größte Teil der Weltproduktion wird jedoch zur Herstellung von Wein, Sekt und Branntwein verwendet. Die gepreßten Rückstände (Trester) dienen als Viehfutter, Düngemittel oder werden verheizt. Die knorrigen Rebstöcke finden samt ihren Wurzeln vielfältige Verwendung in der Blumenbinderei und bei Schnitzern.

Aus den Samen läßt sich ein für Speisezwecke brauchbares Öl herstellen. Zur Hälfte besteht es aus Linolsäureglyceriden. Das Öl wird vorwiegend in Notzeiten genutzt.

Volksglaube und Brauchtum

Die Rebe hat den Menschen der westlichen Kultur fast zu jedem Augenblick begleitet. Es ist deshalb verständlich, daß sie als

Symbol und Mittelpunkt von Festen immer wieder auftaucht. Auch heute hat die Kultur um den Wein große Bedeutung. Schon zu biblischen Zeiten galten Brot und Wein als Grundnahrungsmittel und Sinnbild für das Leben. Deshalb sind sie auch im christlichen Abendmahl Symbol für Leib und Blut Jesu Christi. Zahlreich sind auch die biblischen Gleichnisse mit Reben und Weinbau. Bekannt sind die griechischen und römischen Feste zu Ehren des Weingottes Dionysos bzw. Bacchus. Klöster und ihre Mönche haben durchs Mittelalter die Reb- und Weinkultur gefördert und erhalten.

Die Traube ist das Symbol der Fruchtbarkeit und des milden Klimas eines Landes. St. Urban gilt als Schutzheiliger der Rebe. Wo dieser vorbeizieht, gedeiht die Weintraube. Weitere Schutzheilige sind: St. Korbinian, St. Ingenium, St. Aegydius und St. Antonius. In Südtirol wurde am St. Urbanstag ein Bild des Schutzpatrons herumgetragen. Bei gutem Wetter fand eine fröhliche Schlußfeier im Wirtshaus statt, bei Regen wurde das Bild in den Brunnen geworfen. Gleiches Brauchtum ist auch für das obere und mittlere Neckartal in Württemberg verbürgt. Dies zum Zeichen, daß anstelle des Weines nach einer schlechten Ernte Wasser getrunken werden muß. Aus derselben Gegend stammt der Brauch, Weißwein nur am Vormittag zu trinken, und nach dem Zwölfuhrläuten nur noch Rotwein zu genießen. Schließlich seien aus der Fülle von Wetterregeln um den Weinstock folgende zwei herausgepickt: „Was die Hundstage gießen, muß die Traube büßen“ und „Einer Rebe und einer Geiß wird's im August nie zu heiß“.

Verwandte Arten

Verwandt mit der Rebe sind die als Zierpflanzen geschätzten Schlingpflanzen *Parthenocissus* und *Ampelopsis*. Sie klettern selber an Hauswänden und Gerüsten empor und zeichnen sich durch eine leuchtend rote Herbstfärbung aus. Die Früchte dieser Pflanzen sind ungenießbar.

Kiwi

Actinidia chinensis Actinidiaceae; Kiwifrucht, souris végétale, chinese gooseberry, actinidia, Chinesische Stachelbeere, Yang-Tao

Die Heimat der Kiwifrucht oder Yang-Tao, wie sie die Chinesen nennen, ist das Gebiet des Jangtsekiang-Flusses in China. Die Pflanze schlingt sich dort an den Bäumen der Auenwälder empor. Als erster hat sie Père Le Chéron d'Incarville Mitte des 18. Jahrhunderts entdeckt und Muster davon an den französischen Botaniker Bernard de Jussieu gesandt. Robert Fortune hat sie 1847 von einer botanischen Expedition aus China nach England gebracht. Planchon hat sie im selben Jahr erstmals beschrieben. Zu Beginn dieses Jahrhunderts wurde sie in die Vereinigten Staaten eingeführt. Etwa um die gleiche Zeit sandte ein

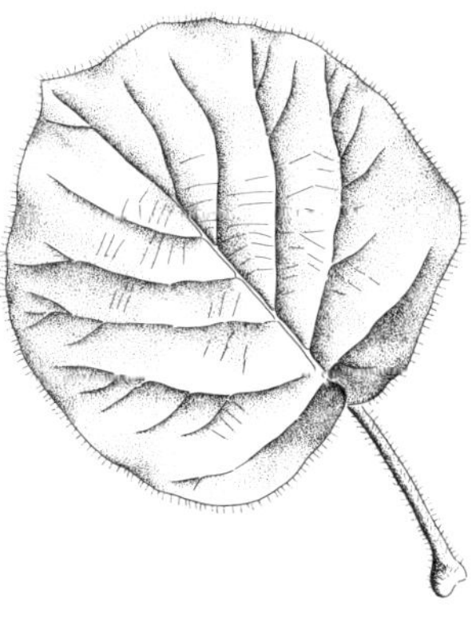

Abb. 52.
Kiwi-Blatt, Actinidia chinensis.

Freund von Mr. Allison in Wanganui Kiwisamen nach Neuseeland. Alle Sorten, welche heute in Neuseeland im Anbau sind, stammen wahrscheinlich von dieser Sendung ab. Verschiedene neuseeländische Pioniere haben diese Pflanzenart weiter entwickelt, bis man um 1940 ihren kommerziellen Wert entdeckte. Die Gegend in der Bucht von Plenty weist besonders günstige Bedingungen für die Kultur dieser Pflanze auf. Es ist heute ein wichtiges Anbaugebiet für diese Obstart.

Die heute gebräuchliche Bezeichnung der *Actinidia chinensis* ist Kiwi. Dies ist die einheimische Bezeichnung für den neuseeländischen Laufvogel, das Nationalsymbol dieses Landes. Die Anregung, anstelle der Bezeichnung „Chinese Gooseberry" den Namen Kiwi zu verwenden, kam vom kalifornischen Früchte-Importeur Turner im Jahre 1959. Er erhoffte sich damit eine bessere Einführung auf dem amerikanischen Markt, weil der Name kurz und einprägsam sei. Inzwischen ist der Begriff Kiwi für die Frucht aus Neuseeland mindestens so bekannt geworden wie der Laufvogel.

Nach den ersten großen Erfolgen der neuseeländischen Produktion sind seit den sechziger und siebziger Jahren auch in Europa und in den USA große Flächen bepflanzt worden.

Die subtropische Pflanzenart gedeiht bei uns nur im Weinbauklima. Doch bietet auch dies nicht immer Gewähr für Erfolg. Kiwis lieben ein Klima mit hoher Luftfeuchtigkeit und relativ hohen Niederschlägen, d.h. zwischen 1200 und 1500 mm pro Jahr. Deshalb muß in Mittelmeerländern, wo die Niederschläge 800 mm unterschreiten, bewässert werden. Besonders empfindlich ist die Pflanze gegenüber Wind. Unverholzte Jungtriebe werden schon durch kleine Windstöße abgebrochen. Aber auch ältere Triebe und Blätter leiden, wenn sie aneinander reiben. Zudem wird die Wasserverdunstung erhöht. Die Kiwi verlangt als Boden einen pH-Bereich von 5,5 bis 6. Sie gedeiht auch in leicht alkalischen Böden, neigt dann aber zu Chlorose. Wichtig ist, daß der Boden humus- und nährstoffreich und gut drainiert ist. Im wichtigsten Anbaugebiet der Kiwis in Neuseeland beträgt die jährliche Sonnenscheindauer zwischen 2000 und 2300 Stunden.

Die Pflanze

Actinidia chinensis ist eine Schlingpflanze, welche sich an ihrem ursprünglichen Ort bis zu 10 m hoch an den Bäumen emporschlingt. Das grobe, fleischige Wurzelwerk entwickelt sich oberflächlich. Doch findet es in tiefgründigem und skelettreichem Boden auch den Weg in tiefere Schichten. Von einem eigentlichen Stamm kann man in den ersten Jahren nicht sprechen. Aus dem schlingenden Trieb kann sich aber im Laufe der Jahre ein 20 cm dickes Stämmchen entwickeln, das dann eine metallisch graue Farbe aufweist. Die Jungtriebe sind zwar weich, aber knicken leicht. Sie sind mit feinen rötlichen Haaren bedeckt.

Zwei Triebarten sind zu unterscheiden: rein vegetative Wasserschosse und fruchttragende Triebe. Wie bei der Rebe entwickeln sich die Blüten am unteren Teil des Frühjahrstriebes, welcher dem einjährigen Trieb entspringt. Je nach Vermehrungsart und Kulturmethode entwickeln sich die ersten Blüten, wenn die Pflanze 3- bis 6-jährig ist. Die Knospen sind ziemlich groß (7 bis 8 mm). Sie sind durch die Rinde einerseits und behaarte Schuppen anderseits gegen Winterkälte geschützt. Das Blatt ist dunkelgrün und ziemlich dick, meist herzförmig bis rundlich und nicht ausdauernd. Die Größe ändert stark je nach Alter, Geschlecht und Sorte. Der Durchmesser schwankt zwischen 5 und 20 cm.

Die Unterseite ist beflaumt, der Blattrand bewimpert. Die Blüten sind in der Achsel der ersten 7 bis 8 Blätter zu finden. Sie sind in Blütenständen von 1 bis 7 Blüten gruppiert. Sie erscheinen Ende Mai bis Anfang Juni. Beim Aufblühen sind die Blütenblätter weiß, nachher crèmefarben. Der Durchmesser beträgt etwa 5 cm. Die einzelnen Blüten sind nur während weniger Tage offen, doch ergibt sich durch das gestaffelte Aufblühen eine Blütezeit von zirka zwei Wochen (s. Farbbild Seite 127).

Zwar fällt die Blütezeit nicht mehr in die Zeit der Spätfröste, doch die jungen Sprosse, an welchen die Blüten erscheinen, treiben früh aus und sind sehr empfindlich gegenüber Frösten. Sind diese geschädigt, ist auch die Blüte und der Ertrag größtenteils zerstört. Untersuchungen in Neuseeland zeigten, daß Knospen, die ausgetrieben haben, nur −1,5 bis −2 °C ertragen. Bei −3 °C waren bereits 95 % der Knospen geschädigt. Pflanzen, welche unter den subtropischen Bedingungen von Aukland wuchsen, überstanden bis −10 °C Winterkälte schadlos. Es wird vermutet, daß in Ländern mit kälteren Wintern die Widerstandsfähigkeit zunimmt. Obwohl die Blüten physiologisch gesehen einhäusig sind, kann bei beiden Geschlechtern die ursprünglich zwittrige Anlage beobachtet werden. Bei den weiblichen Blüten sind die Staubbeutel nur unvollständig entwickelt, bei den männlichen dagegen der Fruchtknoten. Der Pollen wird durch Insekten, vor allem Bienen und Hummeln übertragen.

Die Frucht ist hühnereigroß, bräunlich und mit zahlreichen braunroten Härchen besetzt, so daß die französische Bezeichnung „souris végétale“ (pflanzliche Maus) gut zutrifft. Beim Aufschneiden der Frucht kommt das grüne Fleisch zum Vorschein mit dem crèmefarbenen Zentralzylinder. Zahlreiche braune Samen sind strahlenförmig darum im Fleisch verteilt. Mit Ausnahme der Haut ist die Frucht als Ganzes genießbar (s. Titelfoto).

Sorten

Das Sortiment beschränkt sich auf vier weibliche und zwei männliche Sorten. ‘Hayward’ ist mit Abstand die wichtigste Sorte im Erwerbsanbau. 95 % aller Pflanzungen in Neuseeland bestehen aus dieser Sorte. Die Frucht ist breitoval, groß und mit grünlich-braunen Haaren übersät. Bei Vollreife ist dies die geschmacklich beste Sorte. Sie läßt sich auch sehr gut lagern. Blüte- und Reifezeit sind spät. Zur Zeit ist noch unklar, ob die amerikanische Sorte ‘Chico’ mit ‘Hayward’ identisch ist.

‘Abbott’ ist früher blühend als ‘Hayward’ und sehr ertragreich. Die Früchte sind mittelgroß, länglich und mit dichtstehenden, zähen Härchen übersät. Wahrscheinlich stammt die Sorte ‘Allison’, welche schwer von ‘Abott’ zu unterscheiden ist, von derselben Mutterpflanze ab.

‘Bruno’ blüht etwa gleichzeitig mit ‘Abbott’. Die Frucht ist ziemlich groß, deutlich länglich und kann daher gut von andern Sorten unterschieden werden. Die Frucht ist etwas dunkler als die übrigen Sorten. Verarbeitungsbetriebe bevorzugen diese Sorte, weil sich von einer Frucht mehr Scheiben schneiden lassen.

‘Monty’ ist eine spätblühende Sorte, welche zum Überbehang neigt. Daher ist die Frucht oft klein. Bei guten Pflegebedingungen erreicht sie etwa die Fruchtgröße von ‘Abbott’.

Unsere bisherigen Erfahrungen zeigen, daß die Sorten ‘Bruno’ und ‘Abbott’ in Grenzlagen die besten Aussichten auf ein volles Ausreifen haben. Südlich der Alpen kann auch die Sorte ‘Hayward’ angebaut werden.

Die männlichen Sorten sind ‘Matua’ und ‘Tomuri’. Diese langblühenden Sorten fallen in der Regel mit der Blütezeit der weiblichen Sorten zusammen. Doch ist deren Hauptblüte oft etwas verschoben. Sofern im Hausgarten eine Pflanze mit einem männlichen und einem weiblichen Ast gezogen wird, ist darauf zu achten, daß die männliche Sorte wegen ihres üppigen Wuchses nicht überhand nimmt und die fruchtbare weibliche Sorte unterdrückt.

Vermehrung

Kiwis sind durch Samen nicht sortenecht vermehrbar. Zudem ist der Anteil männlicher Pflanzen bei Samenvermehrung ziemlich hoch. Diese Vermehrungsart hat daher nur für die Erzeugung von Unterlagen und für die Züchtung eine Bedeutung. Die Samen werden während eines Monats bei 4 °C stratifiziert. Bei kleinen Mengen geschieht dies zwischen feuchten Fließblättern, welche man in den Kühlschrank legt. Die Aussaat erfolgt im März in Schalen in ein Gemisch von Komposterde und Sand. Die Schale wird mit einer Glasplatte abgedeckt, welche bis zum Auflaufen nach etwa einem Monat nicht entfernt wird. Während der ganzen ersten Saison muß schattiert werden. Ebenso muß eine genügende Bodenfeuchtigkeit erhalten werden. Im Juli wird in den Schatten pikiert. Die bis zum Winter gut entwickelten Pflanzen werden im Kasten überwintert.

Weitere Möglichkeiten sind die Vermehrung durch Wurzelstecklinge und durch Absenker. Beide Methoden sind einfach, setzen aber Mutterpflanzen eines gewissen Alters voraus. Für die Wurzelstecklinge wählt man Wurzeln von 1 bis 2 cm Dicke und schneidet sie in 5 bis 6 cm lange Stücke.

Die Vermehrung durch Grünstecklinge oder durch halbverholzte Stecklinge setzt ein Gewächshaus mit Nebelvermehrung voraus. Außer dem Zeitpunkt des Stecklingsschneidens sind die beiden Verfahren ähnlich. Die Temperatur muß zwischen 22 und 25 °C liegen. Je nach Länge der Internodien werden 1 bis 3 Knospen pro Steckling gewählt. Die Bewurzelung wird gefördert durch Anwendung von Wuchsstoffpräparaten, wie sie im Handel erhältlich sind. Zur Vorbeugung von Pilzkrankheiten taucht man die Stecklinge in ein Fungizid oder gießt sie damit. Als Substrat kann Perlit oder ein Gemisch von Torf und Sand gewählt werden. Die Bewurzelung findet innerhalb 2 bis 3 Wochen statt. Anschließend werden die Pflanzen abgehärtet und eingetopft. Nach italienischen Angaben ist auch eine Vermehrung mit Holzstecklingen möglich. Dazu ist eine Bodenheizung mit Temperaturen von 22 bis 24 °C nötig. Die Stecklinge werden vom Blattfall an bis in den Januar geschnitten. Die Länge ist gleich wie beim obengenannten Verfahren, die Dicke 5 bis 8 mm. Der Anwuchserfolg ist jedoch sehr unterschiedlich.

Schließlich lassen sich Kiwi auch veredeln. Die meisten gebräuchlichen Veredlungsarten lassen sich anwenden: Okulation, Kopulation, Spaltveredlung oder Geißfuß. Die Okulation wird in der Regel an einjährigen Pflanzen im August/September ausgeführt. Die größte Gefahr für frisch okulierte Pflanzen besteht im Frühjahr, wenn die frisch ausgetriebenen Augen durch Spätfröste zerstört werden können; dies umso mehr, weil in Bodennähe die Temperatur am tiefsten ist. Die Anwachsrate ist bei dieser Veredlungsart kleiner als bei den übrigen. Die Kopulation eignet sich für die Tischveredlung im Frühjahr. Meist sind die Unterlagen zweijährig. Sie werden im Warmhaus weiterkultiviert und im Laufe des Sommers abgehärtet. Auch die Spaltveredlung kann in gleicher Weise angewendet werden. Geißfußveredlung kommt eher zum Umpfropfen älterer Pflanzen in Frage. Nachteilig ist bei veredelten Pflanzen, daß sie nicht mehr sortenecht von der

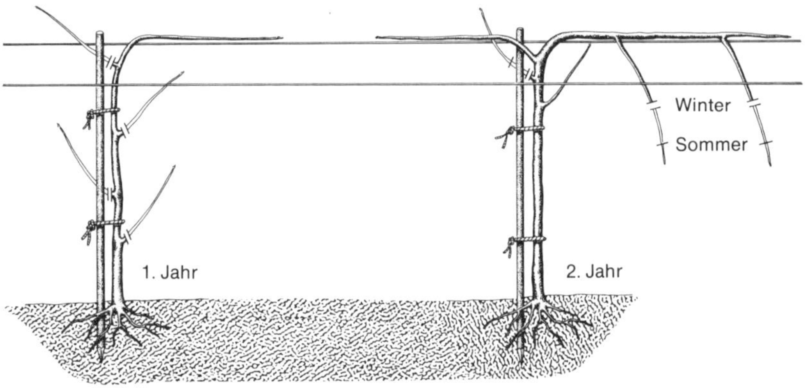

Abb. 53.
Formierung der Kiwi am T-Balkengerüst.
1. Jahr: mit einem kräftigen Trieb wird das Stämmchen gebildet. Häufiges Anheften verhindert das Schlingen. Seitentriebe werden entspitzt oder weggeschnitten.
2. Jahr: der andere Hauptast wird am Mitteldraht formiert. Die Seitentriebe am anderen Hauptast werden im Sommer entspitzt und im Winter zurückgeschnitten.

Wurzel austreiben, wenn sie in einem kalten Winter auf den Stock zurückfrieren.

Pflanzung und Erziehung

Die Bodenvorbereitungen bei der Erstellung einer Kiwianlage sind dieselben wie bei anderen Obstarten. Wichtig ist, den Bodenverhältnissen genügend Beachtung zu schenken. Der Boden soll nicht kompakt sein, keine stauende Nässe aufweisen und der Grundwasserspiegel sollte nicht zu hoch liegen. Nährstoffreiche Böden mit genügend Skelettanteil sind am geeignetsten. Wo größere Pflanzungen in windigen Gegenden angelegt werden, muß ein Windschutz gepflanzt werden. Männliche Pflanzen sind im Verhältnis 1:8 regelmäßig zwischen die weiblichen zu verteilen. Von den verschiedenen Erziehungsmöglichkeiten stellen wir zwei vor, die uns geeignet erscheinen.

Heckensysteme mit T-Balken

Ausgewachsene Pflanzen haben eine große Pflanzenmasse und bringen beachtliche Erträge, die ein sehr solides Gerüst erfordern. Die Erziehung der Pflanze ist aus der Abb. 53 ersichtlich. Sie ist auch beim Pergolasystem in den ersten Jahren ähnlich. Die Pflanze wird im Frühjahr sehr kurz zurückgeschnitten. Von den sich entwickelnden Trieben dient der kräftigste zum Aufbau des Stammes. Dieser soll möglichst gerade und ohne Schlingen bis zum Querdraht wachsen. Man erreicht dies, indem man entweder den Trieb regelmäßig an einen Bambusstab heftet, bevor er sich schlingt oder man läßt ihn im ersten Jahr an einer Schnur emporschlingen, welche man im Herbst herausziehen kann und den Trieb an eine feste Unterstützung heftet. Das Schlingen muß vermieden werden, weil einerseits die Unterstützungswirkung mit einem geraden Stämmchen besser ist

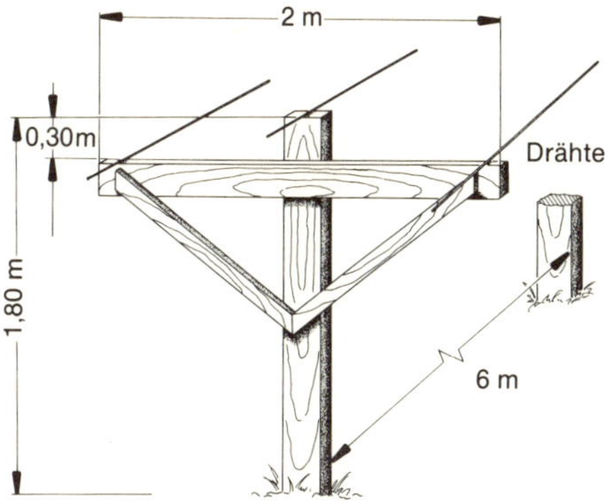

Abb. 54.
T-Balkengerüst für die Kiwipflanzung.

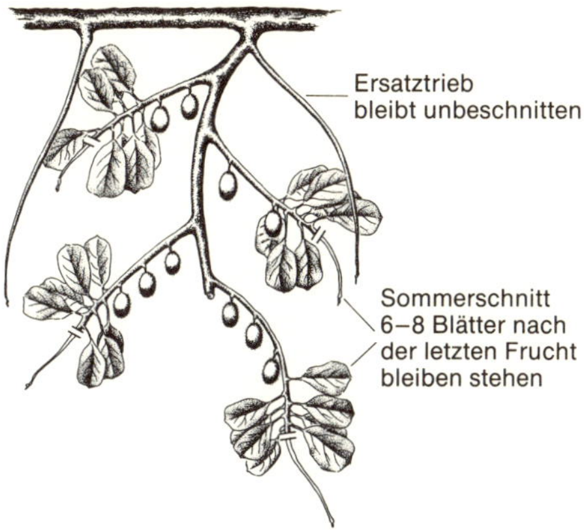

Abb. 56.
Sommerschnitt bei Kiwi.

und andererseits durch Schlingen der Saftstrom behindert wird. Das künftige Stämmchen wird im Winter 10 bis 15 cm unter dem Bindedraht angeschnitten. Aus den obersten beiden Augen entwickeln sich die beiden Hauptäste in Reihenrichtung.

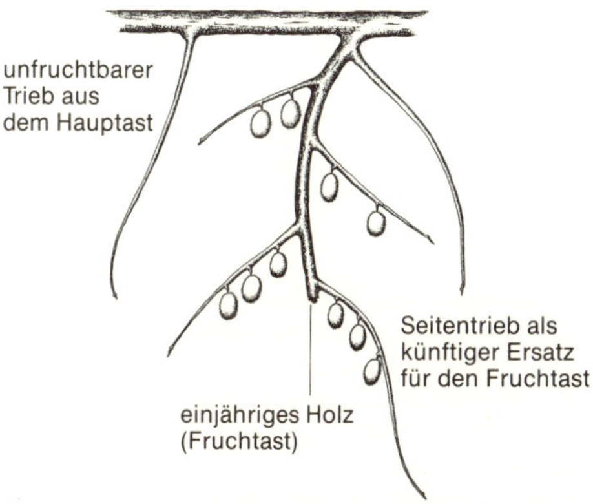

Abb. 55.
Verschiedene Triebe, die beim Fruchtholzschnitt zu unterscheiden sind.

Auch hier vermeidet man das Schlingen. Seitentriebe, welche tiefer unten am Stämmchen entspringen, werden laufend entfernt. Das Gerüst der Pflanze ist somit aufgebaut. Aus den Knospen der beiden Hauptäste wachsen im kommenden Frühjahr Seitentriebe, in deren Basalzone die ersten Blüten hervorbrechen. Es kann aber sein, daß die Pflanze mehr als drei Jahre braucht, um die ersten Früchte zu tragen. Fruchttragende Schosse werden 6 bis 8 Blätter nach der äußersten Frucht im Sommer gekappt. Diese Triebe werden an die zwei äußeren Drähte geheftet. Sofern die Augen gut ausgebildet sind, schneidet man im Winter auf zwei Augen nach der letzten Frucht zurück. Aus diesen entwickeln sich im nächsten Jahr neue fruchttragende Triebe, die in gleicher Weise behandelt werden. Diese Methode kann am selben Ast während 3 bis 4 Jahren praktiziert werden. Dann muß mit einem Verjüngungsschnitt zum Hauptast zurückgekehrt werden (Abb. 57). Weil mit diesem Verfahren die Gefahr eines Überbehanges besteht, versucht man, bei ausgewachsenen, gut garnierten Pflanzen den Umtrieb jährlich vom Hauptast aus zu realisieren.

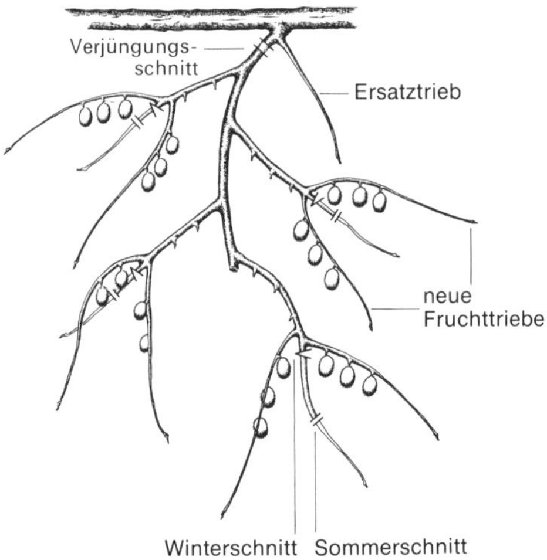

Abb. 57.
Fruchtholzschnitt bei Kiwi.
Sommerschnitt siehe Abb. 56.

Das Pergola-System

Es ist besonders für Gartenlauben geeignet. Erwerbspflanzungen werden in südlicheren Gegenden mit größerer Sonneneinstrahlung nach diesem System erzogen. Man kann auch mit dem Heckensystem beginnen und mit zunehmender Pflanzenentwicklung auf das Pergolasystem umsteigen, wie es die Neuseeländer teilweise tun. Der Aufbau des Pergolagerüstes ist aus der Abb. 58 ersichtlich. Natürlich kann die Kiwipflanze im Hausgarten an einer beliebigen Gartenlaube von genügender Tragfähigkeit hochgezogen werden. Die Erziehung der Jungpflanze erfolgt gleich wie beim Heckensystem. Hat die Pflanze die Höhe der Drähte erreicht, kann nach zwei Richtungen ausgedehnt werden. Der Schnittaufwand ist bei diesem Erziehungssystem etwa doppelt so hoch wie bei der Heckenform, dafür können höhere Erträge erzielt werden. Der Schnitt des Fruchtholzes ist analog jenem der Heckenform.

Die Hauptarbeit des Schnittes fällt in den Sommer. In dieser Zeit muß fortlaufend gebunden und nötigenfalls ausgelichtet werden und müssen sich ineinander schlingende Triebe gelöst oder gekappt werden. Die Schnittarbeit im Winter beschränkt sich auf das Auslichten der Fruchttriebe (ein Trieb alle 40 cm), das Zurückschneiden der letztjährigen Fruchttriebe auf zwei Augen nach der letzten Frucht in der Nähe des Hauptastes (Abb. 57). Unter unseren Klimabedingungen kommt der Regelung des Fruchtansatzes mehr Bedeutung zu als unter optimalen Verhältnissen. Schon beim Schnitt muß der Ertrag bewußt beschränkt werden, damit die verbleibenden Früchte voll ausreifen.

Pflanzenschutz und Pflege

Kiwis leiden bei uns kaum unter Krankheiten oder Schädlingen. Unter ungünstigen Wachstumsbedingungen treten dennoch gewisse Krankheiten auf. Wurzelfäule ist bedingt durch schwere Böden mit stauender Nässe. Bei hohem Kalkgehalt tritt Chlorose auf. Unter wärmeren Klimaten können Spinnmilben Schäden anrichten. Einflüsse wie Früh- und Spätfröste oder Windbruch an Jungtrieben sind schwerwiegendere Gefahren für die Kiwikultur als Krankheiten und Schädlinge.

Oben links: Heckenrose (Rosa canina). Die Früchte des stachelbewehrten Hainrösleins reifen zwischen September und Oktober.
Oben rechts: Schlehdorn (Prunus spinosa). Schlehenblüte und Falterflug lassen den Frühling erahnen.
Unten links: Wacholder (Juniperus communis). Eine schmucke Pflanze, vor der man – so das Volksverständnis – die Knie beugen soll.
Unten rechts: Jostabeere (Ribes × nidigrolaria). Ein geglücktes Beispiel einer neuen Beerenzüchtung, die unter Mithilfe der modernen Wissenschaft entstanden ist.

Die Düngung kann im Hausgarten mit einem üblichen Obstbaumdünger erfolgen. Je nach Alter der Pflanze variiert die Menge zwischen 0,5 kg bei Jungpflanzen bis 5 kg bei ausgewachsenen Pflanzen. Der Dünger darf nicht an den Stamm geworfen werden und sollte 1 m über die Kronentraufe hinaus verteilt werden. Zwei Drittel der Menge werden beim Austrieb im Frühjahr gegeben, ein Drittel nach dem Fruchtansatz. Neuseeländische Angaben für ausgewachsene Erwerbspflanzungen lauten: 170 kg/ha Reinstickstoff, 56 kg/ha Phosphor und 80 bis 100 kg/ha Kali. Der Humusgehalt soll durch Ausbringen von organischen Düngern erhalten und verbessert werden.

Oben links: Weintraube (Vitis vinifera). Die Weinrebe gilt als eine der ältesten Kulturpflanzen. 'Müller Thurgau' (im Bild) ist reichtragend, reift ausreichend früh und hat einen leichten Muskatton. In der Schweiz heißt diese Sorte 'Riesling × Sylvaner'.
Oben rechts: 'Riesling', eine Elternsorte von 'Müller Thurgau', sie reift jedoch später.
Unten links: 'Trollinger'. Die auch als 'Frankentaler' bezeichnete, große, blaue und gute Schautraube reift spät.
Unten rechts: 'Portugieser'. Diese starkwachsende, schönbelaubte und reichtragende Sorte liefert große Trauben.

Reifung, Ernte, Lagerung

Bedingt durch die späte Blüte im Mai oder Juni und eine Entwicklungszeit von etwa fünf Monaten kommen die Früchte erst Anfang bis Mitte November zur Pflückreife. Auch dies ist ein begrenzender Faktor für den Anbau dieser Frucht. Wo schon vor Anfang November regelmäßig Fröste auftreten, sollte von dieser Kultur abgesehen werden. Die Frucht ist reif, wenn sie auf Daumendruck leicht nachgibt. In Neuseeland wird für Exportware ein Refraktometerwert von 6,2 % für den Pflücktermin eingehalten. Für eine Lagerdauer von mehr als vier Monaten sollte der Gehalt 7 bis 9 % betragen. Ein gegenseitiges Verletzen wird vermieden, indem man die Frucht nur mit einem sehr kurzen Stielstummel abschneidet, sie in gepolsterte Kisten legt und nicht höher als zwei Schichten füllt. Manchmal kann zugewartet werden, bis der erste leichte Frost die Blätter zum Abfallen gebracht hat, was die Ernte wesentlich erleichtert. Reife Früchte ertragen noch Temperaturen zwischen −1 und −1,5 °C.

Die besten Lagerbedingungen sind bei 0 bis 0,5 °C und einer Luftfeuchtigkeit von 92 bis 95 % r.F. Im gewöhnlichen Kühlschrank sind Kiwis im Gemüsefach etwa vier Monate haltbar, im Kühllager sechs Monate. Keinesfalls dürfen sie zusammen mit Äpfeln gelagert werden, weil das Reifegas der Äpfel (Äthylen) auch bei den Kiwis den Reifungsprozeß anregt.

Regelmäßige Kontrollen sind während der Lagerung notwendig, weil schrumpfende, verletzte oder von Krankheiten befallene Früchte Äthylen ausscheiden, welches die Haltbarkeit der übrigen Früchte verkürzt.

Inhaltsstoffe

Kiwis enthalten das Enzym Actinidin, das Proteine auflöst. Sie werden daher als

Zartmacher von Fleisch verwendet. Einige *Actinidia*-Arten besitzen medizinische Eigenschaften. Eine schleimige Substanz wird aus der Rinde von *Actinidia rufa* gewonnen. Eine andere interessante Substanz, welche Katzen und Raubtiere anzieht, wurde in verschiedenen Arten isoliert. Beim Versuch, diese für sie unwiderstehliche Substanz aus der Pflanze zu gewinnen, zerstören Katzen manchmal Pflanzen.

Inhaltsstoffe von Kiwifrüchten
(nach Sale 1983)

Lösliche Trockensubstanz	15,0 %
Gesamtsäure	1,4 %
Gesamtzucker	10,0
Mineralien (mg/100 g)	
Kali	340,0
Natrium	9,5
Calcium	37,0
Magnesium	20,0
Eisen	0,9
Phosphor	23,0
Ascorbinsäure	
= Vitamin C mg/100 g	105,0
Kohlenhydrat	12,0 %
Protein	1,0 %
Kalorien	55,5 = 233 J

Verwertung

Am bekömmlichsten ist die Kiwifrucht, wenn sie frisch genossen wird. Alle Inhaltsstoffe, besonders das Vitamin C, kommen so zur Entfaltung. Sie können entweder geschält werden oder man halbiert sie und löffelt sie aus. Die strahlenförmige Anordnung der Samen um die Achse ergeben mit geschnittenen Früchten eine hübsche Dekoration von Fruchtsalaten und anderen Gerichten. Die Früchte lassen sich auf verschiedene Weise tiefgefrieren. Geschälten oder pürierten Früchten sollte etwas Zitro-

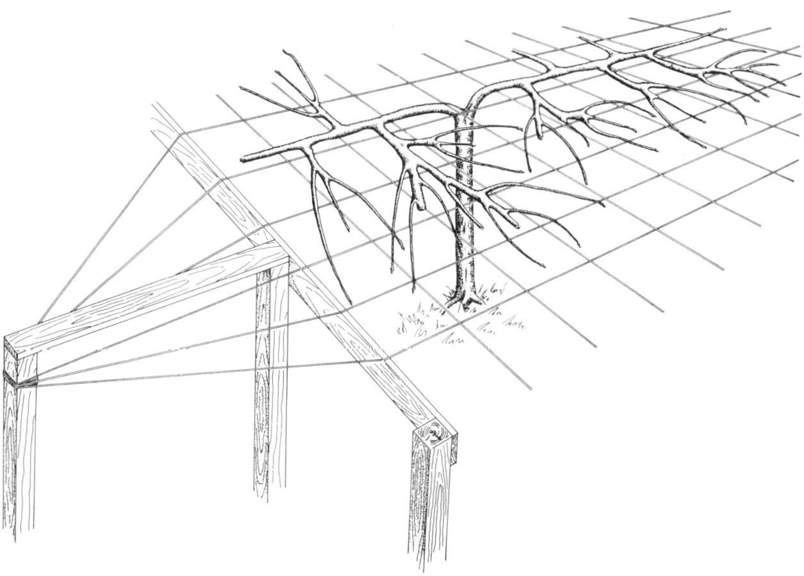

Abb. 58. Pergolagerüst für Kiwi.

nensaft beigegeben werden, damit die grüne Farbe erhalten bleibt. Beim Dörren verlieren die Früchte zwar ihre Farbe, doch ist das Produkt geschmacklich einwandfrei. Unförmige oder beschädigte Früchte lassen sich zu Marmelade verarbeiten. In Neuseeland wurde auch die Möglichkeit geprüft, Kiwiwein herzustellen. Er soll mit einem guten Weißwein durchaus vergleichbar sein.

In ihrem Ursprungsland China werden die Ranken zur Herstellung von Schnüren und Stricken verwendet. Aus den Blättern und der Rinde läßt sich Papier fabrizieren. Schließlich kann aus schmalen Rindenstreifen, welche in heiße Asche gelegt werden, Zeichenkohle hergestellt werden. Ein Absud aus Zweigen und Blättern wurde zur Bekämpfung der Räude bei Hunden verwendet.

Verwandte Arten

Von den zahlreichen botanischen Arten der Aktinidie sind nur noch *A. arguta*, *A. kolomikta* und *A. eriantha* von Bedeutung für den Konsum. Alle besitzen aber bedeutend kleinere Früchte, zum Teil sind sie unbehaart. Von *A. arguta* und *A. kolomikta* sind in Rußland Sorten gezüchtet worden, welche Wintertemperaturen bis zu –30 °C ertragen sollen. Viele andere Arten werden als Zierpflanzen in Gärten verwendet.

Spaltkölbchen

Schisandra chinensis Magnoliaceae

Dieser sommergrüne, 5 bis 8 m hochwindende Schlingstrauch stammt aus Ostasien. In fruchtbarer Erde und in geschützter halbschattiger Lage, kann er Ranken bis zu 15 m Länge treiben. Als zweihäusige Pflanze bedarf der weibliche Stock eines männlichen Partners in der Nähe, wenn Früchte

Abb. 59.
Blatt des Spaltkölbchens, Schisandra chinensis.

erwünscht sind. Meistens wird *Schisandra* nur einzeln als Zierpflanze gesetzt.

Den kantigen Zweigen entspringen sehr dünne, eiförmige, vorne kurz zugespitzte Laubblätter von 5 bis 10 cm Länge. Ihre Oberseite glänzt grün, die Unterseite ist bläulichgrün getönt. Im Mai/Juni erscheinen an der weiblichen Pflanze weiße bis blaßrosa gefärbte Blüten von 15 mm Durchmesser. Sie sind sehr wohlriechend. Die leuchtend scharlachroten Scheinfrüchte sitzen an 5 bis 10 cm langen, hängenden Fruchtähren. Die Früchte sind sehr säuerlich und eignen sich zur Marmeladenbereitung und zum Trocknen als Rohstoff für Tee.

Das artverwandte Großblättrige Spaltkölbchen *(Schisandra grandiflora)* stammt aus dem Himalayagebirge. Es dient sowohl als Zier- wie als Nutzpflanze. In Mitteleuropa bedarf diese Pflanze aber im Winter eines Frostschutzes.

Kleinsträucher

Brombeer-Himbeer-Kreuzungen

Dank der engen Artverwandtschaft zwischen Brombeeren und Himbeeren ist es Züchtern mit glücklicher Hand gelungen, gute Eigenschaften beider Arten in Kreuzungsprodukten zu vereinen. Anzucht, Pflege und die möglichen Vermehrungsarten weichen nur wenig von denjenigen der Elternpartner ab. So gehören das Absenken von Triebspitzen zur Bewurzelung und das Abtrennen von Ausläuferpflanzen zu den üblichen vegetativen Vermehrungsmethoden. Samen-Aussaat ist an sich möglich. Doch werden sich zu viele der Sämlinge infolge genetischer Aufspaltung als unbrauchbar erweisen.

Loganbeere

Rubus loganobaccus Rosaceae

Die Loganbeere ist im Jahr 1881 bei J.H. Logan in Kalifornien entstanden aus der Kreuzung *Rubus ursinus vitifolius* mit der amerikanischen Himbeere *Rubus idaeus vulgatus*. Da die Loganbeere trotz Frostschutz nur Temperaturen oberhalb −18 °C erträgt, kommt diese Beerenart einzig für Weinberglagen in Frage.

Die sehr großen 3 bis 4 cm messenden länglichwachsenden Früchte sind dunkelviolett gefärbt. Sehr saftig-säuerlich schmeckend und mit hervorragendem Aroma, eignet sich die Loganbeere zur Saft-, Gelee- und Marmeladenbereitung. Sehr gut ist auch die Beimischung zu Obstkompotten. Ein Nachteil kann die Druckempfindlichkeit der Beere sein, weil das tägliches Pflücken erforderlich macht.

Abgetragenes Holz ist, wie bei Himbeeren, jährlich zu entfernen. Jungtriebe sind auf das gut ausgereifte Holz einzukürzen, d.h. auf 2 m. Seitentriebe werden laufend auf Basisaugen eingekürzt. Zum Winterschutz sind die Triebe auf den Boden zu legen, wo sie mit Erde, Laub oder Stroh abzudecken sind. Seit dem Jahr 1934 existiert eine stachellose Mutante unter der Bezeichnung 'Bauers Thornless Logan'.

Boysenbeere

Als Kreuzung einer wilden Himbeere mit einer Brombeere ist die Boysenbeere 1925 bei Rudolf Boysen in Kalifornien entstanden. Infolge hoher klimatischer Ansprüche wird diese Züchtung in Nordwesteuropa nicht immer reif. Neben viel Sonne mit wenig Wind verlangt sie ausreichenden Niederschlag. Im Winter ist sie bei Temperaturen unter −12 °C vor Sonneneinstrahlung und Frost zu schützen. Neuseeland baut die Boysenbeere neuerdings großflächig an und exportiert jährlich über 1200 Tonnen in der Form von Konserven nach Europa. Auch in Kalifornien und Südafrika wird die Boysenbeere angebaut. Die purpurschwarze samenarme Beere von 3 cm Länge ist rund dreimal größer als eine Himbeere. Ihr intensiver, harmonischer Geschmack und ihr Saftreichtum macht die Boysenbeere geeignet zum Frischgenuß, zum Tiefkühlen, Eindosen sowie als Beigabe zu Eiscreme und Yoghurt. Kuchenbeläge, Torten, Kompotte, Konfitüren, Säfte, Sirup und Obstwein stellen weitere Verwendungsmöglichkeiten dar.

Youngbeere

Dieses Kreuzungsprodukt zwischen *Rubus villosus* und einer Brombeere wurde von B.M. Young aus Louisiana (USA) im Jahr 1928 dem Handel übergeben. Die großen 5 g schweren weinroten und wohlschmeckenden Früchte reifen früher als die Boysenbeere. Allerdings ist die Youngbeere nicht überall winterhart. Temperaturen von −12 bis −18 °C werden meistens vertragen, bei Frostschutz auch −18 bis −23 °C. In Texas wird diese Beere für den Frischmarkt angebaut.

Marionbeere

Als Züchter der Marionbeere zeichnen das US-Departement für Landwirtschaft und die Oregon-Versuchsstation in Corvallis. Zuchteltern waren die Hybridbrombeere ('Santian' × 'Himalaya') und die Olattie-Beere, welche ihrerseits eine Kreuzung der Loganbeere mit der Youngbeere darstellt.

Im Jahre 1956 eingeführt, erscheint die Marionbeere mit einem Fruchtgewicht von 5,5 g, schwarzroter Farbe und gutem Geschmack als interessante Pflanze für nicht zu winterkalte Klimazonen. Sie reift etwa eine Woche nach der Boysenbeere. Da sie im Winter ohne Frostschutz nur −7 bis −12 °C verträgt, bestehen in Mittel-Europa nur begrenzte Möglichkeiten für ihren Anbau.

Taybeere

Diese Neuzüchtung wurde an der staatlichen Versuchsstation von Schottland aus der Kreuzung der Aurora-Brombeere mit einer Himbeere erzielt. Taybeeren sind größer als Loganbeeren, purpurrot gefärbt, länglich-konisch in der Form und gut im Geschmack. Für die Frischvermarktung, Tiefkühlung, für Konfitüren und zur Weinbereitung erscheint die Taybeere bestens geeignet. Ohne Frostschutz sicher −18 °C überstehend, bedarf die Winterfestigkeit noch weiterer Prüfungen (s. Titelfoto).

Malling-Sonnenbeere

Unter der Bezeichnung 'Malling Sunberry' ist im Jahr 1981 diese Neuheit den Vermehrungsbetrieben übergeben worden. Die Kreuzung wurde 1967 an der East Malling-Versuchsstation England vorgenommen. Kreuzungspartner waren die kalifornische Brombeere *Rubus ursinus* und die Himbeere 'Malling Jewel'. Die Frucht der Sonnenbeere ist groß, glänzend dunkelrot und von ausgezeichnetem Geschmack. Anfang Juli bis Mitte August reifend, läßt sich diese Beere auch zum Tiefkühlen und zur Saftbereitung verwenden. Sehr stark wachsende Triebe sind bestachelt und mit kurzen, beblätterten Seitentrieben versehen. Zur Abklärung der Winterfestigkeit der Malling-Sonnenbeere sind weitere Erfahrungen notwendig.

Nektar-Himbeere

Unter dem Namen „Heija" gelangte in Finnland im Jahr 1975 die kleinfrüchtige dunkelfarbige Nektarhimbeere in den Fachhandel. Gekreuzt worden ist diese Beere aus der Kombination der Himbeersorte

'Malling Promise' und der Arktischen Brombeere 'Merva'. Der Wuchs der Pflanze entspricht dem der Himbeere, doch die Beere erinnert an den anderen Elternteil.

Japanische Weinbeere

Rubus phoenicolasius Rosaceae

Diese Fruchtart ist in Ostasien beheimatet und wurde 1876 in Kultur genommen. Als Strauch mit Zierwert ist er unseren Brombeeren und Himbeeren verwandt. Die zunächst aufrecht wachsenden bis 3 m langen Ruten werden später überhängend. Sie sind dicht mit hübsch wirkenden, roten Drüsenborsten und vereinzelt stehenden Stacheln besetzt. Kleine, hellrosa gefärbte Blüten erscheinen im Juni/Juli, in dichten, vielblütigen Rispen. Entsprechend dicht sitzen auch die kleinen, halbkugelig geformten und tomatenrot leuchtenden Beeren zur Reifezeit im Juli/August. Sie wirken zierend und schmecken angenehm weinsäuerlich. Interessant ist ihre volle Resistenz gegenüber Wurmbefall. Der Strauch mit seinen rötlichen Trieben wirkt auch im Winter dekorativ. Allerdings ist in rauhen Lagen für diese Pflanze ein Winterschutz zu empfehlen.

Lampionbeere

Rubus illecebrosus Rosaceae; Erdbeer-Himbeere

Auch diese aus Japan stammende Rubusart stellt eine Kombination zwischen Zierstrauch und Nutzpflanze dar. Nur zwischen 0,5 und 1 m hoch wachsend, zeigt diese robuste Art ihre weißen, 4 cm großen Blüten zwischen Mai und August. Ab Hochsommer und im Herbst reifen die 3 bis 5 cm großen, erdbeerähnlichen, roten Früchte heran. Eigenartig süßlich-fade schmeckend, eignen sich diese zur Saft- und Konfitürebereitung und zur Heißkonservierung.

Arktische Brombeere

Rubus arcticus Rosaceae

Ein hübsches Pflänzchen für die Bepflanzung von Steingärten stellt die in Europa nördlich des 60. Breitengrades in Wäldern wild vorkommende Arktische Brombeere dar. Dieses Sträuchlein wird allerdings nur 20 bis 35 cm hoch. Vom oberflächlich weithin kriechenden Wurzelstock aus treiben drahtartige Stengel in die Höhe. Von Mitte Juni an erscheinen 2 cm breite rosarote Blüten. Der Helligkeit des arktischen Sommers angepaßt, können die fahlroten, gelben oder gelbbraunen süßen Früchtchen von 8 bis 14 mm Durchmesser zur Reife gelangen. In Mitteleuropa reifen diese Früchte des öftern nicht aus. Die Pflanze verträgt keinen dauernden Schatten und verlangt humose feuchte Böden mit saurer Reaktion zwischen pH 3,2 bis 6,3. In nordischen Gegenden finden diese Beeren eine breite Palette von Verwendungsarten.

Abb. 60.
Blätter der Arktischen Brombeere, Rubus arcticus.

Kulturheidelbeere

Vaccinium corymbosum Ericaceae; myrtille americaine, blueberry, mirtillo gigante, mirtillo americano, arandano negro americano, Amerikanische Heidelbeere, Blaubeere, Gartenheidelbeere

In den Oststaaten der USA wild wachsend, wurden ab 1900 diese großfrüchtigen amerikanischen Heidelbeeren in Selektion genommen und hybridisiert (s. Farbbild Seite 128). In die Kultursorten von *V. corymbosum* wurden teilweise schwachwachsende Arten, wie *V. angustifolia* usw. eingekreuzt. Reinerbige Stämme von *V. angustifolia* sind sehr süß aber etwas fremdartig im Geschmack. Die bekannt gewordenen Kultursorten 'Berkeley', 'Dixi', 'Coville', 'Bluecrop', 'Pemberton' u. a. m. können Strauchhöhen von 3 m erreichen. In Deutschland wurden ab 1928 von W. G. Heermann in der Nähe von Hannover die Sorten 'Goldtraube' und 'Zuckertraube' gezüchtet, die durch neue 'Heerma'-Sorten ergänzt worden sind.

Klimatisch wird der Anbau von Kulturheidelbeeren eingeschränkt durch Früh- und Spätfrostzonen einerseits, durch die Notwendigkeit einer blüteninduzierenden Winterkälte andererseits. Das Holz gut ausgereifter Stöcke ist recht frosthart und erträgt Temperaturen bis −23 °C. Der späte Blühbeginn zu Ende Mai und eine bis −5 °C ertragende Blüte verringern die Gefahr von Ernteausfällen. Windgeschützte und sonnige Lage sind allerdings primäre Erfordernisse. Blaubeeren wachsen bis in Höhenlagen von 1000 m, zeigen aber dort geringe Wachstumsfreudigkeit. Schutzgitter gegen Fraßschäden durch Rehwild und Vogelabwehrnetze zum Schutz der Ernte können notwendig werden.

Spezielle Ansprüche werden an den Säuregrad des Bodens gestellt, denn nur im sauer reagierenden Pflanzgrund bleibt die Pflanze gesund. Als optimal werden pH-Werte von 4 bis 5 angesehen, höher als 7 sollten diese Werte niemals sein. Saure, feuchte Sand- und Moorböden mit einem Grundwasserpegel tiefer als 60 cm eignen sich bestens zur Pflanzung.

In normalen Gartenböden ist der pH-Wert für diese Pflanze zu hoch. Am besten wird hier ein Moorbeet errichtet. Die Pflanze kann auch in reinen Torfmull oder in eine Mischung von Sanderde, Torfmull und Sägemehl gesetzt werden. Schutzwände aus Betonplatten oder Brettern sollen dem Vermischen mit anderer Erde vorbeugen. Eine Kiesschicht als Unterlage sorgt für den guten Wasserabzug.

Die Pflanze

Im Aufbau des Strauches und der Form der Blätter gleichen die Kulturheidelbeeren den Waldheidelbeeren, doch sind Triebe, Blätter und Blüten wesentlich größer. Mit ihrem Duft ziehen die Blüten die Honig suchenden Insekten an. Damit sich zahlreiche Samen in den Beeren bilden, die der Größe, dem Geschmack und der Reifungsverfrühung förderlich sind, ist bei diesem Fremdbefruchter ausgiebige Pollenüber-

Abb. 61.
Blatt der Kulturheidelbeere, Vaccinium corymbosum, in natürlicher Größe.

tragung notwendig. Weil die Blütenperiode 3 bis 5 Wochen dauert, ist eine ausreichende Befruchtung meistens sichergestellt. Da Hummeln pro Minute etwa 19 Blüten besuchen, Bienen jedoch nur 9, ist das Vorhandensein zahlreicher Hummelvölker in nächster Umgebung von Bedeutung. Hummeln besitzen auch die längeren Zungen, sie fliegen sogar bei Wind und leichtem Regen, was bei den Bienen nicht der Fall ist. Wo Hummeln fehlen, ist auf das Vorhandensein von Bienenvölkern zu achten. Ferner sollten jeweils mehrere Sorten angepflanzt werden.

Vermehrung

Ablegerbildung, das Abtrennen von Wurzelschösslingen und auch ein Anhäufeln der Stöcke mit nachträglichem Abtrennen von bewurzelten Teilen führen hier zum Ziel. In sehr guten Böden können sich Steckhölzer im Freiland bewurzeln. Aussichtsreicher ist Stecklingsanzucht an der Wärme unter Glas oder Folie. Gut ausgereifte vorjährige Triebe von Bleistiftdicke und 15 cm Länge (ohne Blütenknospen) werden in eine Mischung von gleichen Teilen Torf und Sand so tief eingepflanzt, daß nur ein Auge sichtbar ist. Mit häufigem Sprühen, einer Temperatur zwischen 20 bis 25 °C und einer Folienabdeckung kann optimale Bewurzelung der Stecklinge erfolgen.

Pflanzung und Erziehung

Als flachwurzelnde Pflanze ist sie nicht zu tief einzugraben. Der Boden soll unkrautfrei gehalten werden, wobei tiefes Hacken zu vermeiden ist.

Im 6. Jahr nach der Pflanzung sollte der Verjüngungsschnitt einsetzen. Da die Blütenknospen sich an einjährigen Trieben im Spätsommer entwickeln, ist die Pflanze durch Schnitt zu fortwährender Neutriebbildung anzuregen. Dabei beschränkt sich der Schnitt auf das Entfernen des überalterten, kranken oder dünnen, unterentwickelten und zu dicht stehenden Holzes. Weil sich das Laub am alten Holz früher verfärbt als am jungen und damit erkennbar wird, kann der Schnitt kurz vor dem Laubfall im Herbst erfolgen. Das hat zudem den Vorteil, daß die Pflanze eine Woche später zur Blüte gelangt, und den Frösten sicherer entgeht. Bei überreichem Blütenansatz kann ein Auslichten überflüssiger Blüten den Neutrieb fördern, die Beerengröße erhöhen und der alljährlichen Tragbarkeit nützen.

Pflanzenschutz und Pflege

Zur Ernährung der Pflanze werden im Nachwinter kleine Gaben eines sauer wirkenden Beerendüngers empfohlen. Wenn der pH-Wert des Bodens zu hoch ansteigt, kann eine Bodenbedeckung mit Sägemehl, Torfmull oder Nadelholzrinde korrigierend wirken. Stärkere pH-Senkungen sind mit

Oben links: Weibliche Kiwi-Blüte (Actinidia chinensis). Die zweihäusige Schlingpflanze aus China hat in letzter Zeit viele Freunde gewonnen.
Oben rechts: Europäische Preiselbeere (Vaccinium vitis-idaea). Die Beeren wachsen im Norden und im Vorgebirge wild; als selektierte Kulturformen werden sie auch in Gärten angebaut.
Unten: Kulturpreiselbeere (Vaccinium macrocarpon). Als großfrüchtige Verwandte der Europäischen Moosbeere ist diese amerikanische Form auch bei uns in Kultur genommen worden.

Ammonsulfatdünger zu erzielen, doch sollen jeweils nicht mehr als 100 g pro Pflanze verabreicht werden. In Privatgärten ist Schädlings- und Krankheitsabwehr bislang überflüssig gewesen. Torfbeete sind in Trockenzeiten ausgiebig zu wässern.

Reifung, Ernte, Lagerung

Von Ende Juli bis Mitte September sind jederzeit frische Beeren pflückbar. Ein großer Vorteil der Blaubeeren besteht darin, daß sie am Strauch nicht so schnell erweichen oder abfallen. Deshalb genügt notfalls ein einziger Pflückdurchgang pro Woche.

Bei gewissen Sorten erreichen die Beeren mit 20 mm den Durchmesser von kleinen Kirschen. Allerdings gehören einige der großbeerigen Sorten nicht zugleich zu den geschmackvollsten. Viele dieser blaubereiften, saftigen und süßen Blaubeeren entwickeln ein ungefärbtes Fruchtfleisch. Die roten Anthozyan-Farbstoffe sind hier bloß in der Haut lokalisiert. Diese treten erst beim Erhitzen und meistens auch beim Tiefkühlen in Erscheinung, wodurch sich das Produkt schön rot färbt.

Ein zu spätes Ernten reduziert den Säuregehalt stark, was die Haltbarkeit verkürzt. Im richtigen Zeitpunkt gepflückt, bleiben die Beeren ungekühlt während 6 Tagen frisch, im Kühlschrank sind sie 2 Wochen und bei 0 °C 4 Wochen haltbar.

Verwertung

Der Geschmack der Gartenheidelbeeren entspricht nicht dem der Waldheidelbeeren. Es handelt sich um eine Frucht für sich, die roh genossen, sehr angenehm erfrischend wirkt, aber manchmal nur schwach aromageprägt ist: Die Gewürzstoffe entfalten sich erst nach dem Aufkochen der Beeren richtig. Blaubeeren eignen sich in vorzüglicher Weise zur Gefrierkonservierung. Sie lassen sich ohne Zusatz gefrieren und lagern, sind vor dem Genuß jedoch mit etwas Zuckerzusatz kurz aufzukochen. Zum Heißeinfüllen, Sterilisieren und Trocknen eignen sie sich ebenfalls. Ferner können Marmeladen, Fruchtnektare und Wein daraus bereitet werden.

Waldheidelbeere

Vaccinium myrtillus Ericaceae; myrtille, bilberry, whortleberry, mirtillo, arándano, Blaubeere, Bickbeere, Heubeere, Schwarzbeere, Druidenbeere, Waldbeere

Als Unterpflanze zu den großfrüchtigen Gartenheidelbeeren oder Rhododendren im Moorbeet kann der Kleinstrauch Waldheidelbeere auch seinen Platz finden. Diese europäische Waldpflanze bevorzugt saure Rohhumus-, Sand- und Moorböden und steigt von der Ebene bis ins Gebirge auf 2800 m ü. M. In lichten Wäldern wird das

Oben: Kulturheidelbeere (Vaccinium corymbosum). Diese aus Nordamerika stammende, hochgewachsene „Blaubeere“ mit großen Früchten ist – in sauer reagierenden Böden – eine sehr geschätzte Gartenpflanze.
Unten: Waldheidelbeere (Vaccinium myrtillus). In Wäldern wild wachsend findet dieses Pflänzlein auch im Garten seinen Standort im Moorbeet.

Abb. 62.
Blätter und Früchte der Waldheidelbeere.

sommergrüne Sträuchlein 20 bis 60 cm hoch. Die 1,5 bis 2 cm langen, dünnen Laubblätter sind wechselständig angeordnet, eiförmig zugespitzt und am Rande fein gekerbt bis gesägt (s. Farbbild Seite 128).

Von April bis Juni erscheinen an kurzen nickenden Stielen grüne bis rosa angehauchte Blüten. In frühen Lagen reifen ab Juni die kugeligen, 5 bis 8 mm messenden, dunkelblauen Früchte heran. In den Wäldern Bayerns werden davon pro Jahr bis zu 6000 Tonnen gesammelt. In Polen sind tiefgekühlte Waldheidelbeeren ein bedeutendes Exportprodukt.

Die direkt vom Strauch gepflückten wohlschmeckenden Beeren mit stark färbendem Saft sind sehr vielseitig verwertbar. Als Beigaben zu Yoghurt, Crèmes und Backwaren eignen sie sich vortrefflich. Auch Konfitüren, Säfte, Kompotte, Wein und Farbstoffe lassen sich daraus herstellen. Zum Heißeinfüllen, Sterilisieren, Tiefkühlen und Trocknen sind sie bestens geeignet.

Der hohe Gehalt an Gerbstoffen und Pektinen verleiht der Waldheidelbeere ihren Ruf als Volksheilmittel. Dies trifft speziell für getrocknete Beeren zu, die antiseptisch wirken sollen und bei Verdauungsstörungen zur Anwendung kommen.

Vermehren läßt sich die Waldheidelbeere durch Teilung der Stöcke, deren Kriechtriebe im Boden bis zu 50 cm weit reichen. Düngungsversuche zeigten, daß hohe Stickstoffgaben den Ertrag verringerten und auch die Aromaqualität beeinträchtigten.

Kulturpreiselbeere

Vaccinium macrocarpon Ericaceae; canneberge americaine, american Cranberry, ossicocco americano, arandano americano, vojo americano, Kranichbeere, Kranbeere, Großfrüchtige Moosbeere, Amerikanische Moosbeere, Gartenpreiselbeere

Heimisch ist dieser immergrüne Kleinstrauch in Moorgebieten des Nordostens der USA und Kanada. Die bis 100 Jahre ausdauernde Pflanze der Untergattung *V. oxycoccos* wurde ab 1760 in Kultur genommen. Heute beträgt die Kulturfläche

Abb. 63.
Kulturpreiselbeere, Vaccinium macrocarpon.

für Cranberry in Nordamerika über 10 000 Hektar. Seit 1844 laufen kommerzielle Einführungsversuche in Holland, seit 1906 auch in Deutschland. Der Name Kranichbeere kann daher stammen, daß nach der Entfaltung der Blüte der Stiel mit den Kelch- und Blütenblättern an den schlanken Hals, den Kopf und den Schnabel eines Kranichs erinnern.

Klimatisch ist diese Preiselbeere den mäßig kühlen Sommern angepaßt und erträgt im Winter bis −18 °C. Bei Einbruch langer schneefreier Kälte besteht die Gefahr des Vertrocknens der Pflanze. Zum reichlichen Blühen und Fruchten sind volles Sonnenlicht und Windschutz von Nutzen.

Als Halbsumpfpflanze liebt sie feuchte, moorige, torfige Böden. Sie gedeiht auch auf lehmigen und sandigen Böden, falls der pH-Wert zwischen 3,2 und 4,5 liegt. Ungeeignet zur Kultur sind kalkhaltige Moorgebiete. In geeigneten sauren Moorböden müßte eine Bewässerungsmöglichkeit zur Verfügung stehen.

Die Pflanze

Die am Boden kriechenden und verholzenden Triebe treiben nur feine Faserwurzeln in den obersten Bodenschichten. Bodenmikroben leben in Symbiose mit diesen Wurzeln. Das kleine immergrüne Blatt bleibt ein bis drei Jahre lebensfähig. Ausläuferranken wachsen bis 1,8 m vom Stock weg. Produktive Organe sind die aufrechten Ständertriebe mit 5 bis 15 cm Höhe. Die Blütenanlagen bilden sich im Juli/August des Vorjahres. Die weißlich-zartrosa angehauchten protandrischen Blüten von 6 bis 10 mm Durchmesser erscheinen im Juni/Juli. Die Pflanze ist zum Teil selbstfruchtbar. Bienen und Hummeln übertragen den Blütenstaub. Je besser die Befruchtung ist, um so größer ist die Samenzahl in den Beeren und um so größer die Frucht. Da Hummeln die Tageszeiten besser ausnützen und auch bei Wind und Regen tätig sind, gelten sie als beste Befruchterinsekten. Fehlen die Hummeln in der Gegend, sind Bienenvölker aufzustellen. Vorteilhaft wirkt sich die lange Blütezeit von 4 Wochen aus.

Vermehrung

Als Ausgangspflanzen sind Kultursorten in guten Baumschulen zu beschaffen. Pflanzzeit ist Ende April bis Anfang Juni. Zur Vermehrung werden 20 bis 25 cm lange Triebe zu $^2/_3$ der Länge in den Boden versenkt. Nach erfolgtem gutem Anwachsen können im Folgejahr Stecklinge davon gewonnen werden. Diese werden im Abstand von 15 cm tief in die Mischung von drei Teilen Torf und einem Teil Sand eingelegt und mit gelochten Flachfolien bedeckt. Samenvermehrung kommt wegen der Mischerbigkeit nicht in Frage.

Pflanzung

Im Privatgarten, wo der Boden nicht genügend sauer ist, pflanzt man die Gartenpreiselbeere in das Moorbeet neben Rhododendren und Heidelbeeren. Fehlt ein solches, wird ein Pflanzloch von dreifacher Größe des Ballendurchmessers gegraben und mit einer Mischung von Torfmull und Sand gefüllt. Nach der Frühjahrspflanzung ist reichlich zu wässern. Auch im Sommer und vor Winterbeginn muß ausgiebig gewässert werden. Mit Tannenreisig oder Stroh sind die Pflanzen vor Frösten und vor Austrocknung zu schützen.

An den Pflanzen ist weder Schnitt noch Schädlingsbekämpfung notwendig. Ab und zu sind die zu dicht stehenden Triebe zurückzuschneiden. Düngergaben sind mit Zurückhaltung zu verabreichen. Sandmulch rund um die Stöcke wirkt günstig.

Verwertung

Etwa 75 bis 100 Tage nach der Blüte gelangen im September/Oktober die fast kirschgroßen Beeren von 10 bis 25 mm Durchmesser zur Reife. Nur die gut rötlich ausgefärbten, vollreifen Beeren sind im frischen Zustand genießbar. Sortentypische optimale Größe, Färbung und Säuregehalt gelten als Kriterien für die Reife. Pflückreife Beeren sind fest, knackend-saftig, noch etwas herbsauer, aber doch mit aufscheinender Süße.

Der hohe Pektingehalt von 1,2 % ermöglicht gutes Gelieren verarbeiteter Früchte bei nur 40 % Zuckerzusatz.

Säfte eignen sich zur Mischung mit anderen Obstarten. Saucen als Beigabe zu Fleisch, Wild und Mehlspeisen sind sehr begehrt.

Auch das Zubereiten von Sirup, Säften, Kompott und Marmeladen kann empfohlen werden. Tiefkühlen oder Trocknen der Beeren als Beigaben zu Puddings und Cremes sind ebenfalls möglich.

Verwandte Arten

Neben der Europäischen Preiselbeere (*Vaccinium vitis-idaea* s. nächste Spalte) ist hier die Vierkronblättrige Moosbeere oder Torfbeere zu erwähnen (*Vaccinium oxycoccos*). Diese Art wächst wild auf nassen, sauren, nährstoffarmen Torfböden der Hochmoore. Die fadenförmigen Zweige von 1 m Länge tragen kleine, wintergrüne Laubblättchen und kugelige, 8 mm große leuchtend rote Früchte, die sogar unbeschadet überwintern können. In nördlichen Ländern werden diese Beeren eingesammelt und verwertet. In der Zusammensetzung der sauren Früchte bestehen keine großen Unterschiede zu den Gehalten der Waldpreiselbeere, außer daß sie geringere Mineralstoffmengen enthalten.

Als selten gewordene Pflanze sollte diese bei uns in der Natur geschont, d.h. nicht abgeerntet und vor allem nicht ausgegraben werden.

Europäische Preiselbeere

Vaccinium vitis-idaea Ericaceae; airelle rouge, mountain cranberry, cowberry, mirtillo rosso, arandano rojo, encarnado, Kronsbeere, Kranichbeere, Lingonbeere, Bickbeere, Fuchsbeere, Grantlbeere

Dieser wintergrüne Zwergstrauch wächst wild in den Wäldern Europas von der Ebene bis hoch ins Gebirge hinauf. Er benötigt saure Böden mit pH 3 bis 5 und hohem Humusgehalt und kommt vor allem auf Mooren, Heiden und in lockeren Nadelwäldern vor. Sonnige Lage wird bevorzugt. Preiselbeeren ertragen Fröste bis −22 °C und überdauern geschützt auch kältere Perioden (s. Farbbild Seite 127).

Die Pflanze

Der Zwergstrauch wird 5 bis 30 cm hoch und breitet sich mit unterirdisch wachsenden Kriechtrieben aus, denen aufrechte Laub- und Blütentriebe entspringen. Daneben bilden sich auch Seitentriebe aus den Blattachseln oberirdischer Zweige.

Die wintergrünen, ledrig-zähen Laubblätter sind wechselständig angeordnet. Verkehrt eiförmig geformt, sind sie oberseits dunkelgrün glänzend, blattunterseits hellgrün, braun punktiert.

Im Mai/Juni erscheinen die kleinen, glockenförmigen Blüten in weißen bis schwach rötlichen Farbtönen. Selbstbefruchtung ist möglich, Fremdbefruchtung fördert den Ertrag bedeutend. Im August/Oktober reifen lebhaft rot glänzende 5 bis 10 mm dicke Beeren. In wärmeren Lagen kommt eine zweite Blüte im August vor, deren Früchte aber erst kurz vor dem Winter – oder bei zeitigem Frost gar nicht – ausreifen.

Vermehrung und Pflege

Vermehrung durch Samen ist möglich, geht aber langsam vor sich, da die Preiselbeere eine unfruchtbare dreijährige Jugendphase durchläuft. Wildarten können vegetativ von unterirdischen Ausläufern im Wald gewonnen werden. Man mische jedoch etwas Walderde in das Pflanzloch, da Preiselbeerwurzeln mit Mykorrhizen (Wurzelpilzen) zusammenleben wollen. Es gilt aber auch hier, wie bei der Moosbeere Rücksicht auf die Natur zu nehmen und Vorschriften oder Empfehlungen der Naturschützer zu beachten.

Falls erhältlich, wird man an Stelle der kleinfrüchtigen Wildbeere die selektionierten Kultursorten 'Perle d'Amour', 'Aberdeen' oder andere Sorten pflanzen, da die Kultursorten Beerengrößen bis zu 17 mm aufweisen.

In Hausgärten eignet sich die Preiselbeere zur Zwischenpflanzung neben Heidelbeeren und Rhododendren in Moorbeeten. Mulchbedeckungen aus Sägemehl, Rindenabfall oder Torfmull schützen vor dem Austrocknen und Ausfrieren im Winter. In besonders gefährdeten Frostlagen ist Tannreisigbedeckung empfohlen. Das Torfbeet darf nie völlig austrocknen, speziell im Vorwinter sind die Pflanzen reichlich zu wässern.

Ernte und Verwertung

Preiselbeeren müssen beim Pflücken gut ausgereift aber nicht zu weich sein, weil ein zu weiches Fruchtfleisch die Haltbarkeit vermindert. Im rohen Zustand sind die Beeren saftig und säuerlich herb schmekkend. Saucen zu Fleischgerichten, aber auch Gelees, Konfitüren, Sirup und Saft sind daraus herzustellen. In Essig eingelegt, sind Preiselbeeren besonders haltbar. Die Beeren enthalten rund 2% Totalsäure, darunter Benzoesäure. Getrocknete Blätter wurden früher als Tee aufbereitet, da deren hoher Arbutingehalt gegen Gicht und Rheuma wirksam sein soll.

Schwarze Apfelbeere

Aronia melanocarpa Rosaceae

In ihrer Heimat, dem Osten Nordamerikas als „black chokecherry" bezeichnet, ist diese „Schwarze Edeleberesche" lateinisch auch unter *Aronia nigra* und *Sorbus melanocarpa* eingereiht.

In der Oberlausitz in der DDR wurde die Schwarze Apfelbeere in letzter Zeit hektarweise an Berghängen angepflanzt. Kultiviert wird diese Art auch in der Tschechoslowakei und in Rußland. In jeder Bodenart gedeihend, ist die stark ausläuferbildende Apfelbeere gut geeignet zur Bodendeckung. Eine gute Frostfestigkeit wird ihr zugeschrieben. Diese Pflanze spendet Pollen und Nektar für die Bienen und die Vögel schätzen die Früchte sehr.

Abb. 64.
Blatt der Apfelbeere, Aronia melanocarpa.
Blattlänge etwa 6 cm.

Die Pflanze

Die Apfelbeere wächst buschartig bis 1 m hoch. Das wechselständig angeordnete, 2 bis 6 cm messende, ungeteilte, ovale Laubblatt ist abrupt zugespitzt. Blattoberseits glänzend tief grün gefärbt, trägt es auf der Mittelrippe schwärzliche Drüsen. Unterseits ist das kahle, am Rande klebrig und fein gesägte Blatt hellgrün.

An kahlen Doldenrispen erscheinen Ende Mai die weißen 15 mm großen weißdornähnlichen Blüten. Diese sind selbstfruchtbar, Windbestäubung ist möglich. Dank der späten Blütezeit entgehen die Fruchtstände der Frostgefahr. Im August reifen pro Fruchtstand bis 15 erbsengroße, violettschwarze Früchte heran, die bei Überreife abfallen.

Vermehrung

Bei der Fruchtreife sind die Samen von Fruchtfleischresten zu reinigen, sofort auszusäen oder zu stratifizieren. Vegetative Vermehrung geschieht mittels Abtrennen von Ausläufertrieben von der Mutterpflanze. Auch ein Anhäufeln der Mutterpflanze und nachträgliche Teilung ist möglich. Da die *Aronia* mit den *Sorbus*-Arten verwandt ist, kann versuchsweise auf diese okuliert werden.

Verwertung

Im Reifezustand sind die 7 bis 9 mm dicken Beeren fast geruchlos, schmecken aber säuerlich-herb mit einer Note nach Heidelbeeren. Bei Zimmertemperatur bleiben Aroniafrüchte bis zu zwei Wochen frisch. Mit Kühlung kann sich die Frischaufbewahrung auf drei Monate erstrecken. Auf industrieller Basis werden Konzentrate dem Joghurt oder den Sahnedesserts beigemischt. Im Haushalt sind aus Aroniabeeren auch Marmeladen und Pasten herstellbar. Sie können als Konditoreibeigaben verwendet werden, wie zur Füllung von Süß- und Backwaren. Bei der Saftherstellung beträgt die Preßausbeute 75%. Die Säfte sind als Farbverstärker für Lebensmittel, zur Herstellung von Sirup, Obstwein oder Spirituosen brauchbar.

Verwandte Arten

Die Rote Apfelbeere *(Aronia arbutifolia)* kann als Strauch 2 m Höhe erreichen und erbringt erbsengroße, hellrote Früchte. Das Fruchtfleisch besitzt wenig Steinzellen und schmeckt mehlig-neutral. Bei dem 4 m hohen Aronia-Zierstrauch mit schwarzroten Früchten handelt es sich um *Aronia prunifolia*.

Scheinbeere

Gaultheria procumbens Ericaceae

Dieser immergrüne, dicht wachsende, kriechende Kleinstrauch wird auch als Rebhuhnbeere, Teebeere oder Wintergrün bezeichnet.

Im östlichen Nordamerika bedeckt die Scheinbeere die sandig-sterilen Böden der Wälder und Lichtungen. Als Bodenbedekker und als Zwischenpflanzung in Moorbeeten an eher kühler, halbschattiger Lage ist *Gaultheria* bestens geeignet. Dies auch als Einfassungspflanze in Steingärten, in denen man dem Boden torfhaltige Erde beigemengt hat. Ein leichtes Überdecken mit Reisig, Laub oder Torfmull schützt vor der austrocknenden Wintersonne.

Die Stämmchen von 15 cm Höhe tragen dunkelgrünes Laub, das sich im Herbst rötlich verfärbt. Die elliptisch geformten Blätter sind 1 bis 5 cm lang und am Rande kerbig gezähnt. Wurzelausläufer begrün-

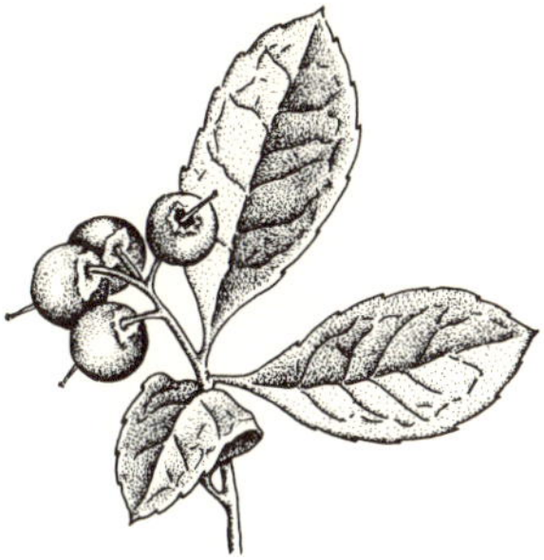

Abb. 65.
Blätter und Früchte der Scheinbeere, Gaultheria procumbens.

den die Eigenschaft als wertvoller Bodenbegrüner.

Im Mai/Juni erscheinen zartrosa gefärbte Blüten, die bald zu kugeligen, aromatischen roten Früchten von 8 bis 15 mm Dicke auswachsen.

Als Schmuck der Pflanze bleiben sie über den Winter am Strauch hängen. Die Beeren sind verwendbar als Kuchenfüllung. Durch Dampfdestillation wurde aus den Laubblättern früher das Wintergrün-Öl gewonnen, das als Geschmacksgeber für Bonbons und Kaugummi diente. Aus den Blättern läßt sich auch sogenannter „Bergtee“ bereiten.

Vermehrung ist durch Samen möglich, indem nach dem sauberen Auswaschen, der Stratifikation und der Saat im Frühjahr das Beet mit feiner Erde bedeckt und stets feucht gehalten wird. Doch auch vegetative Vermehrung ist möglich mittels Teilung der Stöcke, Absenkerbildung und Stecklingsanzucht.

Wassernuß

Trapa natans Trapaceae; marrons d'eau, water caltrop, castagne d'aqua, sandia, castaña de agua, Wasserkastanie, Stachelnuß, Seenuß, Spitznuß

Die Wassernuß ist zwar kein Gehölz, sondern eine krautige Wasserpflanze. Wegen ihrer schmackhaften Früchte soll sie aber hier doch besprochen werden. Die Früchte kamen bereits bei Ausgrabungen österreichischer Pfahlbausiedlungen und am Langensee als vermutliche Nahrungsreste zum Vorschein. Nach Dioscorides (78 n. Chr.) wurde aus Wassernüssen Mehl bereitet. In Frankreich haben Parmentier und Bosc den Anbau empfohlen, so daß Wassernüsse bis 1900 auch auf den Märkten angeboten worden sind. In China und Kaschmir gelten ähnliche Wassernüsse als Grundnahrungsmittel.

Die Wassernuß ist eine gerne gesehene Pflanze in Fisch- und Laichteichen. Auch in Sümpfen, stehenden und langsam fliessenden Gewässern von 0,5 bis 2 m Tiefe kann sie gedeihen. Die Wassernuß formt zweierlei Blätter aus, die oberflächlich schwimmenden, 5 bis 10 cm langen sind rhombisch gestaltet in Rosetten, die Unter-

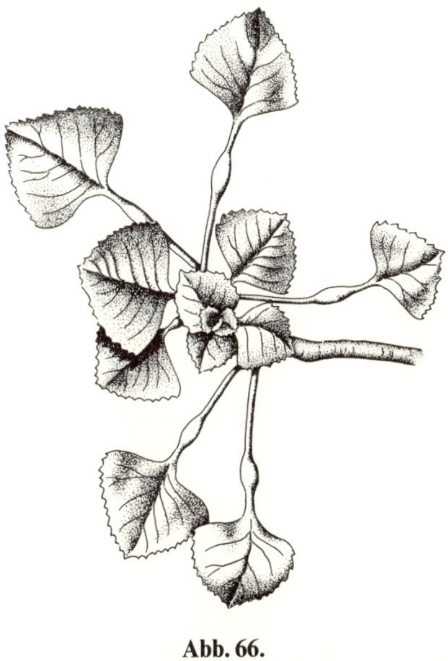

Abb. 66.
Wassernuß, Trapa natans.

wasserblätter fadenförmig ausgebildet. Sehr lange Wurzeln mit haarförmigen Fasern verbinden die Pflanze mit dem Grund.

Die kleinen weißen Blüten entwickeln sich zu dunkelbraunen Früchten mit harter Schale und vier stachelartigen Fortsätzen. Haselnußgroße, stärke- und ölhaltige Kerne sind darin enthalten. Einzusammeln sind die süßen Früchte, bevor die Pflanze diese fallen läßt. Wassernüsse werden roh gegessen oder auch gekocht und gebraten. Mehl aus getrockneten Früchten dient zur Bereitung von Suppen, Kuchen und Brot.

Zur Vermehrung sind die in den Untergrund abgefallenen Samen einzusammeln und unter Wasser auf 1 m Tiefe auszupflanzen. Die Samen dürfen nie austrocknen. Eine verwandte Art ist die zweihornige chinesische Wassernuß *(Trapa bispinosa*, syn. *T. bicornis)*, die in Ostasien in stehenden Gewässern große Bedeutung hat (bei ihr Wassertiefe nur 50 cm).

Übersichten und Tabellen

Vermehrung der Gehölze

Zu unterscheiden sind die generative (geschlechtliche) und die vegetative (ungeschlechtliche) Vermehrung.

Generative Vermehrung

Anzucht durch Samen
Dies ist die der Natur eigene Methode der Vermehrung, womit zugleich Abwandlungen und Neukombinationen im Genbestand verbunden sind.

Bei der Bestäubung der Blüten und anschließenden Befruchtung kombinieren sich in der Tochtergeneration diverse Eigenschaften der weiblichen mit denen der männlichen Partner. Daraus können Nachkommen mit besseren oder schlechteren Eigenschaften gegenüber den Eltern resultieren. Verbesserungen sind jedoch eher selten. Nur geringe Abweichungen von der Elterngeneration zeigen Pflanzen aus den Samen von Mispeln, Kornelkirschen, Sorbusarten, Berberitzen und Schlehdorn. Diese Arten eignen sich zur Vermehrung durch Samen.

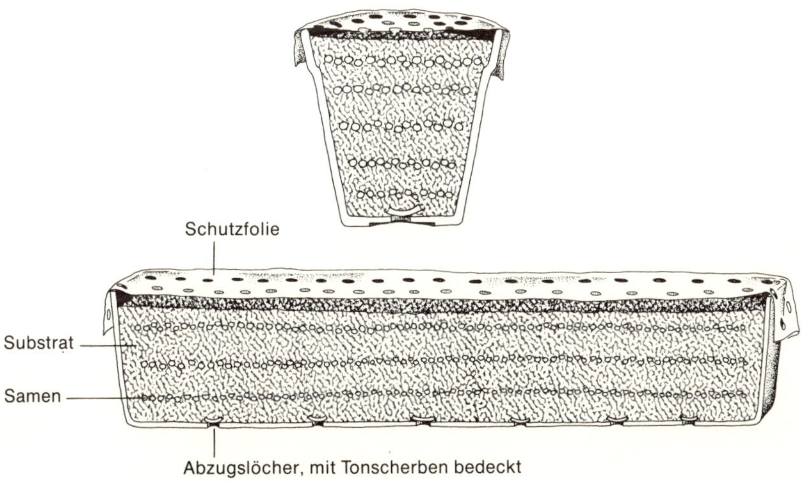

Abb. 67. Stratifikation in einer Saatschale und in einem Blumentopf.

Nicht „sortenecht“, d.h. nicht elterngetreu vererben die üblichen Obstarten wie Apfel, Birne, Quitte, Kirsche, Aprikose, Zwetschge, Pflaume usw. Hier tendiert die Mehrzahl der Sämlinge zur Wildform. Wertvolle Sorten und Sämlinge müssen folglich auf vegetativem Wege weitervermehrt werden. Allerdings sind wirklich neue Sorten praktisch bislang nur durch generative Vermehrung erzielt worden. Nachteilig ist dabei die relativ lange Zeitdauer vom Moment der Befruchtung bis zur einsetzenden Fruchtbarkeit des Sämlings.

Viele Samen enthalten – um eine vorzeitige Keimung zu verhüten – in ihren Hautschichten gewisse keimungshemmende Stoffe. Um diese unwirksam zu machen, bedient man sich der **Stratifikation.** Dazu werden die sauber vom Fruchtfleisch gereinigten Samen zunächst in ein spezifisches Substrat wie Sand oder Torfmull eingeschichtet. Die Gefäße werden dann mit Ablaufrinnen sowie Schutzgittern gegen Mäusefraß versehen und der Winterkälte ausgesetzt.

Mutationsauslösung durch Chemikalien oder ionisierende Strahlen

Theoretisch ist es möglich, mittels Chemikalien oder ionisierende Strahlen den Gene zu verändern. So ist beispielsweise aus dem 'Weißen Klarapfel' der 'Rote Klarapfel' entstanden, was allerdings ohne praktische Bedeutung geblieben ist.

Vegetative Vermehrung

Der Sortencharakter bleibt hier in seiner Identität unangetastet, aber die Zahl der Individuen wird vervielfacht.

Abtrennung von Wurzelausläufern

Wurzelausläufer der Mutterpflanze haben beblätterte Sproßtriebe ausgebildet, die in der vegetationslosen Saison abgetrennt und aufgeschult werden können. Möglich ist dies z.B. bei Himbeeren, Sanddorn, Schlehdorn und Pflaumen.

Abrisse aufschulen

Jüngere Triebe werden im Wurzelstockbereich direkt von der Mutterpflanze ab-

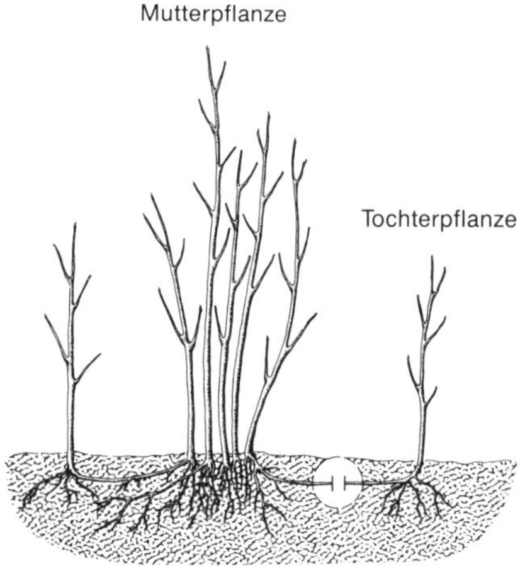

Abb. 68. Abtrennen von Ausläuferpflanzen.

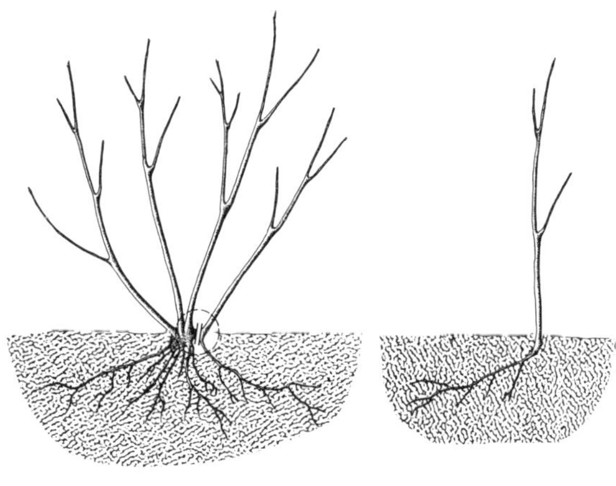

Abb. 69. Abrisse aufschulen.

gerissen und zur Bewurzelung in gutem Erdreich aufgeschult (z. B. Johannisbeeren, Haselstrauch).

Anhäufeln im Frühjahr
Trennung vom Stock im Herbst

Etablierte Mutterstöcke werden stark zurückgeschnitten und mit Erde oder Sägemehl angehäufelt. Im folgenden Spätherbst werden sie ausgepackt und die bewurzelten Jungpflanzen abgetrennt. Pfropfunterlagen von Äpfeln und Birnen werden auf diese Weise vegetativ vermehrt.

Bildung von Absenkern oder Ablegern

Von gut bewurzelten Mutterpflanzen werim laublosen Zustand jüngere Triebe soweit in gute Erde abgesenkt und mit 20 cm Erde bedeckt, daß die Triebspitzen frei bleiben. Nach einem Jahr wird die Trennung von der Mutterpflanze vollzogen, wobei die Jungpflanze am Ort noch ein Jahr zur kräftigen Bewurzelung stehen bleibt (z. B. Haselnuß, Weinrebe, Feige). Brombeeren und deren Kreuzungsprodukte vollziehen von Natur aus diese Absenkerbildung, indem sich die Triebspitzen bei Bodenberührung von selbst bewurzeln.

Vermehrung durch Steckholz

Zur Vermehrung geeignete einjährige Triebe werden im Herbst oder Frühjahr vor Saftaustrieb von der Mutterpflanze geschnitten. Bei den Steckhölzern von 20 bis 25 cm Länge erfolgt der Schnitt am oberen Ende rund 1 cm oberhalb einer kräftig ausgebildeten Knospe. Der Schnitt am unteren Ende ist knapp unterhalb einer Knospe auszuführen. Falls diese Hölzer im Herbst geschnitten werden, sind sie gebündelt im Keller zu einem Drittel der Länge in feuchtem Sand aufzubewahren. Im Frühjahr werden die Steckhölzer in Abständen von 15 cm soweit in gute Gartenerde eingepflanzt, daß nur die oberste Knospe frei bleibt. Bei einigen Ostarten wird die Bewurzelung verbessert, wenn am unteren Ende des Steckholzes ein kurzes Stück älteren Holzes, ein sogenanntes Füßchen, mitgeschnitten wird. Geeignet zur Steckholzvermehrung sind Holunder, Quitte und Sanddorn.

Vermehrungsbetriebe mit beheizten Glashäusern (etwa 20 bis 22 °C) und Nebelberegnung können Jungpflanzen aufziehen aus Knospen, belaubten Stecklingen und Wurzelschnittlingen.

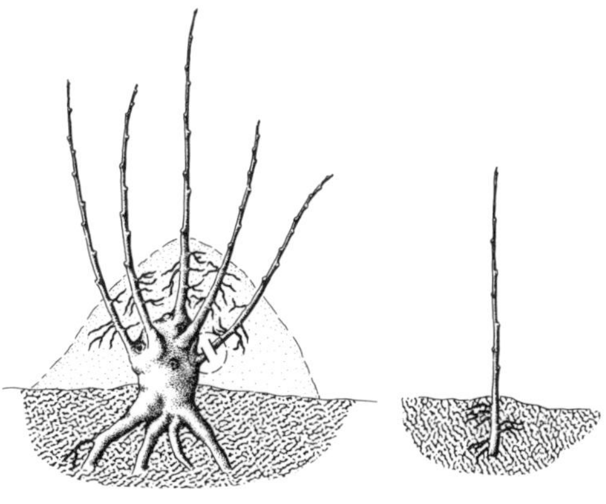

Abb. 70. Anhäufeln und teilen.

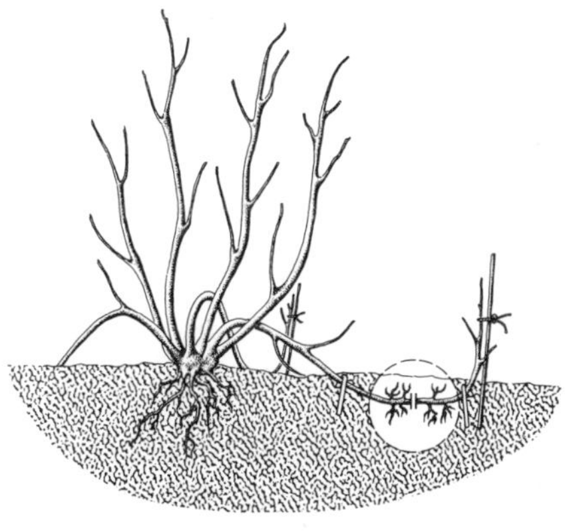

Abb. 71. Absenkerbildung.

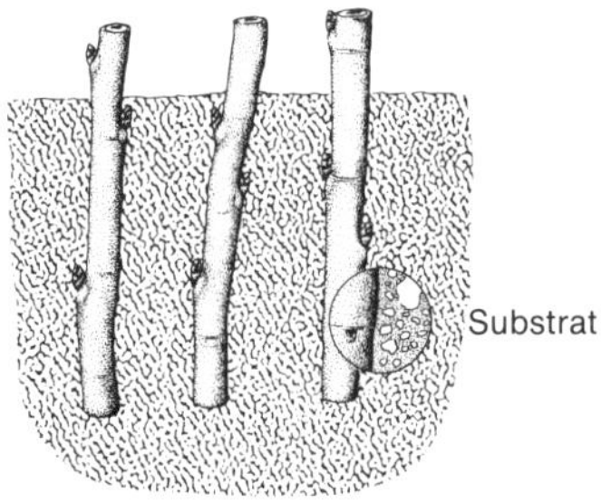

Abb. 72.
Vermehrung durch Steckhölzer.

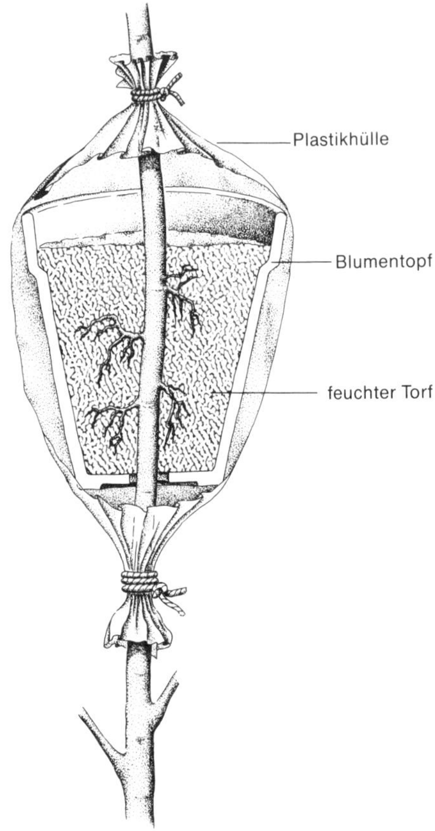

Abb. 73.
Bewurzelung durch Anhänger.

Bewurzelung durch Anhänger
Die Jungtriebe der Mutterpflanze zieht man durch Blumentöpfe oder Holzkästen. Sie werden mit einem Vermehrungssubstrat wie Sphagnum, Torf, Sand, Erde oder einem Gemisch davon gefüllt. Das Ganze wird mit einer Plastikfolie vor dem Austrocknen geschützt. Nur dauerndes Feuchthalten des Substrates während der Bewurzelungszeit gewährleistet den Erfolg.

Klonenvermehrung mittels Gewebekulturen
In speziell dafür eingerichteten Laboratorien können rasch große Mengen an Jungpflanzen erzeugt werden, die meist virusfrei sind. Diese Vermehrungsmethode ist wegen des hohen Kapitalaufwandes nur in größeren Betrieben zu realisieren.

Pfropfungen
Zwei verschiedene Pflanzen, als Pfropfreis und Pfropfunterlage vorgesehen, werden angeschnitten und eng miteinander verbunden, um fest ineinanderzuwachsen. Voraussetzung zum Gelingen der Pfropfung ist eine enge Verwandtschaft der beiden Partner. Steinobst auf Kernobst zu veredeln oder Citrusfrüchte auf Holunder wird nicht gelingen. Die gebräuchlichsten Pfropf- oder Veredlungsmethoden sind die folgenden:

Gegenseitiges Verwachsenlassen durch Ablaktation. Dies ist eine der Natur abgeschaute Pfropfmethode. Eine Jungpflanze der Edelsorte wird in nächster Nähe der wilden Veredelungsunterlage zugepflanzt. Nach erfolgter Bewurzelung werden im folgenden Frühjahr die Innenseiten der Triebe beider Partner angeschnitten und eng miteinander verbunden. Im 3. Jahr erfolgt die Trennung, wobei der Pfropfunterlage jetzt nur das Reis der Edelsorte belassen wird.

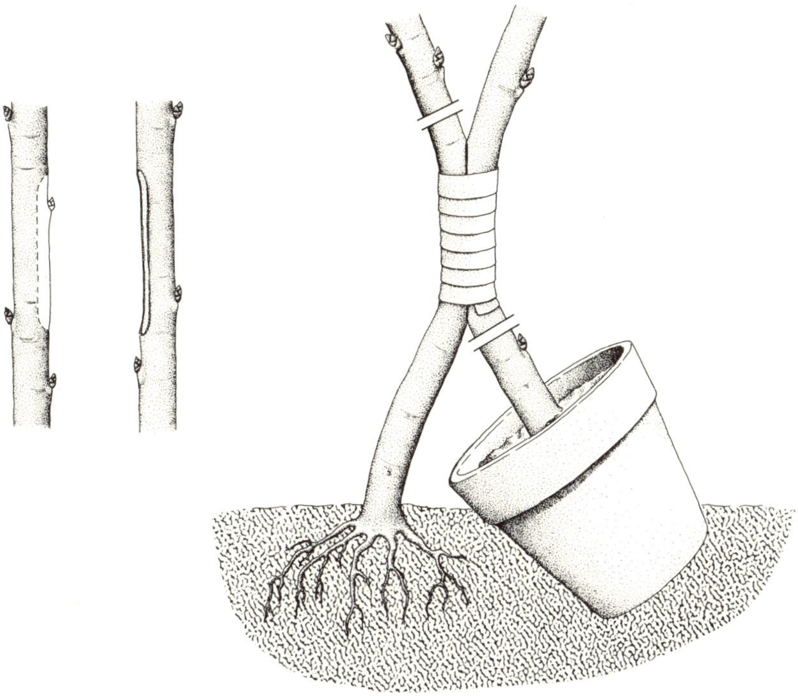

Abb. 74. Ablaktation.

Veredelung durch Okulation. Bei der Okulation auf das ruhende Auge werden einjährige Triebe im August geschnitten, wobei die Blattflächen sofort entfernt, die Blattstiele auf 1 cm Länge am Zweig belassen werden. Einzelne Knospen (Augen) werden herausgetrennt und mittels T-Schnitt auf die Pfropfunterlage übertragen.

Die Okulation auf das treibende Auge wird im Frühjahr vorgenommen, sobald die Rinde der Pfropfunterlage sich gut abzulösen beginnt.

Veredelung durch Rindenpfropfen. Von den in der Winterruhe geschnittenen einjährigen Edelreisern werden zugeschnittene Stücke mit drei Augen auf Pfropfköpfe übertragen, sobald im Frühjahr die Rinde löst. Dies ist für den ungeübten Veredler die einfachste und aussichtsreichste Pfropfmethode.

Veredelung durch Kopulation. Bei gleicher Dicke von Unterlage und Pfropfreis wird durch Schrägschnitt und engen Verband ein Verwachsen angestrebt.

Veredelung durch Geißfußpfropfen. Mit scharfem Pfropfmesser wird an der Unterlage ein Dreieckschnitt ausgeführt und ein passendes Reis mit drei Augen zugefügt.

Veredelung durch Spaltpfropfen. Dies ist eine von altersher ausgeübte Methode, die

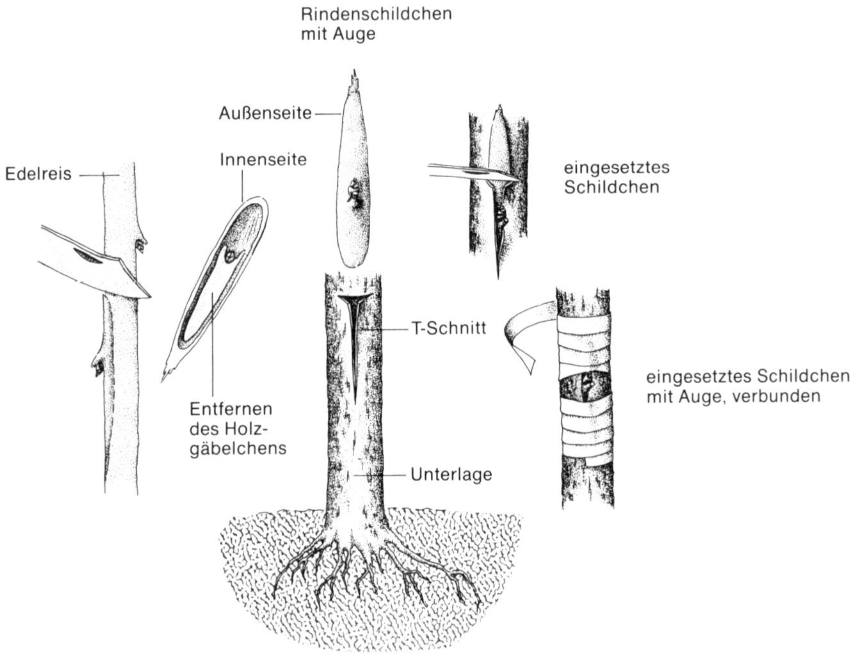

Abb. 75. Okulation.

schon vor dem Saftfluß im Frühjahr vollziehbar ist. Der Pfropfkopf wird dabei längs gespalten. Je nach Dicke des Kopfes setzt man ein oder zwei keilförmig zugeschnittene Reiser ein. Der Spalt muß gut mit Baumwachs verstrichen werden, weil sonst leicht Holzfäulnis auftritt. Wie bei allen andern Verfahren muß auch hier darauf geachtet werden, daß sich möglichst große Zonen des Kambiums berühren. Rasches und sauberes Arbeiten erhöht die Erfolgschancen.

Für die Veredlungsmethoden mittels Pfropfreiser werden einjährige Triebe bei voller Saftruhe im Dezember geschnitten, gebündelt, etikettiert und zu einem Drittel der Länge in schattiger Lage oder im Keller in feucht gehaltenem Sand aufbewahrt.

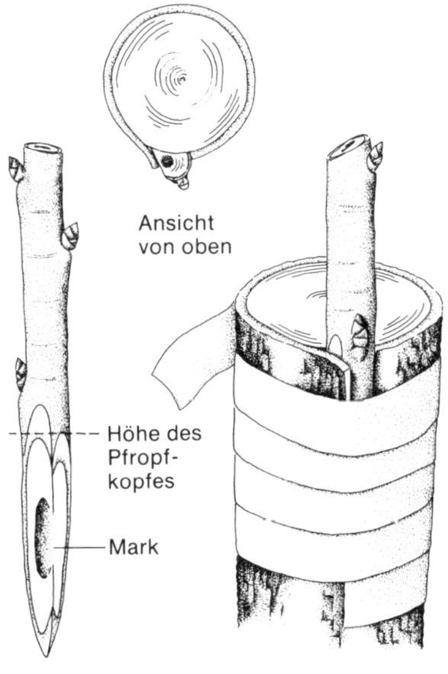

Abb. 76. Rindenpfropfen.

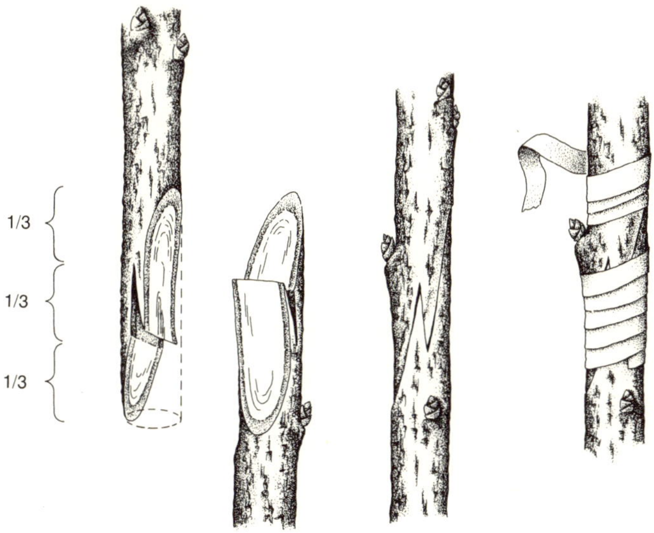

Abb. 77. Kopulation mit Gegenzungen.

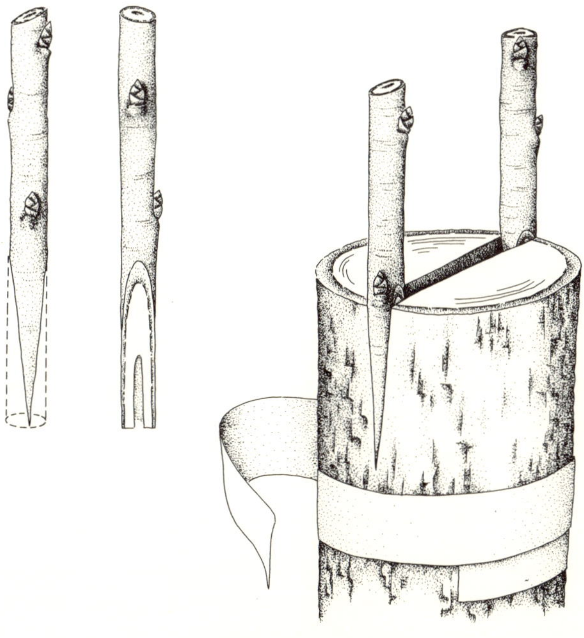

Abb. 78. Spaltveredelung.

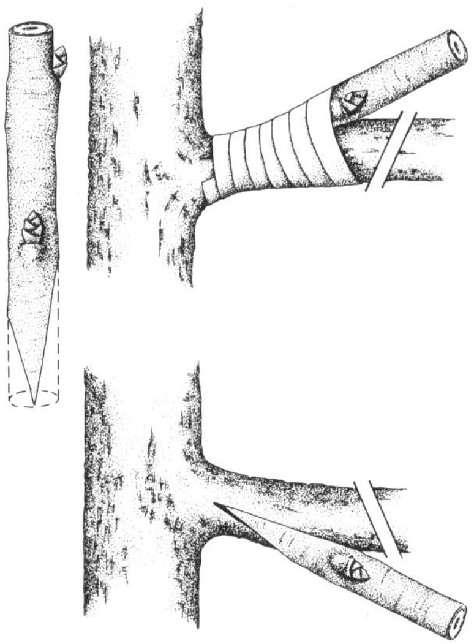

Abb. 79. Stummelveredelung.

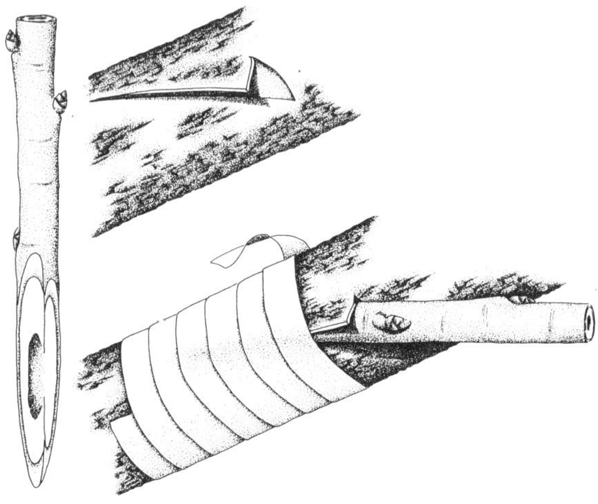

Abb. 80. Seitenveredelung.

Methoden zur vegetativen Vermehrung der Gehölze

Pflanzenart	**Ausläufer**	**Absenker**	**Steckholz**	**Okulation**	**andere Pfropfmethoden**
Apfelbeere	+	+	Teilung	+	+
Azarolenbaum		+			+
Berberitze	+	+	+ Stecklinge	Teilung	
Brombeer-Himbeer-Kreuzungen	+ +	+ +	+ + Stecklinge		
Büffelbeere		+			
Edelkastanie		+		|	+
Feigenbaum		+	+	+	+
Felsenbirne	Teilung	+ +	+	+	+
Haselnuß	+	+ +	+		+
Heckenrose	+	+	+	+ +	
Heidelbeere	+	+	+ + Stecklinge		

\+ mögliche Methode
\+ + besonders empfehlenswerte, am häufigsten angewendete Methode

Pflanzenart	Ausläufer	Absenker	Steckholz	Okulation	andere Pfropfmethoden
Holunder		+	++		
Jostabeere		+	++		
Kaki		++		+	+
Kirschpflaume					+
Kiwi		+	+		+
Kornelkirsche	Teilung?	++	+		
Mandelbaum			+ Stecklinge	++	+
Maulbeerbaum		+	+		+
Mirabelle				+	+
Mispel		++	+	+	+
Ölweide	+	+	+ Stecklinge		+
Oregonpflaume	+ Teilung	++	+		
Preiselbeere	+	+	+ Stecklinge		
Quitte		+	++	++	+
Quitte, Japanische		+		+	+
Reineclaude				++	+
Sanddorn	++	+	+		
Scheinbeere	+	+	+		
Schlehdorn	++	+	+		
Schwarze Johannisbeere		+	++		
Sorbus-Arten		+	+	+	+
Wacholder		++			+
Walnuß		+			(+ Sorten)
Weinrebe		+	+		(+ Sorten für Rebbau wegen der Reblaus)
Weißdorn		+		+	
Wildäpfel				+	+
Zürgelbaum		+	+ Stecklinge		+

\+ mögliche Methode
\+ + besonders empfehlenswerte, am häufigsten angewendete Methode

Verwendung der Gehölze

Für Gebirgslagen und rauhe Gegenden geeignete Arten

Eberesche, Europäische Preiselbeere, Heckenrose, darunter speziell *Rosa canina*, *Rosa pendulina* und *Rosa rubiginosa*, Mehlbeere, Ovalblättrige Felsenmispel, Roter Holunder, Schwarzdorn, Schwarzer Holunder, Waldheidelbeere, Weißdorn, Wacholder, Zwergvogelbeere.

Nur für Weinbauklima geeignete Arten (Frostschutz erforderlich)

Kiwi, Azarolenbaum, Boysenbeere, Edelkastanie, Feigenbaum, Kaki, Loganbeere, Mandelbaum, Maulbeerbaum, Ölweide, Scheinbeere, Spaltkölbchen, Rebe, Zürgelbaum.

Frostschutz: Biegsame Pflanzen in Erde legen oder Wurzelhals mit Erde anhäufeln. Stamm und grobe Äste mit luftführenden Materialien wie Stroh, Schilf, Laub oder Isoliermatten einpacken. Diese Packung durch Überdachung trocken halten.

Von Stadtluft und Industrieabgasen wenig beeinträchtigte Arten:

Wildapfel, Ginkgo, Kupfer-Felsenbirne, Mehlbeerbaum, Schlehe, Weißdorn-Arten, Zürgelbaum.

Als Bienenweide besonders geeignet

Kiwi, Felsenbirne, Apfelbeere, Walnuß, Berberitze, Büffelbeere, Schwarze Johannisbeere, Eberesche und andere *Sorbus*-Arten, Haselnuß, Heidelbeere, Jostabeere, Edelkastanie, Kornelkirsche, Mehlbeere, Mirabelle, Quitte, Reineclaude, Heckenrosen, Roter Holunder, Japanische Quitten, Speierling, Schlehdorn, Weißdorn-Arten, Wildäpfel, Zieräpfel.

Obstgehölze für Vogelschutzhecken

Felsenbeere, Apfelbeere, Berberitze, Eberesche, Ölweide, Elsbeerbaum, Haselnuß, Heckenrosen, Kornelkirsche, Mehlbeere, Mispel, Sanddorn, Schlehdorn, Scharlachdorn, Speierling, Schwarzer und Roter Holunder, Wacholder, Weißdorn-Arten, Wildäpfel, Wildbirnen.

Reifungs- und Erntemonate der Früchte (Mittelwerte)

Apfelbeere	8
Azarole	10
Berberitze	9–10
Boysenbeere	7– 8
Büffelbeere	6– 7
Eberesche	9–10
Edelkastanie	10–11
Elsbeere	9–10
Feige	8– 9
Felsenbirne	7– 8
Hagebutte	9–10
Haselnuß	8– 9
Heidelbeere	6– 9
Heidelbeere, Kulturform	7– 9
Heidelbeere, Wald-	6– 9
Holunder, Roter	7– 8
Holunder, Schwarzer	8– 9
Japanische Weinbeere	7– 8
Jostabeere	7– 8
Kaki	10–11
Kirschpflaume	8– 9
Kiwi	10–11
Kornelkirsche	8– 9
Loganbeere	7– 8
Malling-Sonnenbeere	7– 8
Mandel	9–10
Maulbeere	7– 8
Mehlbeere	10
Mirabelle	8– 9
Mispel	10–11
Ölweide	9–10
Oregonpflaume	7– 8
Preiselbeere, Europäische	8–10
Preiselbeere, Kulturform	9–10
Quitte	10
Quitte, Japanische	10–11
Reineclaude	8– 9
Sanddorn	8– 9
Scharlachdorn	10
Scheinbeere	10
Schlehe	10–11
Schwarze Johannisbeere	7– 8
Speierling	9–10
Spaltkölbchen	10
Taybeere	7– 8
Wacholder	8–11
Walnuß	9–10
Wassernuß	10
Weintraube	8–10
Weißdorn-Arten	9–11
Zürgelbaum	10–11

Inhaltsstoffe

in g pro 100 g (Mittelwerte verschiedener Quellen)

	Wasser	Kohlenhydrate	Eiweiß	Fett	Fiberstoffe	Mineralstoffe	Zucker	Säure	pH	Pektine	kcal/Joule
Apfelbeere	78					0,7	13	0,9			
Berberitze	73						5,5	3,1			
Boysenbeere	86		0,5	0,3		0,3	5,3	1,5	3,1		
Brombeere	85	6,1	1,2	1,1	4,0	0,5	5	1,1	3,4	0,6	62/259
Eberesche	73	22,9	1,5		3,2	0,7	9,4	2,3			98/410
Eberesche, Mährische	73	22,9	1,2		3,2	0,7	9,4	2,0		2,3	97/406
Edelkastanie	50	43	3,0	2,0	1,5	1,5	28				210/878
Feige, frisch	80	15,7	1,3	0,5	1,8	0,7	14	0,2	3,2	0,7	73/305
Hagebutte	50	21	4,0		22	3,0	14			3,2	109/456
Haselnuß, trocken	5	13,7	15	62	2,9	2,4	4,6	8,4			670/2800
Heidelbeere, Kulturform	84	13,4	0,6	0,6	1,0	0,25		1,0	3,4		57/238
Wald-	84	13,6	0,6	0,6	1,7	0,35	8	1,5		0,35	62/259
Holunder, Schwarzer	80	9,1	2,5		6,5	0,8	6,5	1,0	3,8		46/194
Kaki	80	17,0	0,7	0,3	1,5	0,6	16,0	0,25		0,4	68/284
Kiwi	83	11,3	1,6	0,3	1,0	1,5	10	1,8	3,6	0,2	50/209
Kornelkirsche	80		0,4		0,4	0,5	10,4	3,2		0,5	
Loganbeere	85	6	1,0	0,6		0,5	3,4	2,7	2,9	0,6	62/259

Mandel, getrocknet	5–7	18	19	53	3,3	3,2	15				655/2744
Maulbeere, Schwarze	85		0,5		1,3	0,6	9,2	1,8		2,0	
Weiße	87		0,5	0,5	8	0,6	2,4	1,8			96/401
Mirabelle	82	15,5	0,7	0,2	0,7	0,5	14,0	0,9		0,5	67/280
Mispel	75	12,3	0,6	0,4	10	0,4	9,1	1,4			96/401
Preiselbeere, Europäische	85	9,9	0,3	0,3	1,7	0,3	4,0	2,4		1,2	46/194
Kulturform	87		0,2	0,4	1,6	0,2	4,0		2,5	1,2	26/109
Quitte	83	13,5	0,4	0,5	1,8	0,4	8,0	0,9	3,2	0,7	68/285
Reineclaude	80	17,3	0,8		0,6	0,5	14	0,6	4,4	0,9	101/422
Sanddorn	83	7,8	1,4	7,1	0,8	0,4	3,3	1,9			103/431
Schlehe	84	10,8	0,8		0,8	1,0	8,8	2,8			
Schwarze Johannisbeere	81	12,4	1,3	0,2	4,0	0,8	8,0	3,2	3,2	1,3	57/238
Weintraube	81	16,8	0,7	0,3	0,7	0,5	15	1,1	3,3	0,2	72/302
Weißdorn	76		2,0	0,6			19				89/372
Walnuß, getrocknet	4,5	15	14,4	62,5	2,5	2,0					705/2961

Gehalt an Spurenelementen und Vitaminen
in mg pro 100 g (Mittelwerte aus verschiedenen Quellen)

	K	Mg	Ca	P	Fe	Carotine	Vit. B_1	B_2	Niacin	Vit. C
Apfelbeere	268		13	83	1,2					
Berberitze										20
Boysenbeere	150	18	25	24	1,6	0,1	0,02	0,13	1,0	13
Brombeere	208	29	63	24	0,8	0,3	0,03	0,04	0,3	6–30
Eberesche										50–120
Eberesche, Mährische	234	17	42	33	2,0	2,4				50–200
Edelkastanie	500	45	34	90	1,3	0,02	0,2	0,2	1,0	6–40
Feige, frisch	240	21	54	40	0,6	0,05	0,06	0,06	0,7	3
Hagebutte	291	104	257	258		3,6	0,01	0,01		250–3000
Haselnuß, getrocknet	636	156	226	333	3,8	0,3	0,4	0,2	1,4	3–4
Heidelbeere, Kulturform	68	7	11	13	0,8	0,06	0,02	0,02	0,3	4–16
Heidelbeere, Wald-	65	3	10	9	0,7	0,13	0,02	0,02	0,4	6–30
Holunder, Schwarzer	305	27	35	57	1,6	0,3	0,07	0,08	1,5	10–18
Kaki	200	10	22	22	0,3	1,5	0,05	0,05	0,1	7–20
Kiwi	370	20	56	42	2	0,4	0,01	0,05	0,4	20–300

Kornelkirsche										50–72
Loganbeere	260	25	35	24	1,3	0,06	0,02	0,03	0,4	35
Mandel, getrocknet	690	252	254	475	4,1	0,12	0,2	0,7	4,4	1–6
Maulbeere, Schwarze			16	13			0,04	0,02	0,2	13–20
Maulbeere, Weiße			16	13	0,6			0,02	0,2	13–20
Mirabelle	230	15	12	33	0,5	2	0,2	0,04	0,6	7–8
Mispel	246	10	30	28	0,5					7–20
Preiselbeere, Europäische	90	10	27	20	0,5	0,02	0,01	0,02	0,1	2–20
Preiselbeere, Kulturform	90	8	15	11	1,1	0,02	0,02	0,02	0,1	7–38
Quitte	203	8	14	21	0,6	0,03	0,03	0,03	0,2	10–13
Reineclauden	243	10	13	25	1,1	0,2				5
Sanddorn	133	30	42	9	0,44	1,5	0,03	0,02	0,3	150–800
Schlehe						0,1	0,08	0,05	0,5	10
Schwarze Johannisbeere	327	17	60	43	0,9	0,24	0,05	0,05	0,3	90–360
Walnuß, getrocknet	540	130	90	430	2,1	0,05	0,3	0,1	0,1	4
Weintraube	192	9	18	20	0,5	0,03	0,05	0,03	0,2	2–7
Weißdorn						0,03	0,06			–230

Verwertung der Früchte

	Frisch	Heiß-Konser-vierung	Konfi-türen	Gelee	Trocknen	Gefrieren	Säfte	Wein	Alkohol-Destillate
Berberitze			+	+				+	+
Brombeer-Himbeer-Kreuzungen	++		+	++		++	+		
Edelkastanie		+			++	+			
Feige	++		+		++	+		+	+
Felsenbirne	+		+						+
Hagebutte			+		+	+	+	+	+
Haselnuß, Walnuß	++				++	+			+
Heidelbeere	++	+	++		+	++	+	+	
Holunder		+	+	+	+	+	+	+	+
Jostabeere	+	+	++	++		++	+		
Kaki	++	+	+		+				
Kirschpflaume	++	+	++		++	+	+	+	+
Kiwi	++	+	+	+	+	+	+	+	

Kornelkirsche		+	+	+		+	+	+	+
Mandel	+ +				+ +				
Maulbeere	+ +	+	+	+ +	+	+	+	+	+
Mirabelle	+ +	+	+		+	+			+
Mispel	+	+	+					+	+
Ölweide	+		+						
Oregonpflaume	+		+	+ +			+		
Preiselbeere			+	+	+	+	+		
Quitte		+	+	+ +		+	+ +		+
Quitte, Japanische			+	+ +					
Reineclaude	+ +	+	+			+			+
Sanddorn		+	+	+		+	+		+
Schlehe			+	+	+		+	+	+
Schwarze Johannisbeere	+	+	+ +	+ +		+ +	+ +	+	+
Sorbus-Arten		+	+	+	+	+		+	+
Wacholder			+	+				+	+
Weintraube	+ +		+		+ +	+	+ +	+ +	+ +
Weißdorn			+	+	+		+		
Wildäpfel	+		+	+ +	+	+	+ +	+ +	+ +
Wildbirne	+	+	+		+ +	+	+ +	+ +	+ +

\+ mögliche Verwertung
\+ + besonders empfehlenswerte, bewährte Verwertung

Verzeichnisse

Literaturverzeichnis

Amman, G.: Bäume und Sträucher des Waldes. Verlag Neumann-Neudamm, Melsungen 1965.

Bärtels, A.: Gartengehölze. 2. Aufl. Verlag Eugen Ulmer, Stuttgart 1981.

Bazzigher, G., K.P. Lawrenz und F. Ritter: Vermehrung und Aufzucht der Kastanie. Bericht Nr. 240, Eidg. Anstalt für forstl. Versuchswesen, CH 8903 Birmensdorf 1982.

Bergougnoux, F., und P. Grospierre: Le Noyer. INVUFLEC, Paris 1975.

– E. Germain und J.B. Sarraquigne: Le Noisettier. INVUFLEC, Paris 1978.

– A. Verlhac, H. Breisch und J. Chapa: Le Châtaignier. INVUFLEC, Paris 1978.

Darmer, G.: Der Sanddorn. Verlag Hirzel, Leipzig 1952.

Encke, F., G. Buchheim und S. Seybold: Zander-Handwörterbuch der Pflanzennamen. 13. Aufl. Verlag Eugen Ulmer, Stuttgart 1984.

Eggenberger, W., W. Koblet, M. Mischler, H. Schwarzenbach und J.L. Simon: Weinbau. Verlag Huber, Frauenfeld 1975.

Keipert, K.: Beerenobst. Verlag Eugen Ulmer, Stuttgart 1981.

Köhlein, F.: Pflanzen vermehren leicht gemacht. 6. Aufl. Verlag Eugen Ulmer, Stuttgart 1980.

Kräusel, R., H. Merxmüller und H. Notdurft: Mitteleuropäische Pflanzenwelt. Kronen Verlag, Hamburg 1960.

Krüssmann, G.: Handbuch der Laubgehölze. Verlag Paul Parey, Berlin 1978.

Laux, H.E.: Wildbeeren und Wildfrüchte. Franckh'sche Verlagshandlung, Stuttgart 1982.

Liebster, G.: Die Kulturheidelbeere. Verlag Paul Parey, Berlin 1961.

– Kulturpreiselbeere. Sortenversuch in sechs europäischen Ländern. Obstbau 4, 428–432, 1979.

Marzell, H.: Die Pflanze im deutschen Volksleben. Verlag Eugen Diedrichs, Jena 1925.

– W. Wissmann und W. Pfeiffer: Wörterbuch der deutschen Pflanzennamen. Verlag Hirzel, Leipzig 1972.

Maurer, K.J.: Schalenobst-Anbau. Verlag Eugen Ulmer, Stuttgart 1968.

Metzner, R.: Das Schneiden der Obstbäume und Beerensträucher. 14. Aufl. Verlag Eugen Ulmer, Stuttgart 1979.

Michel, H.G., und H. Umgelter: Pflanzenschutz im Garten. Verlag Eugen Ulmer, Stuttgart 1982.

Sale, P.R.: Kiwifruit culture. Williams, New Zealand 1983.

Scherrer, G., und H. Dapper: Fruchttragende Hecken, Büsche und Bäume. Verlag Siebeneicher, Berlin 1980.

Schmid, H.: Handgriffe im Obstgarten. Arbeitsanleitungen in Bildern. 6. Aufl. Verlag Eugen Ulmer, Stuttgart 1984.
– Obstbaumschnitt. 3. Aufl. Verlag Eugen Ulmer, Stuttgart 1982.
– Veredeln der Obstgehölze. 4. Aufl. Verlag Eugen Ulmer, Stuttgart 1985.
Schmid, O., und S. Henggeler: Biologischer Pflanzenschutz im Garten. 6. Aufl. Verlag Eugen Ulmer, Stuttgart 1984.
Souci, S.W., W. Fachmann und H. Kraut: Die Zusammensetzung der Lebensmittel. Nährwert-Tabellen 1981/82. Wissenschaftliche Verlagsgesellschaft, Stuttgart 1981.
Stepp, W.: Die Hagebutte. Wissensch. Verlag GmbH., Stuttgart 1945.
Strauss, E., Novak, R.: Anbauversuche mit Holunder. Mitt. Klosterneuburg 21, 416–426, 1971.
Studer, A., H.U. Daepp und E. Suter: Vorratshaltung von Obst und Gemüse. Verlag Eugen Ulmer, Stuttgart 1983.
Vidaud, J.: L'Amandier. CTIFL, Paris o.J.
Zulauf, H.: Das Rebspalier. Verlag Wirz, Aarau 1977.

Verzeichnis der Pflanzennamen

Neben den deutschsprachigen Trivial- oder Volksnamen sind hier auch die im Buch erwähnten französischen, englischen, italienischen und spanischen Namen der Pflanzen aufgeführt. Die wissenschaftlichen (lateinischen) Namen erscheinen *kursiv*. Sternchen* verweisen auf Abbildungen (Farbfotos und Zeichnungen).

Bildquellen

A. Aeppli: Seite 50, Quitte; Seite 68, Schwarzer Holunder.
P. Claus: Seite 118.
K. Gersbach: Seite 50, Mandel.
U. Gremminger: Seite 49, Walnuß, Schwarze Maulbeere; Seite 50, Speierling; Seite 67, Mispel; Seite 68, Roter Holunder; Seite 117, Heckenrose, Josta; Umschlag unten links, Taybeere, unten rechts, Feige.
M. Jenny: Seite 49, Kaki; Seite 67, Sanddorn, Weißdorn; Seite 117, Schlehe, Wacholder; Seite 127, Moosbeere; Umschlag oben links, Kornelkirsche.
M. Lutz: Seite 128, Kulturheidelbeere.
A. Nyfeler: Seite 68, Haselnuß; Seite 127, Kiwiblüte; Umschlag oben rechts, Kiwifrucht.
G. Schmid: Seite 50, Zierapfel.
A. Storrer: Seite 49, Kastanie; Seite 68, Berberitze; Seite 127, Preiselbeere; Seite 128, Waldheidelbeere.
M.F. Wetterwald: Seite 67, Eberesche.